MOLIERE
Né à Paris en 1620, Mort à Paris
le Vendredy 17 Fevrier 1673.

Frontispice. Tome I.

ŒUVRES
DE
MOLIERE,
NOUVELLE ÉDITION

Enrichie de Figures en taille-douce.

TOME PREMIER.

A AMSTERDAM,

Aux dépens de la Compagnie.

M. DCC. LXXII.

TABLE
DES PIECES CONTENUES
Dans ce premier Tome.

AVERTISSEMENT.

MÉMOIRE sur la vie & les ouvrages de Moliere.

L'ÉTOURDI, ou LES CONTRE-TEMS.

LE DÉPIT AMOUREUX.

LES PRÉCIEUSES RIDICULES.

AVERTISSEMENT.

CETTE nouvelle édition des Œuvres de Moliere ne sera différente de celle de 1739, en huit volumes *in-*12, que par les Estampes dont les Libraires l'ont enrichie, & dont ils ont augmenté le nombre, en en mettant au-devant des Prologues de *la Princesse d'Elide*, d'*Amphytrion* & de *Psiché*; ce qu'on n'avoit point fait dans les éditions précédentes. Ils ont encore ajouté de nouveaux ornemens aux frontispices, & n'ont rien épargné de ce qui pouvoit contribuer à la beauté de cette édition. Quoique ces estampes ne soient que les mêmes qui ont paru en 1734 dans l'*in-*4°. & qu'on n'ait fait que les réduire en petit, on peut dire cependant qu'elles seront nouvelles pour ceux, qui n'ayant point cette édition, trouveront dans celle-ci les principaux ornemens qui l'ont distinguée de tout ce qui a paru jusqu'ici dans ce genre.

Le commencement de l'Avertissement de l'édition de 1739 ne convenant point à celle-ci, on l'a suprimé; mais on a conservé tout ce qui regarde la nécessité qu'il y avoit de s'apliquer à rétablir le véritable texte de Moliere. Les détails suivans feront juger du mauvais état où il étoit, & du désordre qui régnoit dans plusieurs de ses Comédies, par le peu de soin qu'on avoit eu de distribuer les scenes comme il falloit, & de bien marquer les entrées, les sorties, & les principales actions des Acteurs.

L'édition de 1730, en huit volumes *in-*12, est annoncée dans l'Avertissement qui la précede, comme la plus parfaite de celles qui avoient paru jusqu'alors; on s'en est servi, mais avec les précautions nécessaires pour ne point laisser les fautes qui auroient pu s'y glisser.

AVERTISSEMENT.

Un seul exemple suffira pour trouver qu'elle n'est pas aussi exacte qu'on veut le persuader dans l'Avertissement. La Princesse d'Elide ouvre le second Acte de la Comédie qui porte ce titre ; elle est dans une forêt, & dit à ses deux parentes qui sont avec elle,

Oui, j'aime à demeurer dans ces aimables lieux,
On n'y découvre rien qui n'enchante les yeux,
Et de tous nos plaisirs la sçavante structure
Cede aux simples beautés qu'y forme la nature.

Il est aisé de sentir qu'il faut lire *palais*, au lieu de *plaisirs*. Une faute si grossiere ne se trouve que dans l'édition de 1730.

Il s'y en trouve beaucoup d'autres qui lui sont communes avec l'édition de 1682, sur laquelle elle a été faite.

Pour rendre celle-ci plus exacte, on a consulté les Comédies imprimées du vivant de l'Auteur. De pareilles éditions doivent, en quelque sorte, tenir lieu de manuscrits qui manquent. Aussi les a-t-on comparées soigneusement avec celles de 1682, & de 1730 : & cette attention a donné lieu de réformer plusieurs altérations qui s'étoient glissées dans le texte, & dont nous ne ferons qu'indiquer un petit nombre. *

Dans le troisieme Acte de l'*Avare*, par exemple, Harpagon demande ce qu'il faudra pour un souper qu'il veut donner à sa maîtresse ; voici ce qu'on fait répondre à Maître Jacques.

M. JACQUES.

Hé bien, il faudra quatre grands Potages *bien garnis*, & cinq assiettes d'entrées. Potages, *bisque, potage de perdrix aux choux verds, potage de santé, potage de canards aux*

---

* L'Editeur, pour sa justification sur la différence qu'on pourra trouver, tant dans les Vers que dans la Prose de Moliere, entre cette Edition & celles qui l'ont précédée, a remis à la Bibliotheque du Roi sept volumes in-12. contenant les vingt trois Comédies qui ont été imprimées du vivant de l'Auteur.

AVERTISSEMENT.

navets. Entrées, fricassée de poulets, tourte de pigeonneaux, ris de veau, boudin blanc, & morilles.

HARPAGON.
Que diable! Voilà pour traiter toute une ville.

M. JACQUES.
Rôt, dans un grandissime bassin en pyramide. Une grande longe de veau de Riviere, trois faisans, trois poulardes grasses, douze pigeons de voliere, douze poulets de grain, six lapreaux de garenne, douze perdreaux, deux douzaines de cailles, trois douzaines d'ortolans. *

HARPAGON.
Ah! Traître, tu manges tout mon bien.

Peut-on croire qu'Harpagon entende tranquillement le détail de tout ce que Maître Jacques veut servir? Moliere fait parler & agir l'Avare d'une maniere plus conforme à son caractere. Harpagon interrompt M. Jacques dès qu'il parle d'*entrées*, & au seul mot de *rôt*, il veut plutôt l'étrangler que l'écouter. †

Des personnes d'esprit & de goût ont paru fâchées de ce retranchement, sur le prétexte que ce détail aura pu être ajouté par Moliere depuis la premiere impression de son ouvrage, pour donner plus de jeu à ses Acteurs, & pour rendre la scene plus vive & plus comique. Cette conjecture, qui n'est nullement prouvée, ne nous a pas permis de nous écarter de l'obligation où est tout éditeur de rétablir le texte d'un Auteur, tel qu'il a été donné au public par lui-même. Peut-être pourrions-nous ajouter qu'Harpagon, qui ne peut être qu'impatienté par le discours

---

* Tout ce qui est en caractere Italique a été ajouté, & n'est point dans la premiere Edition de 1669, à laquelle on s'est conformé.

† Le sieur du Chemin, Comédien, qui a sçu faire un bon usage des leçons qu'il a reçues dans sa jeunesse des Compagnons de Moliere, nous a dit que Raisin avoit toujours joué le rôle d'Harpagon, tel que nous l'avons imprimé, & que lui-même il seroit fort embarrassé, s'il étoit obligé d'écouter tout ce qu'on fait dire à Maître Jacques, contre toute vraisemblance.

de Maître Jacques, doit naturellement impofer filence à fon valet ; & fi quelquefois les Auteurs ont fait céder la vraifemblance d'un caractere à la tentation de faire rire les fpectateurs par un jeu fouvent outré, avouons que, dans les pieces férieufes, Moliere avoit, moins qu'un autre, befoin de ce fecours.

Dans la quatrieme fcene du cinquieme Acte de *Tartuffe*, Damis doit dire,

Cette audace eft étrange,
J'ai peine à me tenir, & la main me demange...

au lieu de ces vers qu'on y avoit fubftitués mal-à-propos.

Cette audace eft trop forte,
J'ai peine à me tenir, il vaut mieux que je forte.

Les Comédiens avoient fait ce changement, parce que fouvent ils étoient dans la néceffité de faire jouer deux perfonnages à un même Acteur, & qu'en faifant ainfi fortir Damis du théatre, il pouvoit en changeant d'habit, faire le rôle de l'Exempt qui vient avec Tartuffe à la fin de l'Acte. Cette raifon de convenance pour les Comédiens, peut-elle autorifer à changer le texte d'un Auteur ? L'Editeur, du moins, ne devoit pas mettre au nombre des Acteurs dans l'avant-derniere fcene le même Damis qui eft cenfé forti du théatre, ni lui faire dire, en parlant de Tartuffe, ce vers que les Comédiens font dire par Dorine,

Comme du Ciel l'infâme impudemment fe joue !

On a auffi rétabli une bonne partie de la fixieme fcene du premier Acte des *Fourberies de Scapin*, qui avoit été fuprimée.

L'addition dans l'*Avare*, le changement dans *Tartuffe*, & l'omiffion dans *Scapin*, fe trouvent dans l'édition de 1682, & dans toutes celles qui ont été faites depuis. Si on défigure ainfi un Auteur qui n'étoit mort que depuis neuf ans, que devons-

AVERTISSEMENT.

nous penser de la fidélité avec laquelle les ouvrages des Grecs & des Latins nous ont été transmis.

Il est vrai que nous n'avons pas eu la ressource des premieres éditions, pour toutes les Pieces qui composent ce Recueil. Moliere n'en a fait imprimer que vingt-trois ; les autres, sçavoir, *Dom Garcie de Navarre*, *l'Impromptu de Versailles*, *le Festin de Pierre*, *Mélicerte*, *les Amans magnifiques*, *la Comtesse d'Escarbagnas*, & *le Malade imaginaire*, ne parurent qu'en 1682. Denis Thierry en obtint le privilége le 26 Août de cette année, sous le nom d'Œuvres posthumes. On trouve pourtant dans le Registre de la Chambre Syndicale des Libraires de Paris, la date de deux priviléges accordés à Moliere, l'un du 31 Mai 1660, pour l'impression de *Dom Garcie*, & l'autre du 11 Mars pour celle du *Festin de Pierre*. Ni l'un ni l'autre de ces priviléges n'ont eu lieu, du moins on n'a pu découvrir que ces Comédies eussent été imprimées avant 1682.

Il faut encore convenir que si les premieres éditions ont servi à rétablir le vrai texte de l'Auteur, on ne s'est pas tellement assujetti à ces éditions, qu'on n'ait pris quelquefois la liberté de changer, d'augmenter & de diminuer, sans croire mériter aucuns reproches, puisque ç'a été sans toucher au texte, & seulement dans les choses qui ne sont que relatives aux comédies, comme on va le faire voir.

Les pieces qui sont avec des ballets ou des intermedes, ont paru devoir être mises dans un meilleur ordre qu'elles n'étoient. * On a ajouté aux noms des acteurs de la comédie, ceux des autres personnages, au lieu de les laisser au commencement de chaque divertissement ; &, par-là, tous les personnages de chaque piece sont rassemblés sous un même point de vue. On a aussi distribué

* *Consultez sur-tout, à ce sujet, l'Avertissement qui précéde la Princesse d'Elide.*

en scenes tous les prologues, & tous les intermedes, suivant les regles établies par rapport à tout ouvrage dramatique ; & on a débrouillé, par ce moyen, ce qui ne pouvoit être que très-confus sans ce nouvel arrangement. Enfin on a changé, & même retranché plusieurs explications diffuses & inutiles, dont quelques-unes ne faisoient que rendre en prose ce qui étoit exprimé par les vers qui suivoient. Quelques-unes de ces comédies étoient composées pour servir de liaison à des spectacles, & à des fêtes magnifiques que Louis XIV encore jeune donnoit à sa Cour, on en imprimoit les ballets & les intermedes séparément, avec les noms de ceux qui y étoient employés pour le chant, & pour la danse. On y joignoit quelquefois un argument de la comédie, acte par acte, ou scene par scene, pour donner une idée de l'action, & pour montrer la liaison qu'il pouvoit y avoir entre cette action, & les intermedes qui y étoient joints. Ces explications & ces argumens sont devenus totalement inutiles quand on a imprimé ces pieces en leur entier ; & les Editeurs y ont inféré mal à propos ce qui ne servoit qu'à supléer au texte qui manquoit alors.

Il falloit encore porter son attention plus loin ; & ceci regarde en général toutes les comédies contenues dans ce recueil.

L'objet principal, dans l'impression des pieces de théatre, doit être de mettre sous les yeux du lecteur tout ce qui se passe dans la representation. Un regard, un geste d'un acteur, rend quelquefois sensible, ce que l'Auteur n'a peut-être qu'imparfaitement exprimé dans son dialogue. On a donc cru devoir distinguer jusqu'aux moindres mouvemens, & développer avec soin tout ce qui pouvoit contribuer à rendre plus parfaite l'imitation que la comédie se propose ; car comment reconnoître cette imitation, si toutes les actions

AVERTISSEMENT.

ne font pas fidelement indiquées, puisqu'elle dépend du concours de toutes ces actions. On a suivi, dans cette vue, les repréfentations des pieces de Moliere qui fe jouent actuellement fur notre théatre ; on a encore confulté les comédiens fur ce qui auroit pu échaper.

Si ce travail eft inutile pour ceux qui fréquentent les fpectacles, il ne l'eft pas pour les étrangers, ni pour ceux qui fe contentent de lire ces fortes d'ouvrages ; il pourra même être utile pour les fiecles à venir. Il feroit à fouhaiter que les comédies de Plaute, & de Térence nous euffent été tranfmifes avec le même foin : il y auroit, fans doute, moins d'obfcurité en beaucoup d'endroits ; & nous y découvririons des beautés que nous ne connoiffons pas. *

Par le même principe, on a marqué avec précaution & exactitude, l'inftant où les acteurs entrent fur le théatre, & celui où ils en fortent, le nombre des fcenes a été confidérablement augmenté dans plufieurs comédies ; difons mieux, on n'en a point augmenté le nombre, on n'a fait que diftinguer celles qui y étoient.

Peut-être dira-t-on qu'il y a de la témérité à vouloir, en cela, mieux faire que Moliere lui-même n'a fait. On pourroit, par la même raifon, défaprouver auffi les indications qui ont été ajoutées, puifque l'Auteur les avoit omifes dans les éditions qui ont été faites, pour ainfi dire, fous fes yeux. Il ne feroit pas difficile de prouver, par ces éditions mêmes, que Moliere ne fe donnoit pas le foin de les revoir ; mais ce détail meneroit trop loin ; contentons-nous de dire que le tems que demandoit la compofition de fes pieces, le foin de former, & de foutenir une troupe dont il étoit l'ame & le chef, la néceffité où

Ces réflexions font autorifées par celles du grand Corneille dans fon troifieme difcours fur la Tragédie.

il étoit de jouer la comédie, les fréquens voyages à Versailles, à Saint Germain, & en d'autres endroits où sa troupe avoit l'honneur de contribuer aux divertissemens de la Cour, mille autres occupations inséparables de son état, ne pouvoient guere lui laisser le loisir de veiller à l'impression de ses ouvrages. On a donc fait ce qu'il auroit fait probablement lui-même, s'il en eût donné une édition revue & corrigée. Il semble l'annoncer dans la Préface de *l'Ecole des femmes*, il devoit y joindre des examens, à l'exemple du grand Corneille; une mort prématurée nous en a privés. Quelle source de regrets pour nous! Quelle poétique, en effet, peut être plus instructive, que celle qui joint l'exemple aux préceptes; & qui, en établissant la regle qu'il faut suivre, en faire en même-tems l'aplication! Il n'a point assez vécu pour notre plaisir, & pour notre instruction; il avoit assez vécu pour sa gloire.

Si l'on ne trouve pas dans cette édition la vie de Moliere * qui parut en 1705, non plus que la critique qui en fut faite dans le tems, & la réponse à cette critique, on y a supléé par des *Mémoires sur la vie & sur les ouvrages*. L'Auteur de ces Mémoires, sans rien omettre des faits les plus constans concernant la vie privée de Moliere, n'a point adopté ceux qui lui ont paru peu sûrs, peu importans, ou même étrangers au sujet. Il ne s'est pas borné seulement à nous peindre le comédien, & le chef de troupe; il a cru que son ouvrage seroit encore plus intéressant, si quelques courtes réflexions, tant historiques que critiques, mettoient les lecteurs en état de connoître, dans chacune des comédies de Moliere, le mérite particulier qui les distingue, & dans celui qui les a

---

* *Composée par Jean-Léonor le Gallois, Sieur de Grimarest, & imprimée in-12. à Paris, par Jaques le Febvre, 1705.*

AVERTISSEMENT.

composées, le restaurateur de la comédie Françoise.

On a aussi suprimé la *lettre écrite à une personne de qualité, sur le sujet du Misantrope*, par le Sieur de Vizé, *le jugement sur l'Amphitryon*, extrait du Dictionnaire historique & critique de M. Bayle ; *l'ombre de Moliere, comédie en un acte en prose*, par le Sieur Brecourt ; *les extraits de divers Auteurs, contenant plusieurs particularités sur la vie de M. de Moliere, & des jugemens sur quelques-unes de ses pieces*, non plus que le recueil des Epigrammes, Epitaphes, ou autres pieces en vers, tant Latines que Françoises, faites par divers Auteurs sur M. * de Moliere, & sur sa mort. Qui voudroit recueillir toutes les critiques ou apologies, tant en vers qu'en prose, & même en forme de comédie, faites pour & contre lui, & y joindre tout ce qui a été dit à son sujet par différens Ecrivains, auroit de quoi remplir plus d'un volume *in-4o*. Mais ce sont les œuvres de Moliere qu'on donne au public, & non les œuvres diverses concernant Moliere.

Ce seroit ici le lieu de rendre compte des additions qui caractérisent cette édition ; mais, pour ne point répéter les mêmes choses, on prie les lecteurs de consulter les avertissemens imprimés à la suite du *Mariage forcé*, de *Mélicerte*, de *George Dandin*, & de *la Comtesse d'Escarbagnas*. Presque toutes ces additions font partie des œuvres de Moliere, & d'ailleurs elles sont d'un genre qu'il a en quelque sorte créé, puisqu'il a imaginé le premier de lier le chant & la danse à un sujet, & de ne faire *qu'une seule chose du ballet & de la comédie. C'est*, dit-il dans la Préface des *Fâcheux, un mélange qui est nouveau pour nos Théatres, dont on pourrait chercher quelques autorités,*

___

* C'est mal à propos qu'on a écrit de Moliere, puisque lui-même, dans l'Impromptu de Versailles, apelle sa femme Mademoiselle Moliere.

AVERTISSEMENT.

dans l'antiquité; & comme tout le monde l'a trouvé agréable, il peut servir d'idées à d'autres choses qui pourroient être méditées avec plus de loisir. Il faut convenir que les ballets insérés dans les Pieces de Moliere, se ressentent quelquefois de la précipitation avec laquelle il étoit obligé de les composer pour obéir aux ordres du Roi; mais on ne peut du moins lui disputer la gloire d'avoir enrichi le Théatre François d'un genre de Comédie, qui depuis y a été souvent employé avec succès.

Quelques personnes souhaitoient qu'on suivît l'orthographe qui étoit en usage du tems de Moliere; comme elle a varié, même de son vivant, on n'a pu s'y assujettir entiérement: on n'a point aussi adopté la nouvelle. A l'égard de l'uniformité dans la maniere d'écrire les mêmes mots, on l'a crue indispensable.

Les Comédies sont à présent rangées suivant le tems qu'elles ont été représentées pour la premiere fois sur les Théatres du petit Bourbon, & du Palais Royal, relativement à la table générale qui est à la suite des *Mémoires*; il y en a plusieurs, à la fin desquelles on trouvera les noms des Comédiens qui y recitoient, & même des personnes qui y ont chanté & dansé; mais on n'a mis que ceux dont on a pu être sûr. De simples traditions, en pareil cas, sont trop incertaines, & l'on ne doit pas s'y fier. La seule Comédie de *la Princesse d'Elide* avoit cet avantage dans les éditions précédentes; on a eu recours, pour les autres, aux imprimés in-4°. qui se distribuoient à la Cour dans le tems des premieres representations. Comme Louis XIV lui-même ne dédaignoit pas d'y danser, & que les Princes, les Princesses, & les Seigneurs de sa Cour, à son exemple, s'en faisoient un amusement, on a cru que, du moins par ce côté, ce détail pourroit exciter la curiosité du Public, & lui paroître intéressant.

AVERTISSEMENT.

EXTRAIT D'UN LIVRE INTITULÉ:
Nouvelles Nouvelles, troisieme Partie, page 227 & suivantes. *

Cet Extrait peut être regardé comme un supplément aux *Mémoires sur la vie & les ouvrages de Moliere*, & paroîtra d'autant plus intéressant, qu'il nous le fait connoître comme Auteur & Acteur. C'est par ces deux endroits que son Historien (*Grimarest*) devoit nous le montrer, & c'est à quoi il a pensé le moins.

» Je ne ferai point comme ceux dont on vient de
» parler, qui louent & qui blâment excessivement,
» je dirai la vérité, sans que ce fameux Auteur
» (Moliere) s'en doive offenser, & certes il au-
» roit grand tort de le faire, puisqu'il fait profes-
» sion ouverte de publier en plein théatre, les vé-
» rités de tout le monde. Cette raison m'oblige à
» publier les siennes plus librement que je ne ferois.
» Je n'irai point toutefois jusqu'à la satyre, & tout
» ce que je dirai sera tant soit peu plus à sa gloire
» qu'à son désavantage.

» Je dirai d'abord, que si son esprit ne l'avoit
» pas rendu un des plus illustres du siecle, je serois
» ridicule de vous en entretenir aussi long-tems, &
» aussi sérieusement que je vais faire, & que je mé-
» riterois d'être raillé ; mais comme il peut passer
» pour le Térence de notre siecle, qu'il est grand
» Auteur & grand Comédien, lorsqu'il joue ses Pie-
» ces, & que ceux qui ont excellé dans ces deux cho-
» ses, ont toujours eu place en l'histoire: je puis bien
» vous faire ici un abregé de l'abregé de sa vie, &
» vous entretenir de celui dont on s'entretient pres-

*Par M. de Vizé, in-12. Paris, Gabriel Quinet. 1663.

AVERTISSEMENT.

» que dans toute l'Europe, & qui fait si souvent
» retourner à l'école tout ce qu'il y a de gens d'es-
» prit à Paris.

» Ce fameux Auteur de l'*Ecole des Maris*, ayant
» eu, dès sa jeunesse, une inclination toute parti-
» culiere pour le théatre, se jetta dans la Comédie,
» quoiqu'il se pût bien passer de cette occupation,
» & qu'il eût assez de bien pour vivre honorable-
» ment dans le monde.

» Il fit quelque tems la Comédie à la campagne,
» & quoiqu'il jouât fort mal le sérieux, & que dans
» le comique il ne fut qu'une copie de Trivelin, &
» de Scaramouche, il ne laissa pas que de devenir
» en peu de tems, par son adresse & par son es-
» prit, le chef de sa troupe, & de l'obliger à porter
» son nom.

» Cette troupe ayant un chef si spirituel, & si
» adroit, effaça en peu de tems toutes les troupes de
» campagne, & il n'y avoit point de Comédiens
» dans les autres, qui ne briguassent des places
» dans la sienne.

» Il fit des farces qui réussirent un peu plus que
» des farces, & qui furent un peu plus estimées
» dans toutes les villes, que celles que les autres
» Comédiens jouoient. Ensuite il voulut faire une
» Piece en cinq actes, & les Italiens ne lui plaisant
» pas seulement dans leur jeu, mais encore dans
» leurs Comédies, il en fit une qu'il tira de plusieurs
» des leurs, à laquelle il donna pour titre, l'*Etour-*
» *di* ou *les Contre-tems*. Ensuite il fit *le Dépit amou-*
» *reux*, qui valoit beaucoup moins que la premiere;
» mais qui réussit toutefois, à cause d'une scene qui
» plut à tout le monde, & qui fut vue comme un
» tableau naturellement représenté de certains dé-
» pits qui prennent souvent à ceux qui s'aiment le
» mieux, & après avoir fait jouer ces deux Pieces à la
» campagne il voulut les faire voir à Paris, où il
» emmena sa troupe.

AVERTISSEMENT.

„ Comme il avoit de l'esprit, & qu'il sçavoit ce
„ qu'il falloit faire pour réussir, il n'ouvrit son
„ Théatre qu'après avoir fait plusieurs visites, &
„ brigué quantité d'aprobateurs. Il fut trouvé incapa-
„ ble de jouer aucune piece sérieuse ; mais l'esti-
„ me que l'on commençoit à avoir pour lui, fut cau-
„ se que l'on le souffrit.

„ Après avoir quelque tems joué de vieilles pie-
„ ces, & s'être en quelque façon établi à Paris, il
„ joua son *Etourdi*, & son *Dépit amoureux*, qui
„ réussirent autant par la préoccupation que l'on
„ commençoit à avoir pour lui, que par les aplau-
„ dissemens qu'il reçut de ceux qu'il avoit priés de
„ le venir voir.

„ Après le succès de ces deux pieces, son Théa-
„ tre commença de se trouver continuellement rem-
„ pli de gens de qualité, non pas tant pour le di-
„ vertissement qu'ils y prenoient, (car l'on n'y
„ jouoit que de vieilles Pieces) que parce que le
„ monde ayant pris habitude d'y aller, ceux qui
„ aimoient la compagnie, & qui aimoient à se faire
„ voir, y trouvoient amplement de quoi se conten-
„ ter ; ainsi l'on y venoit par coutume, sans des-
„ sein d'écouter la Comédie, & sans sçavoir ce
„ qu'on y jouoit.

„ Pendant cela notre Auteur fit réflexion sur ce
„ qui se passoit dans le monde, & sur-tout parmi
„ les gens de qualité, pour en reconnoître les dé-
„ fauts ; mais comme il n'étoit encore ni assez har-
„ di pour entreprendre une satyre, ni assez capable
„ pour en venir à bout, il eut recours aux Italiens
„ ses bons amis, & accommoda *les Précieuses* au
„ Théatre François, qui avoient été jouées sur le
„ leur, & qui leur avoient été données par un
„ Abbé des plus galans. * Il les habilla admirable-
„ ment bien à la Françoise, & la réussite qu'elles
„ eurent lui firent connoître qu'on aimoit la satyre,

* *L'Abbé de Pure.*

AVERTISSEMENT.

» & la bagatelle. Il connut par-là les goûts du
» siecle, il vit bien qu'il étoit malade, & que les
» bonnes choses ne lui plaisoient pas.

» Il aprit que les gens de qualité ne vouloient
» rire qu'à leurs dépens, qu'ils vouloient que l'on
» fit voir leurs défauts en public, qu'ils étoient les
» plus dociles du monde, & qu'ils auroient été
» bons du tems où l'on faisoit pénitence à la porte
» des Temples, puisque loin de se fâcher de ce que
» l'on publioit leurs sottises, ils s'en glorifioient :
» & de fait, après que l'on eut joué *les Précieuses*,
» où ils étoient & bien représentés & bien raillés,
» ils donnerent eux-mêmes, avec beaucoup d'em-
» pressement, à l'Auteur dont je vous entretiens,
» des Mémoires de tout ce qui se passoit dans le
» monde, & des portraits de leurs propres défauts,
» & de ceux de leurs meilleurs amis, croyant qu'il
» y avoit de la gloire pour eux que l'on reconnut
» leurs impertinences dans ses ouvrages, & que
» l'on dit même qu'il auroit voulu parler d'eux : car
» vous sçaurez qu'il y a de certains défauts de qua-
» lité dont ils font gloire, & qu'ils seroient bien
» fâchés que l'on crut qu'ils ne les eussent pas.

» Notre Auteur ayant derechef connu ce qu'ils
» aimoient, vit bien qu'il falloit qu'il s'accommo-
» dât au tems ; ce qu'il a si bien fait depuis, qu'il en
» a mérité toutes les louanges que l'on a jamais don-
» nées aux plus grands Auteurs.

» Jamais homme ne s'est si bien sçu servir de
» l'occasion, jamais homme n'a sçu si naturelle-
» ment décrire, ni representer les actions humaines,
» & jamais homme n'a sçu si bien faire son profit
» des conseils d'autrui.

» Il fit après *les Précieuses*, *le Cocu imaginaire*,
» qui est, à mon sentiment, & à celui de beaucoup
» d'autres, la meilleure de toutes ses Pieces, & la
» mieux écrite. Je ne vous en entretiendrai pas
» davantage, & je me contenterai de vous faire

AVERTISSEMENT.

» favoir que vous en aprendrez beaucoup plus que
» je ne pourrois vous en dire, si vous voulez pren-
» dre de la peine de lire la prose que vous trouverez
» dans l'imprimé au-dessus de chaque scene.

» Notre Auteur, ou pour ne pas répéter ce mot
» si souvent, le Héros de ce petit recit, après avoir
» fait cette piece, reçut des gens de qualité plus de
» Mémoires que jamais, dont on le pria de se ser-
» vir dans celles qu'il devoit faire ensuite, & je le
» vis bien embarraffé un soir après la Comédie,
» qui cherchoit par-tout des tablettes, pour écrire
» ce que lui difoient plusieurs personnes de condi-
» tion dont il étoit environné : tellement que l'on
» peut dire qu'il travailloit sous les gens de qualité
» pour leur apprendre après à vivre à leurs dépens,
» & qu'il étoit en ce temps, & eft encore préfen-
» tement leur écolier & leur maître tout enfemble.

» Ces Messieurs lui donnent souvent à dîner, pour
» avoir le tems de l'instruire en dînant de tout ce
» qu'ils veulent lui faire mettre dans ses pieces ;
» mais comme ceux qui croient avoir du mérite ne
» manquent jamais de vanité, il rend tous les re-
» pas qu'il reçoit, son esprit le faifant aller de
» pair avec beaucoup de gens qui sont beaucoup
» au-deffus de lui.

» L'on ne doit point après cela s'étonner pour-
» quoi l'on voit tant de monde à ses Pieces ; tous
» ceux qui lui donnent des Mémoires veulent voir
» s'il s'en sert bien, tel y va pour un vers, tel
» pour un demi vers, tel pour un mot, & tel pour
» une pensée dont il l'aura prié de se servir : ce qui
» fait croire justement que la quantité d'Auditeurs
» intéressés qui vont voir ses Pieces, les font réus-
» sir, & non pas leur bonté toute feule, comme
» quelques-uns se persuadent.

» *L'Ecole des Maris* fut celle qui sortit de sa plu-
» me après *le Cocu imaginaire* ; c'est encore un de
» ces tableaux des chofes que l'on voit le plus fré-

» quemment arriver dans le monde, ce qui a fait » qu'elle n'a pas été moins suivie que les précéden- » tes. Les vers en sont moins bons que ceux du *Cocu* » *imaginaire*, mais le sujet en est tout-à-fait bien » conduit, & si cette Piece avoit eu cinq Actes, » elle pourroit tenir rang dans la postérité après le » *Menteur* & les *Visionnaires*.

» Notre Auteur, après avoir fait ces deux Pieces, » reçut des Mémoires en telle confusion, que de ceux » qui lui restoient, & de ceux qu'il recevoit tous les » jours, il en auroit eu dequoi travailler toute sa » vie, s'il ne se fût avisé, pour satisfaire les gens » de qualité, & pour les railler, ainsi qu'ils le sou- » haitoient, de faire une Piece où il pût mettre » quantité de leurs portraits.

» Il fit donc la Comédie des *Fâcheux*, dont le su- » jet est autant méchant que l'on puisse imaginer, » & qui ne doit pas être appellée une Piece de Théa- » tre : ce n'est qu'un amas de portraits détachés, & » tirés de ces Mémoires ; mais qui sont si naturel- » lement représentés, si bien touchés, & si bien fi- » nis, qu'il en a mérité beaucoup de gloire ; & ce » qui fait voir que les gens de qualité sont non- » seulement bien aise d'être raillés, mais qu'ils sou- » haitent que l'on connoisse que c'est d'eux que l'on » parle, c'est qu'il s'en trouvoit qui faisoient en » plein Théatre, lorsque l'on les jouoit, les mêmes » actions que les Comédiens faisoient pour les con- » trefaire.

» Le peu de succès qu'a eu son *Dom Garcie*, ou » *le Prince jaloux*, m'a fait oublier de vous en » parler à son rang ; mais je crois qu'il suffit de » vous dire que c'étoit une Piece sérieuse, & qu'il » en avoit le premier rôle, pour vous faire connoî- » tre que l'on ne s'y devoit pas beaucoup divertir.

» La derniere de ses Comédies, & celle dont vous » souhaitez le plus que je vous entretienne, parce » que c'est celle qui fait le plus de bruit, s'apella

AVERTISSEMENT.

» *l'Ecole des Femmes*. Cette Piece a cinq Actes.
» Tous ceux qui l'ont vue, sont demeurés d'accord
» qu'elle est mal nommée, & que c'est plutôt *l'Ecole*
» *des Maris*, que *l'Ecole des Femmes* ; mais com-
» me il en a déja fait un sous ce titre, il n'a pu lui
» donner le même nom.

» Elles ont beaucoup de raport ensemble ; &
» dans la premiere il garde une femme, dont il veut
» faire son épouse, qui bien qu'il la croie ignoran-
» te, en sçait plus qu'il ne croit, ainsi que l'*Agnès*
» de la derniere, qui joue aussi-bien que lui le même
» personnage, & dans *l'Ecole des Maris*, &
» dans *l'Ecole des Femmes* ; & toute la différence
» que l'on y trouve, c'est que l'*Agnès* de *l'Ecole*
» *des Femmes* est un peu plus sotte & plus ignorante
» que l'*Isabelle* de *l'Ecole des Maris*.

» Le sujet de ces deux Pieces n'est point de son
» invention, il est tiré de divers endroits, à sça-
» voir de Bocace, des Contes de Douville, de la
» précaution inutile de Scaron ; & ce qu'il y a de
» plus beau dans la derniere, est tiré d'un livre in-
» titulé, *les Nuits facétieuses du Seigneur Strapa-*
» *rôlle*, dans une histoire duquel un rival vient tous
» les jours faire confidence à son ami, sans sçavoir
» qu'il est son rival, des faveurs qu'il obtient de sa
» Maîtresse ; ce qui fait tout le sujet & la beauté de
» *l'Ecole des Femmes*.

* Cette Piece a produit des effets tout nouveaux,
» tout le monde l'a trouvée méchante, & tout le
» monde y a couru. Les Dames l'ont blâmée, &
» l'ont été voir : elle a réussi sans avoir plu, & elle
» a plu à plusieurs qui ne l'ont pas trouvée bonne ;
» mais pour vous en dire mon sentiment, c'est le
» sujet le plus mal conduit qui fût jamais, & je
» suis prêt de soutenir qu'il n'y a point de scene où
» l'on ne puisse faire voir une infinité de fautes.

» Je suis toutefois obligé d'avouer, pour rendre
» justice à ce que son Auteur a de mérite, que cette

AVERTISSEMENT.

» Piece est un monstre qui a de belles parties, & que
» jamais l'on ne vit tant de si bonnes & de si mé-
» chantes choses ensemble. Il y en a de si naturel-
» les, qu'il semble que la nature ait elle-même tra-
» vaillé à les faire. Il y a des endroits qui sont ini-
» mitables, & qui sont si bien exprimés, que je
» manque de termes assez forts & assez significatifs
» pour vous le bien faire concevoir. Il n'y a per-
» sonne au monde qui les pût si bien exprimer, à
» moins qu'il n'eût son génie, quand il seroit un sie-
» cle à les tourner : ce sont des portraits de la na-
» ture qui peuvent passer pour originaux. Il semble
» qu'elle y parle elle-même. Ces endroits ne se ren-
» contrent pas seulement dans ce que joue *Agnès*;
» mais dans les rôles de tous ceux qui jouent à cette
» Piece.

» Jamais Comédie ne fut si bien représentée, ni
» avec tant d'art, chaque Acteur sçait combien il y
» doit faire de pas, & toutes ses œillades sont
» comptées.

» Après le succès de cette Piece, on peut dire que
» son Auteur mérite beaucoup de loüanges pour
» avoir choisi entre tous les Sujets que Straparolle
» lui fournissoit, celui qui venoit le mieux au tems,
» pour s'être servi à propos des Mémoires que l'on
» lui donne tous les jours, pour n'en avoir tiré que
» ce qu'il falloit, & l'avoir si bien mis en vers, &
» si bien cousu à son sujet ; pour avoir si bien joué
» son rôle, pour avoir si judicieusement distribué
» tous les autres, & pour avoir enfin pris le soin de
» faire si bien jouer ses compagnons, que l'on peut
» dire que tous les Acteurs qui jouent dans sa Pie-
» ce, sont des originaux que les plus habiles maîtres
» de ce bel Art pourront difficilement imiter. »

LETTRE
SUR LES AFFAIRES
DU THEATRE.*

CEtte Lettre est du même Auteur dont nous venons de donner un *Extrait des Nouvelles Nouvelles*, & c'est encore une de ces sources dans lesquelles on devoit puiser quelques particularités de la vie de Moliere. Il y a lieu de présumer que cet Ecrivain étoit ami des Comédiens de l'Hôtel de Bourgogne, & qu'il s'étoit chargé de les venger du tort que *l'Impromptu de Versailles* leur avoit fait. En effet, il n'y garde aucun ménagement, & l'on peut la regarder comme une satyre.

Si nous en jugeons par la date de l'impression, on avoit donné à Moliere le nom d'*Elomire*, qui est l'anagramme de Moliere, dès l'année 1663, tems où la Comédie de *Zélinde* fut imprimée, & dont nous parlerons dans le Catalogue des critiques sur les Comédies de Moliere. Le sieur Donneau de Vizé ne l'apelle point autrement dans cette *Lettre sur les affaires du Théatre*, qui n'a été donné qu'en 1664. Il y a une Comédie sous ce même nom. (1)

» LOrsque vous me demandez des nouvelles du
» Théatre, vous ne songez pas que vous en devez
» être aussi-bien instruit que moi, puisque vous

---

* *Elle est extraite d'un livre intitulé, les Diversités galantes. A Paris, chez Claude Barbin, 1664.*

(1) *Elomire hypocondre, ou les Médecins vengés, Comédie par M. le Boulanger de Chalussay, Paris, in 12. 1670. Char. les de Sercy. Nous en parlerons dans le Catalogue des Critiques.*

AVERTISSEMENT.

» avez dû connoître, par *le Portrait du Peintre* (1),
» que le redoutable *Elomire* a été battu de ses pro-
» pres armes, & que vous avez pu aprendre dans
» *la Vengeance des Marquis* (2), qui sert de ré-
» ponse aux Pieces raportées qu'il nous a fait voir
» sous le nom *d'Impromptu* (3), que l'ardeur de se
» venger l'ayant aveuglé, en travaillant à cette
» Piece, il s'est contredit lui-même en plusieurs
» endroits, & qu'il ne s'est défendu qu'avec des ar-
» mes dont on ne croyoit pas qu'il se dût servir ?
» & que l'on ne peut manier sans se faire plus de
» mal à soi-même qu'à ceux contre qui on les em-
» ploie. L'on a connu par ce combat qu'il n'a point
» eu d'ennemis à combattre, puisque le premier
» qui est entré dans la lice, l'a obligé de recourir à
» de honteuses armes. Cet heureux & spirituel té-
» méraire ne croyoit pas emporter d'abord une si
» grande victoire, & il se persuadoit que le bon-
» heur de son adversaire repousseroit seul les coups
» qu'il lui a portés, & peut-être que s'il ne se fût
» point perdu en se défendant si mal, l'on auroit
» regardé avec d'autres yeux ce que l'on a écrit
» contre lui. Il lui est arrivé la même chose qu'à de
» certains faux braves que l'on a souvent cru ne
» pouvoir jamais être surmontés, & qui, par des
» yeux menaçans, par une fierté étudiée, & par
» des discours qui faisoient croire qu'il étoit impos-
» sible de les vaincre, ont empêché long-tems qu'on
» ne les attaquât, cependant, lorsqu'ils l'ont été,
» ils ont toujours fait voir par leur défaite, que
» ceux que l'on croit indomptables, sont plus sou-
» vent & plus facilement vaincus que les autres.
» Nous voyons présentement arriver la même cho-
» se : la réputation d'*Elomire* a long-tems empêché
» que l'on ne l'attaquât, & l'on se fût toujours per-

(1.) *Comédie de Boursault.*
(2) *Comédie de de Villiers.*
(3) *L'Impromptu de Versailles.*

AVERTISSEMENT.

» fuadé qu'il ne pouvoit être vaincu, fi l'Auteur du
» *Portrait du Peintre*, n'eût fait voir qu'il n'a triom-
» phé fi long-tems, que faute d'avoir été attaqué, &
» que ce fort pouvoit être furpris par tant de foi-
» bles endroits, qu'il ne falloit que fe prefenter pour
» en demeurer vainqueur.

» Voilà ce que vous ont dû faire connoître les
» deux Pieces que vous avez reçues de ma part. Je
» pourrois, avec beaucoup de raifon, vous prier
» d'épargner la derniere, & de la regarder comme
» un ouvrage d'un jour & demi. Je fçais bien que je
» n'en dois pas être cru fur ma parole ; mais j'ai de
» fûrs moyens pour vous perfuader cette vérité, &
» je ne doute point que vous n'ajoutiez foi aux per-
» fonnes à qui je la lus deux jours après la premiere
» reprefentation de *l'Impromptu de Verfailles*, puif-
» qu'elles ne font pas moins connues & eftimées
» pour leur probité, que pour leur naiffance, &
» pour leur efprit : mais comme tout cela ne ren-
» droit pas ma Piece meilleure, & que fi elle n'eft
» pas bonne, l'on me doit blâmer de l'avoir faite en
» fi peu de tems ; je paffe à d'autres chofes, & ne
» vous prierai point d'excufer les négligences que
» vous y remarquerez.

» Si vous me dites que je lui donne un nom qui ne
» lui convient pas, & que c'eft plutôt *la vengeance*
» *des Comédiens*, que celle *des Marquis*, vous au-
» rez raifon ; mais c'eft une faute que j'ai affec-
» tée, & j'ai bien voulu imiter en ce point *Elomire*,
» qui ne fe foucie pas que fes Pieces aient des noms
» qui leur conviennent, pourvu qu'elles en aient de
» fpécieux, & qui puiffent exciter la curiofité. En-
» core que les Comédiens paroiffent vengés dans
» cette Piece, puifque l'on y voit que cet Auteur,
» purement Comique, s'égare lorfqu'il parle d'eux,
» qu'il fe contredit à tous momens, & qu'il les blâ-
» me de certaines chofes dont j'ai fait voir qu'il eft
» lui-même Auteur ; il les a néanmoins bien plus

» vengés que moi dans son prétendu *Impromptu* ;
» ayant non-seulement travaillé à leur gloire en les
» contrefaisant, mais encore à la perte de la
» sienne.

» Pour ce qui est des Marquis, ils se vengent
» assez pas leur prudent silence, & font voir qu'ils
» ont beaucoup d'esprit, en ne l'estimant pas assez
» pour se soucier de ce qu'il dit contre eux. Ce n'est
» pas que la gloire de l'Etat ne les dût obliger à se
» plaindre, puisque c'est tourner le Royaume en ri-
» dicule ; railler toute la noblesse, & rendre mépri-
» sables, non-seulement à tous les François, mais
» encore à tous les Etrangers, des noms éclatans
» pour qui l'on devroit avoir du respect.

» Quoique cette faute ne soit pas pardonnable,
» elle en renferme une autre qui l'est bien moins,
» & sur laquelle je veux croire que la prudence d'*E-*
» *lomire* n'a pas fait de réflexion. Lorsqu'il joue
» toute la Cour, & qu'il n'épargne que l'Auguste
» Personne du Roi, que l'éclat de son mérite rend
» plus considérable que celui de son Trône, il ne
» s'aperçoit pas que cet incomparable Monarque est
» toujours accompagné des gens qu'il veut rendre
» ridicules ; que ce sont eux qui forment sa Cour ;
» que c'est avec eux qu'il se divertit ; que c'est avec
» eux qu'il s'entretient ; & que c'est avec eux qu'il
» donne de la terreur à ses ennemis : c'est pourquoi
» *Elomire* devroit plutôt travailler à nous faire voir
» qu'ils sont tous des héros, puisque le Prince est
» toujours au milieu d'eux, & qu'il en est comme
» le Chef, que de nous en faire voir des portraits
» ridicules.

» Il ne suffit pas de regarder le respect que nous
» devons au demi-Dieu qui nous gouverne, il faut
» épargner ceux qui ont le glorieux avantage de
» l'aprocher, & ne pas jouer ceux qu'il honore d'une
» estime particuliere.

» Je tremble pour cet Auteur, lorsque je lui entends

AVERTISSEMENT.

» tends dire en plein Théatre, que ces illuſtres
» doivent, à la Comédie prendre la place des va-
» lets. Quoi, traiter ſi mal l'appui & l'ornement de
» l'Etat ! Avoir tant de mépris pour des perſonnes
» qui ont tant de fois, & ſi généreuſement expoſé
» leur vie pour la gloire de leur Prince ! Et tout cela,
» pour ce que leur qualité demande qu'ils ſoient
» plus ajuſtés que les autres, & qu'ils y ſont obligés
» pour maintenir l'état de la plus brillante Cour du
» monde, & pour faire honneur à leur Souverain.
» Je vous avoue que quand je conſidere le mérite de
» toutes ces illuſtres perſonnes, & que je ſonge à la
» témérité d'*Elomire*, j'ai peine à croire tout ce que
» mes yeux ont vu dans pluſieurs de ces Pieces, & ce
» que mes oreilles ont oui.

» Vous ne devez pas vous étonner ſi après avoir
» voulu rendre ridicule ce que la Cour, ou plu-
» tôt tout le Royaume a de plus illuſtre, il a
» voulu mettre les pieces ſérieuſes au-deſſous des
» comiques ; puiſqu'il a réſolu de ne s'attaquer
» qu'aux choſes pour leſquelles il devroit avoir
» beaucoup d'eſtime. L'on peut dire toutefois, pour
» le juſtifier en quelque ſorte, qu'il a plus de
» raiſon d'attaquer les ouvrages ſérieux que les
» Marquis, & qu'il ſe venge ſur les premiers du
» mauvais ſuccès de ſon *Don Garcie*, & l'on peut
» auſſi ajouter qu'il ſe venge en même-tems des
» Marquis qui ne l'ont pas approuvé.

» Voyons preſentement ſi ce qu'il a dit eſt véri-
» table ; ſi les pieces comiques doivent étouffer
» les ſérieuſes ; & ſi les bouffons méritent plus de
» gloire que les grands hommes.

» Les uns n'ont rien que de ridicule dans leurs
» ouvrages, & ne travaillent que pour la rate,
» & les autres n'ont rien que de ſolide, & ne
» travaillent que pour l'eſprit.

» Les uns divertiſſent à la vérité, mais les au-
» tres divertiſſent & inſtruiſent tout enſemble

» cependant *Elomire* se persuade, à cause qu'il a
» l'avantage de badiner assez agréablement, que
» ses Comédies l'emportent sur-tout ce que nous
» avons de pieces sérieuses ; mais il y a bien de la
» différence entre le succès d'une Comédie, & ce-
» lui d'une piece sérieuse. Une piece sérieuse réus-
» sit pour son mérite, & sa bonté seule nous
» oblige à lui rendre justice ; mais l'on va sou-
» vent voir en foule une piece comique, encore
» que l'on la trouve méchante, & l'on va plutôt
» aux ouvrages qui sont de la nature de ceux d'*E-*
» *lomire*, pour les gens que l'on y croit voir
» jouer, que pour la judicieuse conduite de la
» piece ; car l'on sait bien qu'il ne s'en pique
» pas. Si l'on court à tous les ouvrages comiques,
» c'est pour ce que l'on y trouve toujours quelque
» chose qui fait rire, & que ce qui en est mé-
» chant, & même hors de la vraisemblance, est
» quelquefois ce qui divertit le plus. Les postures
» contribuent à la réussite de ces sortes de Pie-
» ces, & elles doivent ordinairement tous leurs
» succès aux grimaces d'un Acteur.

» Nous en avons un exemple dans *l'Ecole des*
» *Femmes*, où les grimaces d'*Arnolphe*, le vi-
» sage d'*Alain*, & la judicieuse scene du *Notaire*
» ont fait rire bien des gens ; & sur le recit que
» l'on en a fait, tout Paris a voulu voir cette
» Comédie ; mais *Elomire* ne doit pas pour cela
» publier que tout Paris a regardé *l'Ecole des*
» *Femmes* comme un chef-d'œuvre, puisque, hors
» ses amis qui voient ses ouvrages avec d'autres
» yeux que les autres, tout le monde en a d'a-
» bord reconnu les défauts. Ceux qui en virent
» la premiere représentation se souviennent bien
» qu'elle fut généralement condamnée ; & quoi-
» que le mal que l'on dit d'un ouvrage vienne
» rarement aux oreilles d'un Auteur, *Elomire* en
» a depuis ouï conter les défauts à tant de mon-

AVERTISSEMENT. 27

»de , qu'il a cru en devoir faire lui-même une
» critique , pour empêcher les autres d'y travail-
» ler : ce qui fut cause que je fis ensuite ma *Zé-*
» *linde* , voyant qu'il avoit agi en pere , & qu'il
» avoit eu trop d'indulgence pour ses enfans. Il
» dit qu'il peint d'après nature ; cependant quoi-
» que nous voyons bien des jaloux , nous en
» voyons peu qui ressemblent à *Arnolphe* , c'est
» pourquoi il se devroit donner encore plus de
» gloire , & dire qu'il peint d'après son imagi-
» nation ; mais comme elle ne peut lui represen-
» ter des Héros , je suis assuré qu'il ne nous en
» fera jamais voir s'ils ne sont jaloux. Ce sont-là
» les grands sentimens qu'il leur inspire , & la
» jalousie est tout ce qui les fait agir depuis le
» commencement jusqu'à la fin de ses pieces sé-
» rieuses, aussi-bien que de ses comiques ; & puis-
» qu'il y met si peu de différence , je ne sais
» pas pourquoi il assure que les pieces comiques
» doivent l'emporter sur les Pieces sérieuses. Pour
» moi , ce n'est pas mon sentiment , & les raisons
» que je vous en vais donner vous feront connoî-
» tre , que l'on doit être beaucoup plus estimé pour
» avoir fait une bonne piece sérieuse , que pour
» en avoir composé un grand nombre de comiques.

» Pour faire parler des Héros il faut avoir l'ame
» grande , ou plutôt être Héros soi-même ; puis-
» que les grands sentimens que l'on met dans leur
» bouche , & les belles actions que l'on leur fait
» faire , sont plus souvent tirées de l'esprit de ce-
» lui qui les fait parler , que de leur histoire.

» Il n'en est pas de même des fous que l'on
» peint d'après nature ; ces peintures ne sont pas
» difficiles , l'on remarque aisément leurs postu-
» res ; on entend leurs discours ; l'on voit leurs
» habits ; & l'on peut , sans beaucoup de peine,
» venir à bout de leur portrait. Mais dans celui
» des Héros , il faut que le jugement & l'esprit

» s'y faſſent remarquer ; & comme l'hiſtoire ne
» fournit que le premier trait de ces portraits par-
» lans , ſi l'on n'a tous les ſentimens d'un Héros ,
» l'on ne peut ajouter ce qui manque à leur hiſ-
» toire , ni enfanter les ſentimens que l'on leur
» doit donner. L'on peut voir par-là , que ces
» peintures ne ſont pas ſi faciles à faire que nous
» veut perſuader *Elomire*. On ne brave pas tou-
» jours la fortune en vers ; l'on n'accuſe pas
» toujours les deſtins ; & l'on ne querelle pas tou-
» jours les Dieux : l'on donne ſouvent plus de mo-
» dération aux Héros : l'on les fait quelquefois
» parler en politiques : & l'on leur donne , en les
» faiſant aimer , des ſentimens dignes de leur naiſ-
» ſance.

» Si pour bien repréſenter des Héros & entrer dans
» leur caractere , il faut être capable d'avoir leurs
» penſées , je vous laiſſe à deviner les belles quali-
» tés que l'on doit avoir pour bien dépeindre des
» perſonnes ridicules.

» Il eſt aiſé de connoître par toutes ces choſes ,
» qu'il y a au Parnaſſe mille places de vuides en-
» tre le divin *Corneille* & le comique *Elomire* ; &
» que l'on ne les peut comparer en rien : puiſ-
» que , pour ſes ouvrages , le premier eſt plus
» qu'un Dieu , & le ſecond eſt auprès de lui , moins
» qu'un homme ; & qu'il eſt plus glorieux de ſe faire
» admirer par des ouvrages ſolides , que de faire
» rire par des grimaces , des turlupinades , de
» grandes perruques & de grands canons. Le nom
» de *M. Corneille* , que nous pouvons juſtement
» appeller la gloire de la France , eſt adoré dans
» toute l'Europe ; & comme il a travaillé pour la
» poſtérité , tout le monde publie hautement qu'il
» mérite de l'encens & des ſtatues. Ses copies ſont
» plus eſtimées que les originaux qu'*Elomire* nous
» veut faire paſſer pour des chef-d'œuvres beau-
» coup plus difficiles que des ouvrages ſérieux.

AVERTISSEMENT.

„ Lorsqu'il dit qu'il les peint d'après nature, il
„ confesse qu'il n'y met rien du sien, ce qui ne
„ le doit pas tant faire admirer qu'il s'imagine.
„ Il veut encore nous persuader, pour rendre sa
„ cause bonne, que les François n'aiment qu'à
„ rire ; mais il fait voir par-là qu'il les estime
„ peu, puisqu'il ne les croit pas capables de goûter
„ les belles choses.

„ Comme il se rencontre souvent des gens qui
„ jugent sur de fausses aparences, je crois vous
„ devoir dire encore, avant que de finir, que dans
„ tout ce que j'ai écrit contre les Comédies d'E-
„ lomire, je n'ai point prétendu toucher à sa per-
„ sonne. Je veux croire qu'il est honnête-homme,
„ & j'aurois tort de dire le contraire, puisque je
„ ne sais point les particularités de sa vie. Mais
„ quand je les saurois, je n'en parlerois point ;
„ puisque ces sortes de choses n'ont rien à démê-
„ ler avec l'esprit. Je puis, après cet aveu, lui di-
„ re, comme il fait aux Marquis, que dans tout
„ ce que j'ai écrit contre ses Comédies, qu'il n'in-
„ terprete rien à son désavantage, & qu'il ne croit
„ point que je parle à lui, lorsque j'y songe le
„ moins.

„ Quant aux productions d'esprit, il n'y a point
„ de loix dans l'empire des lettres qui défendent
„ de les attaquer, & ceux qui s'en fâchent, font
„ voir une crainte qui leur est honteuse, & donnent
„ à connoître par-là qu'ils se défient de leurs
„ forces. C'est ce qu'*Elomire* ne fera pas ; ses pro-
„ grès sont trop grands pour se défier des sien-
„ nes ; & tout ce que l'on écrit contre lui, ne
„ sert qu'à faire voir qu'il triomphe. J'en demeure
„ d'accord avec tous ses amis, & c'est par-là que
„ je crois qu'il m'est permis de lui dire tout ce
„ qu'il me plaira. Je le traite comme les plus grands
„ hommes de l'antiquité, & je suis l'exemple des
„ Romains, qui permettoient à tout le monde de dire

» aux vainqueurs toutes leurs vérités le jour de leur
» triomphe. La joie que cette gloire lui donne, le
» doit empêcher de reconnoître celles que je lui
» dis : peut-être que s'il ne triomphoit pas qu'il
» les reconnoîtroit, & qu'il en profiteroit tout
» ensemble. Mais qu'il en profite ou non, il auroit
» mauvaise grace de s'en plaindre. Ceux qui jouent
» tout le monde, doivent, sans murmurer, souf-
» frir que l'on les attaque ; puisqu'ils en fournif-
» sent le sujet, & que l'on ne fait que leur rendre
» ce qu'ils prêtent aux autres : c'est pourquoi s'il
» en formoit la moindre plainte, l'on pourroit lui
» dire qu'il n'est ni plus illustre que les grands
» hommes qui ont triomphé chez les Romains,
» ni de meilleure maison que les Marquis, def-
» quels il ne parle pas avec tant de modération
» que je fais de lui, puisqu'il attaque jusqu'à leurs
» personnes.

AVIS
SUR LE CATALOGUE
DES
CRITIQUES ET APOLOGIES.

LES deux Pieces que nous venons de donner, étant dans le genre de la critique, & même de la satyre, sur-tout la *Lettre sur les affaires du Théatre*, nous avons jugé qu'il convenoit de mettre à leur suite un Catalogue des Critiques qui ont été faites contre les Comédies de Moliere, & de quelques Apologies. Ces Ouvrages, peu connus à la vérité, nous ont paru mériter cette attention, & nous avons pensé qu'on seroit bien aise de connoître les Censeurs & les Apologistes de Moliere. Mais en même-tems nous avons considéré qu'en ne donnant que des titres & des noms d'Auteurs, notre travail ne seroit pas d'une grande utilité, & ne pourroit procurer qu'une lecture très-peu satisfaisante. Dans cette vue, nous avons pris le parti de faire des extraits, des critiques & des apologies, lorsqu'il nous a paru qu'ils pouvoient servir à l'éclaircissement de quelques faits importans dont on n'avoit point parlé dans la vie de ce célèbre Auteur, & qui ne devoient pas avoir été oubliés. Nous avons joint quelques réflexions & des dates ; enfin, nous avons porté des jugemens sur ces différens écrits, & nous n'avons rien omis de ce qui pouvoit contribuer à en donner une juste idée.

CATALOGUE
DES CRITIQUES
Qui ont été faites contre les Comédies de Moliere,
ET DE QUELQUES APOLOGIES.

LES VÉRITABLES PRÉCIEUSES, Comédie en un Acte en Prose, dédiée à Monseigneur, Messire Henri-Louis Habert, Chevalier, Comte du Mesny-Habert, Seigneur de Montmort, la Brosse, le Peray, Fargis, & autres lieux, Conseiller du Roi en tous ses Conseils, Maître des Requêtes ordinaire de son Hôtel, &c. (*Signé*, Jean Ribou,) avec une Préface très-injurieuse contre Moliere. Cette Piece est de Sommaize, & a été imprimée en 1660, le Privilege est du 12 Janvier 1660.

LES VÉRITABLES PRÉCIEUSES, Comédie en un Acte en Prose, seconde édition, revue, corrigée & augmentée d'un *Dialogue de deux Précieuses sur les affaires de leur Communauté*, dédiée au même par Jean Ribou, avec la même Préface & le même Privilege, & achevée d'imprimer pour la seconde fois le 6 Septembre 1660.

Dans le Dialogue qui est à la fin, & qui fait la seule différence qui est entre ces deux éditions, une des deux Précieuses parle du *Procès des Précieuses en vers burlesques*, Comédie qui est du même Somaize, & d'une piece à laquelle on travaille, & qui doit avoir pour titre, *la Pompe funebre d'une Précieuse*. On ne croit pas qu'elle ait été imprimée.

LE PROCÈS DES PRÉCIEUSES, en vers burlesques, Comédie en un Acte, dédiée à Madame la Marquise de Monloy, (*Signé*, Sommaize) avec un *Avis au Lecteur*, à la fin duquel l'Auteur promet *la Pompe funebre d'une Précieuse, avec toutes les cérémonies de ce fameux convoi*. Le Privilege est du 3 Mars 1660, & au nom d'Antoine Baudeau, Sieur de Somaize. Paris, *in*-12. Jean Ribou.

LES PRÉCIEUSES RIDICULES, *Comédie représentée au Petit Bourbon, nouvellement mise en vers, dédiée à Mademoiselle Manciny*, (*Signé*, Somaize) avec une Préface, ensuite de laquelle il y a une Elégie à la même Mademoiselle Marie Manciny, le Privilege est du 3 Mars 1660. Paris, *in*-12. Jean Ribou.

Quoique nous mettions cette Piece au nombre des Critiques, ce n'en est point une en effet, puisque ce ne sont que les *Précieuses* mises fort mal en vers; mais l'Auteur n'y a point épargné Moliere dans la Préface, & c'est la raison pour laquelle nous en parlons.

SGANARELLE, *ou* LE COCU IMAGINAIRE, Comédie en un Acte en vers, dédiée à Monsieur Moliere, chef de la troupe des Comédiens de Monsieur, frere unique du Roi, sans Privilege, & sans nom d'Imprimeur.

Cette Comédie fut imprimée pour la premiere fois par le sieur de Neufvillenaine qui l'avoit retenue entiere, après en avoir vu les cinq ou six premieres représentations, & qui la dédia à Moliere. Les argumens qu'il a mis à la tête de chaque scene sont extrêmement curieux, sur-tout par la peinture qu'il nous fait de la maniere dont le rôle de *Sganarelle* étoit représenté par Moliere. Il n'est pas étonnant que cette piece ait été jouée quarante fois, quoique ce fût en Eté, & que le mariage du Roi retint la Cour hors de Paris. Quelques Auteurs voulurent critiquer, mais ils ne furent pas écoutés.

LA COCUE IMAGINAIRE, Comédie en un

Acte en vers, dédiée à Mademoiselle Henriette *** par F. D. (Doneau) avec un *Avis au Lecteur*. Le Privilege, en date du 25 Juillet 1660, porte cet autre titre : *Les Amours d'Alcippe & de Céphise.* Paris, *in*-12. Jean Ribou.

Après avoir donné à Moliere tous les éloges imaginables, l'Auteur nous aprend que tout Paris ayant souhaité de voir ce qu'une femme, à qui il arriveroit la même chose qu'à *Sganarelle*, pourroit dire, & si elle auroit autant de sujet de se plaindre, quand son mari lui manque de foi, que lui quand elle lui est infidelle, il s'étoit déterminé à faire cette Comédie. Nous n'en porterons aucun jugement, nous dirons seulement que c'est de lui que nous tenons ce que nous venons de raporter touchant le grand succès du *Cocu imaginaire*.

ZELINDE, Comédie, *ou* la véritable Critique de l'Ecole des Femmes, & la Critique de la Critique, en un Acte en Prose. Par le sieur Doneau de Vizé. Privilege du 15 Juillet 1663. Paris, *in*-12. Claude Barbin. Moliere y est apellé *Elomire*, qui est l'anagramme de son nom.

PANEGYRIQUE DE L'ECOLE DES FEMMES, *ou* la conversation comique sur les œuvres de M. de Moliere, en un Acte en Prose, avec un *Avis au Lecteur*. Privilege du 30 Octobre 1663. Paris, *in*-12. N. Pepingué. On n'en connoît point l'Auteur.

LA GUERRE COMIQUE, *ou* la défense de l'Ecole des Femmes, par le sieur de la Croix, dédiée à M. L. P. C. B. D. N. Q. Privilege du 13 Février 1664. Paris, *in*-12. Pierre Bienfait, même année.

Cet ouvrage est composé de différentes parties : les voici.

DIALOGUE BURLESQUE DE MOME ET D'APOLLON.

DISPUTE PREMIERE. MELASIE, CLEONE, PHILINTE.

DISPUTE II. MELASIE, CLEONE, PHILINTE, ALCIPPE.

DISPUTE III. MELASIE, CLEONE, ROSIMON, ALCIPPE, PHILINTE.

DISPUTE IV. MELASIE, CLEONE, PHILINTE, ALCIPPE, ALCIDOR.

DISPUTE DERNIERE. MELASIE, CLEONE, ALCIPPE, PHILINTE, ALCIDOR, DE LA RANCUNE.

A la fin de l'Exemplaire, le Libraire annonce que M. de la Croix est prêt de mettre sous presse une troisieme partie du Roman comique de M. Scarron.

LE PORTRAIT DU PEINTRE, *ou* la contre-critique de l'Ecole des Femmes, Comédie en un Acte en vers, représentée sur le Théatre Royal de l'Hôtel de Bourgogne. Par le Sr Boursault. Privilege du 30 Octobre 1663. Paris, *in*-12. Jean Guignard, même année. * Cette piece est dédiée à S. A. S. Monseigneur le Duc ; il y a ensuite un *Avis au Lecteur*.

Ce fut pour répondre à Boursault, que Moliere donna son *Impromptu de Versailles*.

L'IMPROMPTU DE L'HOTEL DE CONDÉ, Comédie en un Acte en vers, représentée sur le Théatre de l'Hôtel de Bourgogne. Paris, *in*-12. N. Pepingué, par Privilege du 15 Janvier 1664, achevée d'imprimer le 19 du même mois.

Cette piece est d'A. J. de Montfleury, & c'est une réponse à l'*Impromptu de Versailles*, Comédie dans laquelle Moliere avoit tourné en ridicule la maniere de déclamer des principaux Acteurs de l'Hôtel de Bourgogne ; Montfleury pere, n'y étoit pas ménagé.

LA VENGEANCE DES MARQUIS, *ou* réponse *à l'Impromptu de Versailles*, Comédie en un

---

* Quoique le Portrait du Peintre ait peut être paru, suivant la date du Privilege, avant la Guerre Comique, on ne le met qu'après dans le Catalogue, parce que cette Piece a donné lieu à divers Ouvrages critiques qu'on a indiqués dans la suite.

Acte en Profe, repréfentée fur le Théatre de l'Hôtel de Bourgogne. Paris, *in-12*. Etienne Loyfon, 1664.

De Villers, Comédien de l'Hôtel de Bourgogne, qui avoit auffi été joué dans l'*Impromptu de Verfailles*, en eft l'Auteur.

LES AMOURS DE CALOTIN, Comédie en trois Actes en vers, avec un ballet à la fin, repréfentée fur le Théatre Royal du Marais, dédiée à très-haut & très-puiffant Prince Chriftian-Louis, par la grace de Dieu, Duc de Mekelbourg, Prince du Saint Empire, (*Signé*, Chevalier *.) Privilege du 30 Janvier 1664. Paris, *in-12*. Pierre Trabouillet.

Le premier Acte de cette Comédie eft totalement étranger au fujet, auffi-bien que la premiere fcene du fecond Acte ; tout s'y paffe entre des perfonnages qui n'ont point de rôles dans la piece, & c'eft une efpece de Prologue où Moliere eft loué beaucoup au commencement, & un peu critiqué à la fin.

Si l'on en croit Chevalier, (pag. 5.) Moliere jouiffoit de quatre parts. A l'égard de trois, cela n'étoit pas douteux, puifqu'il avoit celle d'Auteur, celle de fa femme, & la fienne comme Comédien.

OBSERVATIONS fur une Comédie de Moliere, intitulée *le Feftin de Pierre*, par le Sieur de Rochemont. Paris, *in-12*. N. Pepingué, 1665. Par permiffion du 10 Mai 1665. (*Signé*, d'Aubray.)

---

* *Comédien du Marais eft Auteur de dix Comédies dont voici les titres*. Les Galans ridicules, ou les Amours de Guillot & de Ragotin. Le Cartel ridicule ou le Combat ridicule. Les Barbons amoureux & Rivaux de leurs fils. L'Intrigue des Carroffes à cinq fols. Les Amours de Calotin. Le Pédagogue amoureux. Les aventures de nuit. Le Soldat poltron ou Guillot poltron. La Défolation des Filoux fur la défenfe des armes, ou les Malades qui fe portent bien. La Difgrace des Domeftiques.

Il est facile de connoître que cet écrivain, en donnant ses observations sur le *Festin de Pierre*, en a moins voulu faire la Critique, dans laquelle cependant il traite Moliere de corrupteur de la jeunesse & d'athée, qu'il n'a eu dessein de se joindre à la cabale qui commençoit à se former contre *Tartuffe*, dont les trois premiers Actes avoient été représentés deux fois dans l'année 1664. * On peut juger de l'effet que ces premieres représentations produisirent par les traits injurieux dont cet écrit est rempli.

RÉPONSE AUX OBSERVATIONS touchant le *Festin de Pierre* de M. de Moliere. Paris, *in-*12. Gabriel Quinet, avec permission, 1665, sans nom d'Auteur.

On peut penser que le Sieur de Rochemont est un nom supposé, puisque celui qui lui répond en parle ainsi : *Mais lorsque je vois le livre de cet Inconnu, qui, sans se soucier du tort qu'il fait à son prochain, ne songe qu'à usurper une réputation d'homme de bien ; je vous avoue que je ne sçaurois m'empécher d'éclater, & quoique je n'ignore pas que l'innocence se défend assez d'elle-même, je ne puis que je ne blâme une insulte si condamnable & si mal fondée.* Tout le reste de cete *Réponse* est une Apologie de Moliere.

LETTRE sur les Observations d'une Comédie du Sieur Moliere, intitulé *le Festin de Pierre*. Paris, *in-*12. Gabriel Quinet 1665, avec permission, sans nom d'Auteur.

Cette Lettre méritoit d'être imprimée en entier, elle justifie le jugement que nous avons porté sur le dessein de l'Auteur des *Observations*, en voici la preuve. Page 22. *A quoi songiez-vous, Moliere,* (dit l'Auteur de cette Lettre) *quand vous fîtes dessein de jouer les Tartuffes ? Si vous n'aviez jamais*

---

* *Voyez les Mémoires sur la vie & les ouvrages de Moliere imprimés dans le premier tome de cette Edition.*

eu cette pensée, votre Festin de Pierre ne seroit pas si criminel. Et plus bas, page 46. *Sçavez-vous bien, Monsieur, où tout ce beau raisonnement sur l'Athéisme aboutit ? A une satyre de Tartuffe : l'Observateur n'avoit garde d'y manquer, puisque ses remarques ne sont faites qu'à ce dessein. Comme il sçait que tout le monde est désabusé, il a apréhendé que l'on ne le jouât, & c'est ce qui lui a fait mettre la main à la plume.*

Le reste de la *Lettre* est entiérement en faveur de la Comédie de *Tartuffe*. Il falloit que depuis les deux représentations des trois premiers Actes, en 1664, l'alarme eût été bien grande, puisque l'Auteur dit encore : *Moliere n'a fait que deux Pieces que les Tartuffes reprennent, dont l'une n'a pas été jouée.* En effet, la Comédie de Tartuffe, entiérement finie, ne fut représentée publiquement qu'en 1667.

Il y a à la suite de cette Lettre une *Apostille* dont nous profiterons ; elle servira à faire connoître dans que tems Louis XIV a donné une pension à Moliere & à sa troupe, & leur a ordonné de prendre le titre de Comédiens du Roi. (C'est à la page 32, tout au commencement de l'*Apostille*.)

Le Roi qui fait tant de choses avantageuses pour la Religion, comme il l'avoue lui-même : ce Monarque qui occupe tous ses soins pour la maintenir, ce Prince, sous qui l'on peut dire avec assurance, que l'hérésie est aux abois, & qu'elle tire continuellement à sa fin ; ce grand Roi, qui n'a point donné de relâche ni de treve à l'impiété, qui l'a poursuivie par tout, & ne lui a laissé aucun lieu de retraite, vient enfin de connoître que Moliere est vraiment diabolique, que diabolique est son cerveau, & que c'est un diable incarné ; & pour le punir comme il le mérite, il vient d'ajouter une nouvelle pension à celle qu'il lui faisoit l'honneur de lui donner comme Auteur, lui ayant donné cette seconde, & à toute

DES CRITIQUES, &c.

sa Troupe, comme à ses Comédiens. C'est un titre qu'il leur a commandé de prendre ; & c'est par-là qu'il a voulu faire connoître qu'il ne se laisse pas surprendre aux Tartuffes ; & qu'il connoît le mérite de ceux que l'on veut opprimer dans son esprit, comme il connoît souvent les vices de ceux qu'on veut lui faire estimer.

LETTRE écrite sur la Comédie du *Misanthrope*. On l'attribue à M. de Vizé, & l'on prétend que Moliere n'en fut point content. Nous voyons cependant qu'en 1667 * on l'a mise à la tête d'une Edition *in-12*. de cette Comédie.

LETTRE sur la Comédie de l'*Imposteur*, *in-12*. 1667, sans nom d'Auteur ni d'Imprimeur. Pour en donner une juste idée, nous nous servirons de l'*Avis* qui est au commencement.

Cette Lettre est composée de deux parties : la premiere est une relation de la représentation de l'*Imposteur*, Acte par Acte, & Scene par Scene, & la derniere consiste en deux réflexions sur cette Comédie. Pour ce qui est de la relation, on a cru qu'il étoit à propos d'avertir ici, que l'Auteur n'a vu la Piéce qu'il rapporte, que la seule fois qu'elle a été représentée en public. C'est-à-dire, le 5 Août 1667.

Il y a ici deux choses a observer. L'une, que le titre sous lequel cette Comédie parut pour la premiere fois, fut celui de l'*Imposteur*, & l'autre, que l'Auteur de cette lettre donne le nom de *Panulphe* au personnage que nous apellons aujourd'hui *Tartuffe*.

LA CRITIQUE DU TARTUFFE, Comédie en un acte, en vers, sans nom d'Auteur. Paris, *in-12*.

---

* *Jean Ribou*, avec un Avis au Lecteur. *Moliere* lui en avoit cédé le Privilège qu'il avoit obtenu en son nom le 21 Juin 1666. Le même Avis du Libraire a été conservé dans le Recueil général des Œuvres de *Moliere*, donné en 1682, par *Denis Thierry*, *Claude Barbin*, & *Pierre Trabouillet*.

1670. Gabriel Quinet, Privilege du 17 Novembre 1669.

Cette Comédie est précédée d'une *Lettre satyrique sur le Tartuffe, écrite à l'Auteur de la Critique*.

Tout le fruit qu'on peut tirer de cette *Critique*, c'est de voir que le premier nom que Moliere avoit donné à son *Imposteur*, étoit celui de *Panulphe*. Au reste, l'Auteur y fait de mauvaises applications de quelques vers de Moliere, & sur-tout dans la Scene huitieme, qui est tout-à-fait licencieuse.

ELOMIRE HYPOCONDRE, *ou* LES MÉDECINS VENGÉS, Comédie en cinq Actes en vers. Par M. le Boulanger de Chalussay. Paris, *in-12*. Charles de Sercy, 1770. Privilege du premier Décembre 1669, avec une Préface.

Il n'est pas aisé de rendre compte de cette Comédie, c'est un assemblage de choses si monstrueuses, qu'il satisferoit peu le lecteur. Si l'Auteur a prétendu nous donner le véritable portrait de Moliere, il s'est fort trompé.

Il paroît qu'*Elomire hypocondre* a été la derniere Critique imprimée contre Moliere. Nous finirons par raporter ce qui s'est passé à l'occasion de la Comédie des *Femmes sçavantes*.

Le *Mercure* de 1673 nous apprend cette particularité : *Sur les bruits qui couroient que M. Moliere avoit voulu jouer Ménage & l'Abbé Cotin ; cet Auteur se justifia par une Harangue qu'il fit au Public deux jours avant la premiere representation de sa Piece.*

On dit * *que les Femmes sçavantes de Moliere sont Mesdemoiselles de . . . . & l'on me veut faire accroire que je suis le Sçavant qui parle d'un ton doux. Ce sont choses cependant que Moliere désavouoit. Mais le Trissotin de cette même Comédie est l'Abbé*

* *Voyez* Ménagiana, *tome* 3, p. 23. Paris, *in-12*, 1715. Florentin Delaune.

Cotin; jusques-là, que Moliere fit acheter un de ses habits, pour le faire porter à celui qui faisoit ce personnage dans sa Piece. La Scene où Vadius se brouille avec Trissotin, parce qu'il critique le Sonnet sur la fièvre, qu'il ne sçait pas être de Trissotin, s'est passée véritablement chez M. B... Ce fut M. Despréaux qui la donna à Moliere.

Moliere * joua d'abord Cotin sous le nom de Tricotin, que plus malicieusement, sous prétexte de mieux déguiser, il changea depuis en Trissotin, équivalent à trois fois sot. Jamais homme, excepté Montmaur, n'a tant été turlupiné que le pauvre Cotin. On fit en 1682, peu de tems après sa mort, ces quatre vers :

> Sçavez-vous en quoi Cotin
> Differe de Trissotin ?
> Cotin a fini ces jours,
> Trissotin vivra toujours.

* Addition de M. de la Monnoye.

MÉMOIRES
SUR
LA VIE ET LES OUVRAGES
DE MOLIERE.

JEAN-BAPTISTE POQUELIN, si célebre sous le nom de MOLIERE, naquit à Paris en 1620. Il étoit fils & petit-fils de valets de chambre tapissiers du Roi ; sa mere, fille aussi de tapissiers, (1) s'apelloit N..... Boutet. Il passa quatorze années dans la maison (2) paternelle, où l'on ne songea qu'à lui donner une éducation conforme à son état. Sa famille, qui le destinoit à la charge de son pere, en obtint pour lui la survivance ; mais la complaisance qu'avoit eu son grand pere de le mener souvent à l'hôtel de Bourgogne, ayant déjà commencé à déveloper en lui le goût naturel qu'il avoit pour les Spectacles, il conçut un dessein fort opposé aux vues de ses parens ; il demanda instamment, & on lui accorda avec peine, la permission d'aller faire ses études au College de Clermont.

(1) Ces deux familles étoient établies sous les pilliers des halles.
(2) On prétend que la maison où naquit Moliere, est la troisieme en entrant dans la rue Saint-Honoré.

Il remplit cette carriere dans l'espace de cinq ans, pendant lesquels il contracta une étroite liaison avec Chapelle, Bernier & Cyrano. Chapelle, aux études de qui l'on avoit associé Bernier, avoit pour Précepteur le célebre Gassendi, qui voulut bien admettre Pocquelin à ses leçons, comme dans la suite il y admit Cyrano.

Les Belles-Lettres avoient orné l'esprit du jeune Pocquelin; les préceptes du Philosophe lui aprirent à raisonner. C'est dans ses leçons qu'il puisa ces principes de justesse qui lui ont servi de guide dans la plupart de ses Ouvrages.

Le voyage de Louis XIII à Narbonne, en 1641, interrompit des occupations d'autant plus agréables pour lui, qu'elles étoient de son choix. Son pere, devenu infirme, ne pouvant suivre la Cour, il y alla remplir les fonctions de sa Charge, qu'il a depuis exercées jusqu'à sa mort ; mais à son retour à Paris, cette passion pour le Théatre, qui l'avoit porté à faire ses études, se réveilla plus vivement que jamais. S'il est vrai, comme on l'a dit, qu'il ait étudié en Droit, & qu'il ait été reçu (1) Avocat, il céda bientôt à son étoile, qui le destinoit à être parmi nous le Restaurateur de la Comédie.

Le goût pour les Spectacles étoit presque général en France, depuis que le Cardinal de Richelieu avoit accordé une protection distinguée aux Poëtes Dramatiques. Plusieurs sociétés particulieres se fai-

---

(1) *Voici ce qu'en dit Grimarest, vie de Moliere p. 312. Paris, in-12, 1705. On s'étonnera peut être que je n'aie point fait M. de Moliere Avocat, mais ce fait m'avoit absolument été contesté par des personnes que je devois suposer en sçavoir mieux la vérité que le Public..... Cependant sa famille m'a si fortement assuré du contraire, que je me crois obligé de dire que Moliere fit son droit avec un de ses camarades d'études; que dans le tems qu'il se fit recevoir Avocat, ce camarade se fit Comédien ; que l'un & l'autre eurent du succès, chacun dans sa profession ; & qu'enfin, lorsqu'il prit fantaisie à Moliere de quitter le Barreau pour monter sur le Théatre, son camarade, de Comédien, se fit Avocat.*

soient un divertissement domestique de jouer la Comédie. Pocquelin entra dans une de ces sociétés, qui fut connue sous le nom de *l'illustre Théatre* (1). Ce fut alors qu'il changea de nom pour prendre celui de *Moliere*. Peut-être crut-il devoir cet égard à ses parens, qui ne pouvoient que désaprouver la profession qu'il embrassoit ; peut-être aussi ne fit-il que suivre l'exemple des premiers Acteurs (2) de l'hôtel de Bourgogne, qui avoit au Théatre des noms particuliers, tant pour les rôles sérieux, que pour les rôles de bas-comique.

On le perd ici de vue pendant quelques années ; cet intervalle fut le tems des guerres civiles qui agiterent Paris & tout le Royaume, depuis 1648 jusqu'en 1652. Moliere l'employa vraisemblablement à composer ses premiers ouvrages. La Béjart, Comédienne de campagne, attendoit ainsi que lui, pour exercer son talent, un tems plus favorable ; il lui rendit des soins ; & bientôt, liés par les mêmes sentimens, leurs intérêts furent communs. Ils formerent de concert une Troupe, & partirent pour Lyon en 1653.

On y representa *l'Etourdi*, Piece en cinq Actes, qui enleva presque tous les Spectateurs au Théatre d'une autre Troupe de Comédiens établis dans cette Ville. Quelques-uns d'entr'eux prirent parti avec Moliere & le suivirent en Languedoc, où il offrit ses

---

(1) Elle parut d'abord sur les fossés de Nesle, & ensuite au quartier Saint Paul. Ces nouveaux Comédiens, qui jusques-là avoient joué pour leur plaisir, flattés par quelques succès, voulurent tirer de l'argent de leurs representations, & s'établirent dans le jeu de Paume de la Croix blanche au fauxbourg S. Germain ; mais leur projet ne réussit pas. *Artaxerxes*, Tragédie de *Magnon*, imprimée pour la premiere fois le 20 Juillet 1645, fut representée par l'*Illustre Théatre*.

(2) Henri le grand s'appelloit *Belleville* comme Comédien, & *Turlupin* comme farceur. Hugues Guéru étoit connu dans les Pieces sérieuses sous le nom de *Fléchelles*, & dans la farce sous celui de *Gautier Garguille*. C'est ainsi que Robert Guérin prit le nom de la *Fleur*, & de *Gros Guillaume*.

services à M. le Prince de Conti, qui tenoit à Beziers les Etats de la Province. Armand de Bourbon le reçut avec bonté, & fit donner des appointemens à sa Troupe. Ce Prince avoit connu Moliere au College, & s'étoit amusé à Paris des representations de *l'illustre Théatre*, qu'il avoit plusieurs fois mandé chez lui. Non content de confier à Moliere la conduite des fêtes qu'il donnoit, on croit qu'il lui offrit une place de Secrétaire auprès de sa personne (1) : le sort de la Scene Françoise en décida autrement.

L'Etourdi reparut à Beziers avec un nouveau succès, *le Dépit amoureux* & *les Précieuses ridicules* y entraînerent tous les suffrages ; on donna même des aplaudissemens à quelques farces qui, par leur constitution irréguliere, méritoient à peine le nom de Comédie, telles que *le Docteur amoureux*, *les trois Docteurs rivaux*, & *le Maître d'Ecole*, dont il ne nous reste que les titres. On a pensé jusqu'ici que dans ces sortes de Pieces chaque Acteur de la Troupe de Moliere, en suivant un plan général, tiroit le Dialogue de son propre fonds (2), à la maniere des Comédiens Italiens ; mais, si on en juge par deux Pieces du même genre, qui sont parvenues manuscrites jusqu'à nous (3), elles étoient écrites & dialoguées en entier. L'Auteur les a probablement supprimées dans la suite, parce qu'il sentit qu'elles ne pourroient lui acquérir le degré de réputation auquel il aspiroit.

Sur la fin de l'année 1657, Moliere avec sa Troupe, partit pour Grenoble ; il y resta pendant le Carnaval de 1658. Il vint passer l'Eté à Rouen ; &

---

(1) *Voyez* Grimarest, page 24..... (2) *Ibid*, page 29.
(3) Ces deux Pieces se trouvent dans le cabinet de quelques curieux. L'une est intitulée *le Médecin volant*, l'autre *la Jalousie de Barbouillé*. Il y a quelques phrases & quelques incidens qui ont trouvé leur place dans *le Médecin malgré lui* ; & l'on voit dans *la Jalousie de Barbouillé* un canevas, quoiqu'informe, du troisieme acte de *George Dandin*.

dans les fréquens voyages qu'il fit à Paris où il avoit dessein de se fixer, il eut accès auprès de Monsieur, qui le présenta au Roi & à la Reine mere. Dès le 24 Octobre de la même année, sa Troupe représenta la Tragédie de *Nicoméde* devant toute la Cour, sur un Théatre élevé dans la salle des Gardes du vieux Louvre. A la fin de la Piece, Moliere ayant fait au Roi un remerciment dans lequel il sçut adroitement louer les Comédiens de l'hôtel de Bourgogne qui étoient presens, il demanda la permission de donner un de ces divertissemens qu'il avoit joués dans les Provinces. Il l'obtint ; *le Docteur amoureux* fut représenté & applaudi. Le succès de cet essai rétablit l'usage des Pieces en un Acte, qui avoit cessé à l'hôtel de Bourgogne depuis la mort des premiers farceurs.

La Cour avoit tellement goûté le jeu de ces nouvaux Acteurs, que le Roi leur permit de s'établir à Paris sous le titre de Troupe (1) de Monsieur, & de jouer alternativement avec les Comédiens Italiens sur le Théatre (2) du petit Bourbon.

(1) *Voyez* Muse historique de Loret, lettre 48 du 6 Novembre 1659.
   Cette troupe de Comédiens
   Que Monsieur avoue être siens.
Il y a apparence qu'ils obtinrent ce titre dès 1658, avec la permission de s'établir à Paris.

(2) La salle du petit Bourbon ayant été démolie au mois d'Octobre 1660, pour construire la façade du Louvre qui est du côté de Saint-Germain l'Auxerrois, le Roi accorda à Moliere & aux Comédiens Italiens la salle que le Cardinal de Richelieu avoit fait bâtir dans son Palais. Elle sert aujourd'hui au spectacle de l'Opéra ; Lulli l'obtint en 1673, après la mort de Moliere.

L'ÉTOURDI,
OU
LES CONTRE-TEMS,
Comédie.

L'*Etourdi* y fut repréfenté au commencement du mois de Décembre 1658. On ne connoiffoit guere alors que des Pieces chargées d'intrigues ; l'art d'expofer fur la Scene Comique des caracteres & des mœurs, étoit réfervé à Moliere. Quoiqu'il n'ait fait que l'ébaucher dans la Comédie de *l'Etourdi*, elle n'eft point indigne de fon Auteur. Elle eft partie à l'antique, puifque c'eft un valet qui met la Scene en mouvement, & partie dans le goût Efpagnol, par la multiplicité des incidens qui naiffent l'un après l'autre, fans que l'un naiffe de l'autre néceffairement ; on y trouve des perfonnages froids, des Scenes peu liées entr'elles, des expreffions peu correctes ; le caractere de Lélie n'eft pas même trop vraifemblable, & le dénouement n'eft pas heureux ; le nombre des Actes n'eft déterminé à cinq, que pour fuivre l'ufage, qui fixe à ce nombre les Pieces qui ont le plus d'étendue ; mais ces défauts font couverts par une variété & par une vivacité qui tiennent le Spectateur en haleine, & l'empêchent de trop réfléchir fur ce qui pourroit le bleffer.

LE DÉPIT AMOUREUX,

Comédie.

Les incidens du *Dépit amoureux* son arrangés avec plus d'art, quoique toujours dans le goût Espagnol. Trop de complication dans le nœud, & peu de vraisemblance dans le dénouement. Cependant on y reconnoît dans le jeu des Personnages, une source de vrai Comique, Peres, Amans, Maîtresses, Valets, tous ignorent mutuellement les vues particulieres qui les font agir, ils se jettent tour à tour dans un labyrinthe d'erreurs qu'ils ne peuvent démêler la conversation de Valere avec Ascagne déguisée en homme, celle des deux vieillards qui se demandent réciproquement pardon, sans oser s'éclaircir du sujet de leur inquiétude, la situation de Lucile accusée en presence de son pere, & le stratagême d'Eraste pour tirer la vérité de son valet, sont des traits également ingénieux & plaisans. Mais l'éclaircissement du même Eraste & de Lucile, qui a donné à la Piece le titre du *Dépit amoureux*, leur brouillerie & leur réconciliation, sont le morceau de cet Ouvrage le plus justement admiré.

LES PRÉCIEUSES RIDICULES,

Comédie.

Quoique la Comédie des *Précieuses ridicules* ne soit pas une des meilleures du côté de l'intrigue, quoiqu'elle ne soit pas une des plus nobles, elle doit tenir un rang considérable parmi les chef-d'œuvres de Moliere. Il osa, dans cette Piece,
aban-

abandonner la route comme des intrigues compliquées, pour nous conduire dans une carriere de comique ignorée jusqu'à lui. Une critique fine & délicate des mœurs & des ridicules qui étoient particuliers à son siecle, lui parut être l'objet essentiel de la bonne Comédie.

La passion du bel esprit, ou plutôt l'abus qu'on en fait, espece de maladie contagieuse, étoit alors à la mode ; le style empoulé & guindé des Romans, que les femmes admiroient par les mêmes côtés qui depuis ont décrédité ces Ouvrages, avoit passé dans les conversations ; enfin, le vice d'affectation répandu dans le langage, & même dans les pensées, s'étendoit jusques dans la parure & dans le commerce de la vie ordinaire. Ce fut dans ces conjonctures que parut la Comédie des *Précieuses ridicules* ; jamais succès ne fut plus marqué (1). Il produisit une réforme générale; on rit, on se reconnut, on aplaudit en se corrigeant. Ménage, qui assistoit à la premiere représentation, dit à Chapelain : *Nous aprouvions vous & moi toutes les sottises qui viennent d'être critiquées si finement & avec tant de bon sens ; croyez-moi, il nous faudra brûler ce que nous avons adoré, & adorer ce que nous avons brûlé.* Cet aveu n'est autre chose que le sentiment réfléchi d'un Sçavant détrompé ; mais le mot du Vieillard, qui du milieu du parterre s'écria par instinct : *Courage, Moliere, voilà la bonne Comédie*, est la pure expression de la Nature, qui montre l'empire de la vérité sur l'esprit humain.

(1) L'affluence des Spectateurs obligea les Comédiens à faire payer dès la seconde représentation, le double du prix ordinaire. La piece se soutint pendant quatre mois de suite.

SGANARELLE,
OU
LE COCU IMAGINAIRE,
Comédie.

ON remarqua dans *le Cocu imaginaire*, que l'Auteur, depuis son établissement à Paris, avoit perfectionné son style. Cet Ouvrage est plus correctement écrit que ses deux premieres Comédies. Mais si l'on y retrouve Moliere en quelques endroits, ce n'est pas le Moliere des *Précieuses ridicules*. Le titre de la Piéce, le caractere du premier personnage, la nature de l'intrigue, & le genre de comique qui y regne, semble annoncer qu'elle est moins faite pour amuser des gens délicats, que pour faire rire la multitude ; cependant on ne peut s'empêcher d'y découvrir en même-tems un but très-moral ; c'est de faire sentir combien il est dangereux de juger avec trop de précipitation, sur-tout dans les circonstances où la passion peut grossir ou diminuer les objets. Cette vérité, soutenue par un fonds de plaisanterie gaie, & d'une sorte d'intérêt né du sujet, attira un grand nombre de spectateurs (1) pendant quarante representations, quoique ce fût en Eté, & que le mariage du Roi retînt la Cour hors de Paris. Quelques Auteurs voulurent critiquer, mais à peine furent-ils écoutés.

---

(1) *Voyez* l'avis au Lecteur qui précéde *le Cocu imaginaire*, ou *les Amours d'Alcipe & de Céphise*, Comédie en trois Actes en Vers, par *Fr. Doneau*. Paris in-12. 1660.

DOM GARCIE DE NAVARRE,

ou

LE PRINCE JALOUX,

Comédie.

ILs se déchaînerent avec plus de raison contre *Dom Garcie de Navarre*. Le choix du sujet, tiré ou imité des Espagnols, dans lequel les incidens apartiennent plus à la Comédie qu'au genre héroïque, & dont le fonds même est vicieux, put contribuer au peu de succès de cet ouvrage; Moliere qui jouoit le rôle de Dom Garcie, ne réussit pas mieux comme Acteur. Il n'apella point du jugement du public; il ne fit pas même imprimer sa piece, quoiqu'il y eût des traits qu'il jugea dignes d'être insérés depuis dans d'autres Comédies, & sur-tout dans le *Misanthrope* (1).

L'ÉCOLE DES MARIS,

Comédie.

L'*Ecole des Maris* effaça l'impression désavantageuse que *Dom Garcie* avoit laissée. Il est peu de pieces, sur-tout en trois Actes, aussi simples, aussi claires, aussi fécondes que celle-ci. Chaque scene produit un incident nouveau, & ces incidens dévelopés avec art, amenent insensiblement un des plus beaux dénouemens qu'on ait vus sur le Théatre

(1) *Voyez* la Scene VIII de l'Acte IV de *Dom Garcie*; & la Scene III de l'Acte IV du *Misanthrope*.

François. *Les Adelphes* de Térence n'ont fourni que l'idée de *l'Ecole des Maris* : dans les *Adelphes*, deux vieillards d'humeurs opofées, un pere & un oncle, donnent une éducation très-différente, l'un à fon fils, l'autre à fon neveu: dans *l'Ecole des Maris*, ce font deux tuteurs chargés d'élever chacun une fille qui leur a été confiée ; l'un févere, l'autre indulgent. Le Poëte François a enchéri fur le Poëte Latin, en donnant à ces deux perfonnages, non-feulement l'intérêt des peres, mais encore celui d'amans ; intérêt fi fin, fi vif, qu'il forme une piece toute nouvelle, fur l'idée fimple de l'ancienne.

LES FACHEUX,

Comédie.

LE Théatre retentiffoit encore des juftes aplaudiffemens qu'on avoit donnés à *l'Ecole des Maris*, lorfque *les Fâcheux* furent reprefentés à Vaux chez M. Fouquet, Surintendant des finances, en préfence du Roi & de la Cour : Paul Pelliffon, moins célebre par la délicateffe de fon efprit, que par fon attachement inviolable à la perfonne de M. Fouquet, jufques dans fes malheurs, en avoit compofé le prologue à la louange du Roi ; la fcene du Chaffeur dont le Roi (1) avoit donné l'idée à Moliere, fut depuis ajoutée dans la reprefentation de Saint Germain. Cette efpece de Comédie eft prefque fans nœud, les fcenes n'ont point entr'elles de liaifon néceffaire, on peut en changer l'ordre, en fuprimer quelques-unes, en fubftituer d'autres, fans faire tort à l'ouvrage : mais le point effentiel étoit de foutenir l'attention du fpectateur, par la variété des caracteres, par la vérité des por-

(1) *Voyez* Epitre dédicatoire des *Fâcheux*.

traits, & par l'élégance continue du ſtyle. C'eſt l'aſſemblage de ces beautés exquiſes, c'eſt cette image, ou plutôt la réalité même des embarras & des importuns de la Cour, qui firent le ſuccès des *Fâcheux*. On vit pour la premiere fois *le chant & la danſe unis à un ſujet* (1), *pour ne faire qu'une ſeule choſe du Ballet & de la Comédie.* Quoique les intermedes ne ſoient pas naturellement liés au ſujet, ce mélange plut par ſa nouveauté; on eut peut-être de l'indulgence pour un ouvrage conçu, fait, apris, & repreſenté en quinze jours (2).

L'ÉCOLE DES FEMMES,

Comédie.

LE Théatre de Moliere, ſi l'on en croit l'Auteur de ſa vie (3), eſſuya pendant l'année 1662 un de ces revers que le bon goût éprouve quelquefois de la part des goûts de mode. Il l'attribue au retour de Scaramouche en France; mais cet admirable pantomime, parti de Paris (4) au mois de Juin 1662, n'y revint qu'au (5) mois de Novembre de la même année, & *l'Ecole des Femmes* qui parut au mois de Décembre ſuivant, attira tout Paris au Théatre de Moliere (6). Cette affluence de Spectateurs ne le

(1) *Voyez* Préface des *Fâcheux*. (2) Ibidem.
(3) *Voyez* Grimareſt, page 125.
(4) *Voyez* Muſe hiſtorique de Loret, Lettre 21 du 10 Juin 1662.
(5) Ibid. Lettre 45 du 18 Novembre 1662.
(6) Ibid. Lettre 2 du 30 Janvier 1663, où il dit, en parlant de l'Ecole des Femmes.

   Piece qu'en pluſieurs lieux on fronde;
   Mais où pourtant va tant de monde,
   Que jamais ſujet important,
   Pour le voir, n'en attira tant.

garantit point des critiques sans nombre qui se répandirent dans le Public contre son ouvrage, mais elle servit à l'en consoler. Soit malignité, soit cabale, on insista sur de légers défauts, on releva jusqu'aux moindres négligences ; le défaut le plus réel ne fut pas remarqué : il est des images dangereuses, qu'on ne doit jamais exposer sur la scene. Mais, si l'on ne considere que l'art qui regne dans cette piece, on sera forcé de convenir que *l'Ecole des Femmes* est une des plus excellentes productions de l'esprit humain. Les ressorts en sont cachés, & la machine en produit un mouvement plus brillant. La confidence réitérée que fait Horace au jaloux Arnolphe, toujours la dupe, malgré ses précautions,

» D'une jeune innocente & d'un jeune éventé ;

le caractere inimitable d'Agnès, le jeu des personnages subalternes, tous formés pour elle, le passage prompt & naturel de surprise en surprise, sont autant de coups de maître. Ce qui distingue encore plus particuliérement *l'Ecole des Femmes*, & dont l'antiquité ni les Théatres modernes n'ont donné aucun modele, c'est que tout paroît recit & tout est en action ; chaque recit, par sa proximité avec l'incident qui y a donné lieu, le retrace si vivement, que le Spectateur croit en être le témoin ; & par un avantage singulier que le recit a sur l'action dans cette piece, en aprenant le fait, on jouit en même-tems de l'effet qu'il produit, parce que la personne qui a intérêt d'être instruite, aprend tout de celle qui a le plus d'intérêt à le lui cacher. La ressemblance que l'on pourroit trouver entre *l'Ecole des Maris* & *l'Ecole des Femmes*, sur ce qu'Arnolphe & Sganarelle sont tous deux trompés par les mesures qu'ils prennent pour assurer leur tranquillité, ne peut tourner qu'à la gloire de Moliere, qui a trouvé le secret de varier ce qui paroît uniforme

Les traits naïfs d'Agnès ingénue & spirituelle, qui ne peche contre les bienséances, que parce qu'Arnolphe les lui a laissé ignorer, ne sont pas les mêmes que ceux d'Isabelle fine & déliée, qui n'ont d'autre principe que la contrainte où la tient son tuteur.

LA CRITIQUE
DE L'ÉCOLE DES FEMMES,
Comédie.

Moliere n'oposa pendant long-tems que les representations toujours suivies de sa piece, aux critiques que l'on en faisoit, & ne songea à les détruire, du moins en partie, qu'au mois de Juin 1663, qu'il donna au Public sa Comédie intitulée: *la Critique de l'Ecole des Femmes.* Le fonds en devoit être une dissertation, & n'admettoit par conséquent ni intrigue ni dénouement; mais Moliere ne s'écarte jamais de l'objet que doit avoir un Auteur comique, quelque genre qu'il mette sur la scene. Il sçut, par le tableau de ce qui se passa dans les cercles de Paris, tandis que *l'Ecole des Femmes* en faisoit l'entretien, tracer une image fidelle d'une des parties de la vie civile, en copiant le langage & le caractere des conversations ordinaires des personnes du monde. Par le choix des personnages ridicules qu'il introduit, il paroît n'avoir pas eu moins en vue de faire la Satyre de ses censeurs, que l'Apologie de sa piece: séduit peut-être par le penchant de la malignité humaine, qui croit ne pouvoir pas mieux se défendre qu'en attaquant Boursault, ne laissa pas de faire jouer à l'Hôtel de Bourgogne *la Contre-critique,* ou *le Portrait du Peintre*: il suivit l'idée & le plan de *la Critique,* mais il alla trop loin, en supofant une clef connue de *l'Ecole des Femmes*, qui indiquoit les originaux copiés d'après nature.

L'IMPROMPTU
DE VERSAILLES,

Comédie.

MOliere pénétré des bontés du Roi, dont il venoit d'éprouver de nouvelles marques (1), crut devoir en sa presence & aux yeux de toute la Cour détruire un soupçon dont les impressions lui pouvoient être désavantageuses; & fit paroître *l'Impromptu de Versailles*. Bourfault n'y est pas épargné, il est nommé avec le dernier mépris; mais ce mépris ne tombe que fur l'esprit & sur les talens : il avoit attaqué Moliere par un endroit plus sensible.

Ce qui regarde, dans *l'Impromptu de Versailles*, les Comédiens de l'Hôtel de Bourgogne, peut avoir été dicté par l'esprit de vengeance; mais du moins, le bon goût l'a-t-il réglé, & l'utilité publique en pouvoit être l'objet, puisque dans l'imitation chargée du jeu de ces Acteurs, on découvroit le ton faux & outré de leur déclamation chantante.

Si les écrits de Moliere étoient tout-à-fait anciens pour nous, on se feroit un mérite de rencontrer dans cette piece la date de son mariage avec la fille de la Comédienne Béjart (2).

(1) Il fut compris dans l'état des gens de Lettres qui eurent part aux libéralités du Roi en 1663, par les soins de M. Colbert. On trouve à la fin du Tome VIII de cette édition le remerciment que Moliere fit au Roi à ce sujet.

(2) Impromptu de Versailles, Scene I.

LA PRINCESSE D'ÉLIDE,

Comédie-Ballet.

EN 1664, le Roi donna aux Reines une fête aussi superbe que galante. Elle commença le 7 Mai, & dura plusieurs jours. Le détail en est imprimé à la suite de *la Princesse d'Elide*, *Comédie-Ballet*, qui en faisoit partie. Cette piece réussit, & la Cour ne traita point avec sévérité un ouvrage fait à la hâte pour la divertir. Moliere n'avoit eu le tems d'écrire en vers que le premier Acte, & la premiere Scene du second. L'aplaudissement du Prince, récompense aussi juste que flatteuse pour Moliere, les allusions vraies ou fausses qui pouvoient avoir quelque chose de mystérieux, les agrémens de la musique & de la danse, & plus encore l'espece d'ivresse que produisent le mouvement & l'enchaînement des plaisirs, contribuerent aux succès de *la Princesse d'Elide*. Paris en jugea moins favorablement; il la vit séparée des ornemens qui l'avoient embellie à la Cour; &, comme le Spectateur n'étoit ni au même point de vue, ni dans la situation vive & agréable où s'étoient trouvés ceux pour qui elle étoit destinée, on ne tint compte à l'Auteur que de la finesse avec laquelle il dévelope quelques sentimens du cœur, & de l'art qu'il emploie pour peindre l'amour-propre & la vanité des femmes.

MOLIERE.
Taisez-vous, ma femme, vous êtes une bête.
Mademoiselle MOLIERE.
Grand merci, Monsieur mon mari, voilà ce que c'est; le mariage change bien les gens, & vous ne m'auriez pas dit cela il y a dix-huit mois.

LE MARIAGE FORCÉ,

Comédie-Ballet.

LE *Mariage forcé*, *Ballet du Roi*, ainsi intitulé, parce que le Roi y avoit dansé une entrée dans la représentation qui en fut faite au Louvre le 29 Janvier 1664, parut sous le même titre le 13 Mai, septieme jour de la fête donnée aux Reines. On veut qu'une aventure réelle, qui avoit un raport éloigné à l'intrigue, ait alors donné à cette piece un sel qu'elle n'a plus. Elle parut à Paris sous le titre de Comédie, avec des changemens. Le plus considérable est l'addition de la scene de Dorimene & de Lycaste, dont Sganarelle est témoin ; elle suplée au magicien chantant, qui détournoit Sganarelle de son mariage.

DOM JUAN,

ou

LE FESTIN DE PIERRE,

Comédie.

CE ne fut point par son propre choix que Moliere traita le sujet de *Dom Juan*, ou *le Festin de Pierre*. Les Italiens qui l'avoient emprunté des (1)

(1) Tirso de Molina en est l'Auteur. Le titre Espagnol est *El combidado de piedra*, qui signifie *le convié de pierre ou la statue de pierre conviée à un repas*, ce qui a été mal rendu en François par l'expression de *Festin de Pierre*. Dom Pedre, nom du Commandeur que la statue represente, peut avoir donné lieu à cette méprise.

Espagnols, le firent connoître en France sur leur Théatre, où il eut un extrême succès. Un scélérat odieux par ses noirceurs & par son hypocrisie, le prodige insensé d'une statue qui parle & qui se meut, le spectacle extravagant de l'enfer, ne révolterent point la multitude, toujours avide du merveilleux. Séduite par le jeu des Acteurs, frapée d'une nouvelle espece de tragi-comique, elle fit grace à un mélange monstrueux de religion & d'impiété, de morale & de bouffonneries. *Ce sujet fit tant de bruit chez les Italiens*, dit Rosimond (1), *que toutes les troupes en voulurent régaler le Public.*

En 1660, Villiers, Comédien de l'Hôtel de Bourgogne, le fit representer en vers. Moliere le donna en prose en 1665. Ses camarades qui l'avoient engagé à ce travail, furent punis d'un si mauvais choix, par la médiocrité du succès; soit que le préjugé qui régnoit alors contre les Comédies en cinq Actes écrites en prose, fut plus fort que l'esprit de vertige qui avoit attiré le Public en foule aux Italiens & à l'Hôtel de Bourgogne, soit que l'on y fût blessé de quelques traits hasardés (2) que l'Auteur suprima à la seconde representation.

En 1669, Dorimond, Comédien de Mademoiselle, & en 1670, Rosimond, Comédien du Marais, traiterent en vers le même sujet pour leur Théatre. Enfin la Troupe formée en 1673, des débris de celle du Marais & de celle du Palais Royal, representa à l'Hôtel de Guénégaud, en 1677, *le Festin de Pierre* de Moliere, que Thomas Corneille avoit

---

(1) *Voyez* l'avis au Lecteur du *nouveau Festin de Pierre* ou *de l'Athée foudroyé*, Comédie en cinq Actes en Vers, par *Rosimond*, Paris, *in-*12, 1670.

(2) Dom Juan dans une scene avec un pauvre qui lui demandoit l'aumône, ayant apris de lui qu'il passoit sa vie à prier Dieu, & qu'il n'avoit pas souvent de quoi manger, ajoutoit... *Tu passes ta vie à prier Dieu, il te laisse mourir de faim; prends cet argent, je te le donne pour l'amour de l'humanité.*

écrit en vers. Il attira sous cette forme un concours prodigieux (1), & c'est le seul que l'on représente aujourd'hui.

L'AMOUR MEDECIN,

Comédie.

L'*Amour Médecin*, est encore un de ces ouvrages précipités, que l'on ne doit point juger avec rigueur (2). Moliere lui-même ne *conseille de lire cette Comédie qu'aux personnes qui ont des yeux pour découvrir dans la lecture tout le jeu de Théatre.* La brouillerie entre la femme de Moliere, & celle d'un Médecin chez qui elle logeoit, quand elle seroit bien avérée, paroît un motif trop peu important pour avoir, comme on l'a dit, (3) déterminé Moliere à mettre depuis les Médecins si souvent sur la scene. Choqué du maintien grave, des dehors étudiés & du vain étalage des mots scientifiques que les Médecins de son tems affectoient, pour en imposer au public, il a cru pouvoir tirer de leur ridicule un fonds de comique plus amusant, à la vérité, qu'instructif. Aussi les Médecins, & les Marquis, qu'il a peints plusieurs fois dans des attitudes diverses, ne sont-ils jamais la principale figure du tableau. Lorsqu'il avoit en vue de corriger un ridicule plus essentiel, ou un vice contraire à la société, il réservoit la premiere place pour un de ces caracteres singuliers qui méritent par eux-mêmes de fixer toute l'attention.

(1) *Voyez* Mercure galant, Janvier 1677, page 33.
(2) Il fut proposé, fait, apris, & représenté en cinq jours. *Voyez* avis au Lecteur de l'*Amour médecin*.
(3) *Voyez* Grimarest, page 76.

LE MISANTHROPE.

Comédie.

TEl est celui du *Misanthrope*, qui sera toujours regardé chez les Nations polies, comme l'ouvrage le plus parfait de la Comédie Françoise. Si l'on en considére l'objet, c'est la Critique universelle du genre-humain ; si l'on examine l'ordonnance, tout se rapporte au Misanthrope, on ne le perd jamais de vue, il est le centre d'où part le rayon de lumiere qui se répand sur les autres personnages, & qui les éclaire. L'indulgent Philinte, qui, sans aimer ni censurer les hommes, souffre leurs défauts, uniquement par la nécessité de vivre avec eux, & par l'impossibilité de les rendre meilleurs, forme un contraste heureux avec le sévére Alceste ; qui, ne voulant point se prêter à la foiblesse de ces mêmes hommes, les hait & les censure, parce qu'ils sont vicieux. L'intrigue n'est pas vive, mais il ne falloit que réunir avec vraisemblance quelque personnages, qui, par leurs caracteres oposés ou comparés à celui d'Alceste, pussent mettre en jeu, d'une façon plus ou moins étendue, la médisance, la coquetterie, la vanité, la jalousie, & presque tous les ridicules des hommes. Il semble que la misanthropie soit incompatible avec l'amour ; mais un Misanthrope amoureux d'une coquette, fournit à l'Auteur des ressources nouvelles pour développer plus aisément ce caractere. Ce sont-là de ces traits où l'art seul ne peut rien, si l'on n'est inspiré par le génie, & guidé par le bon goût. Le mot du Duc de Montausier, *Je voudrois ressembler au Misanthrope de Moliere*, a pu donner lieu au reproche que l'on a fait à l'Auteur, d'avoir voulu présenter sous une face désavantageuse, un caractere dont tout homme vertueux pourroit se faire honneur ; mais ce mot est plutôt l'expression vive du cas que l'on doit faire de la vertu, quand même elle seroit poussée trop loin, qu'une critique solide de la piece, Moliere, en exposant l'humeur bizarre d'Alceste, n'a point eu dessein de décréditer ce qui en étoit la source & le principe ; c'est sur la rudesse de la vertu peu sociable & peu compatissante aux foiblesses humaines, qu'il fait tomber le ridicule du défaut dont il a voulu corriger son siecle.

Les nuances étoient trop fines pour frapper des Spectateurs accoutumés à des couleurs plus fortes. On n'étoit pas dans l'habitude de porter au spectacle de la Comédie, ce degré d'attention nécessaire pour saisir les détails & les rapports délicats que l'on a depuis admirés dans cette piece ; le Comique noble qui y regne ne fut point senti ; enfin, malgré la pureté & l'élégance du style, elle fut reçue froidement.

On rapporte un fait singulier qui peut y avoir contribué. A la premiere représentation, après la lecture du Sonnet d'Oronte, le Parterre applaudit ; Alceste démontre dans la suite de la scene, que les pensées & les vers de ce Sonnet étoient,

„ De ces colifichets dont le bon sens murmure.

Le public confus d'avoir pris le change, s'indisposa contre la piece.

LE MÉDECIN MALGRÉ LUI,

Comédie.

Moliere ne se rebuta point. Il crut devoir rappeller les Spectateurs par quelque ouvrage moins bon, mais plus amusant, dans l'espérance que le public se laisseroit insensiblement éclairer sur le bon, & parviendroit, peut-être, à en connoître tout le prix. Il joignit au Misanthrope *le Médecin malgré lui*, & Alceste passa à la faveur de Sganarelle. Il supprima la derniere piece, quand il crut que le mérite de la premiere avoit été reconnu ; sans cette adresse *le Misanthrope* devenoit la victime de l'injustice ou de l'ignorance. Le succès qu'il eut alors, n'a fait aucun tort au *Médecin malgré lui* ; on distingua les genres, & la petite piece se voit encore avec plaisir.

MÉLICERTE,

Pastorale-Héroïque.

Moliere fit paroître dans la même année *Mélicerte*, Pastorale-Héroïque en vers, dont il n'avoit composé que les deux premiers Actes ; elle fut représentée en cet état à saint Germain. La scene du second Acte entre Mirtil & Mélicerte, est remarquable par la délicatesse des sentimens, & par la simplicité de l'expression ; en général, tout ce que disent les deux amans est du même ton. Guérin le fils (1) qui, en 1699, acheva cette piece, y joignit des intermedes, & changea la versification des deux premiers Actes, qu'il mit en vers libres & irréguliers ; la comparaison n'est pas à son avantage. Il a aussi substitué un bouquet de fleurs au présent du Moineau que Mirtil donnoit à sa Maîtresse.

---

(1) Il étoit né du mariage de la veuve de Moliere avec Eustache François Détriche, Comédien, connu sous le nom de *Guérin*, & mort le 28 Janvier 1718, dans la quatre-vingt-douzieme année de son âge.

FRAGMENT
D'UNE PASTORALE COMIQUE.

LE *fragment d'une Paſtorale comique* du même Auteur, qu'on a ajouté dans cette édition, ne peut donner lieu à aucun détail; cette Paſtorale étoit mélée d'entrées de ballet, de ſcenes en Muſique, & de ſcenes recitées. Le peu qui nous en reſte, ſuffit pour nous faire admirer la fécondité & l'étendue du génie de Moliere, qui ſçavoit ſe plier en tant de manieres, & ſe prêter à tous les genres.

LE SICILIEN,
OU
L'AMOUR PEINTRE,
Comédie.

LE *Sicilien*, ou *l'Amour Peintre*, ſuivit de près les repréſentations de ces deux Paſtorales. C'eſt une Comédie d'intrigue, dont le dénouement a quelque reſſemblance avec celui de *l'Ecole des Maris*, du moins par rapport au voile qui trompe Dom Pédre dans *le Sicilien*, comme il trompe Sganarelle dans *l'Ecole des Maris*. La fineſſe du Dialogue, & la peinture vive de l'Amour dans un Amant Italien, & dans un Amant François, ſont le principal mérite de cette piece, qui étoit ornée de Muſique & de danſes.

TARTUFFE,
OU
L'IMPOSTEUR,
Comédie.

LEs trois premiers Actes de *Tartuffe* avoient été repréfentés à la fuite des *Fêtes de Verfailles*, (1) le 12 Mai 1664, en préfence du Roi & des Reines. Le Roi *défendit* (2) *dès-lors cette Comédie pour le Public, jufqu'à ce qu'elle fut achevée & examinée par des gens capables d'en faire un jufte difcernement, & ajouta* (3), *qu'il ne trouvoit rien à dire à cette Comédie*. Les faux dévots profiterent de cette défenfe pour foulever Paris & la Cour contre la piece & contre l'Auteur. Moliere ne fut pas feulement en butte aux Tartuffes, il avoit encore pour ennemis beaucoup d'Orgons, gens fimples & faciles à féduire; les vrais dévots étoient même allarmés, quoique l'ouvrage ne fut guere connu (4) ni des uns ni des autres. Un Curé de.... (5) dans un livre préfenté au Roi, décida que l'Auteur étoit digne du feu, & le *damnoit* de fa propre autorité. Enfin, Moliere eut à effuyer tout ce que la vengeance & le zele peu éclairé ont de plus dangereux. Des Prélats, & (6) le Légat, après avoir en-

---

(1) Fêtes de Verfailles en 1664, fixieme journée.
(2) Ibidem. (3) Premier placet fur *Tartuffe*.
(4) Les trois premiers Actes repréfentés à Verfailles le 12 Mai 1664, le furent encore à Villers-côterts chez Monfieur, en préfence du Roi & des Reines le 24 Septembre fuivant. La Piece entiere fut jouée au Rinci chez M. le Prince, le 29 Novembre de la même année, & au même lieu, le 29 Novembre 1665.
(5) Premier placet fur *Tartuffe*. (6) Ibid.

tendu la lecture de cet ouvrage, en jugerent plus favorablement ; & le Roi (1) permit verbalement à Moliere de faire representer sa piece. Il y fit *plusieurs adoucissemens*, (2) que l'on avoit aparemment exigés. *Il la produisit sous le titre de l'Imposteur, & déguisa le personnage sous l'ajustement d'un homme du monde, en lui donnant un petit chapeau, de grands cheveux, un grand collet, une épée, & des dentelles sur tout l'habit ;* & crut pouvoir hasarder *Tartuffe* en cet état, le (3) 5 Août 1667. L'ordre qui lui fut envoyé (4) le (5) lendemain, d'en suspendre la representation, le rendit moins sensible aux applaudissemens qu'il avoit reçus. Il envoya sur le champ les sieurs la Thorilliere & la Grange, au camp devant Lille, où étoit le Roi, pour lui presenter le (6) Mémoire qui est imprimé à la tête des différentes éditions de *Tartuffe*. Ce ne fut néanmoins qu'en 1669, que le Roi donna une permission authentique de remettre cette Comédie sur le Théatre. Elle reparut à Paris le (7) 5 Février de cette année. Dès qu'elle eut été connue, les vrais dévots furent désabusés, les hypocrites confondus, & le Poëte justifié ; on trouva dans le caractere & dans les discours du vertueux Cléante, des armes pour combattre les raisonnemens faux & spécieux de l'hypocrisie. *

Ce n'est pas seulement par la singularité & la hardiesse du sujet, ni par la sagesse avec laquelle

─────────

(1) Second placet. (2) Il changea entr'autres ce vers :
O Ciel ! Pardonne-lui comme je lui pardonne.
(3) *Voyez* Grimarest, page 176.
(4) Par M. le premier Président du Parlement de Paris.
(5) Second placet.
(6) Il est sous le titre de *second placet*.
(7) Troisieme placet.
* Les camarades de Moliere voulurent absolument qu'il eut double part, sa vie durant, toutes les fois qu'on joueroit *Tartuffe* ; ce qui a toujours été depuis regulierement exécuté. *Voyez* Grimarest, page 196.

il est traité, que cette piece mérite des éloges. La première scene est aussi heureuse que neuve, aussi simple que vive ; au lieu de ces confidences que l'on y emploie si ordinairement, une vieille grand'mere scandalisée de ce qu'elle a pu voir de peu séant chez sa belle-fille, soit en donnant à ceux qui composent cette maison, des leçons aigres qui les caractérisent tous ; car on distingue le vrai jusques dans le langage de la prévention. Dès ce moment, tout est en mouvement, & l'agitation théatrale augmente par degrés jusqu'à la fin. La raillerie fine de Dorine, dans la scene avec son maître, nous découvre Orgon tout entier, & nous prépare à reconnoître Tartuffe dans le portrait de l'hypocrite, que Cléante opose à celui du vrai dévot. Tartuffe annoncé pendant deux Actes, paroît au troisieme. L'intrigue alors, plus animée, tire également sa vivacité & des nouveaux ressorts qu'on emploie contre ce scélérat, & de l'adresse avec laquelle il sçait tourner à son avantage tout ce qu'on entreprend contre lui. L'entêtement d'Orgon, qui s'accroît à mesure qu'on cherche à le détruire, donne lieu à cette scene si singuliere & si admirable du quatrieme Acte, que la nécessité de démasquer un vice aussi abominable que l'hypocrisie, rendoit indispensable. L'éloge de Louis XIV, placé à la fin de la piece, dans la bouche de l'exempt, ne peut justifier, aux yeux des critiques, le vice du dénouement.

AMPHITRION,

Comédie.

SI ce fut sans fondement qu'on accusa Moliere d'avoir attaqué la Religion dans *Tartuffe*, on eut pû lui reprocher, à plus juste titre, d'avoir choqué la bienséance dans *Amphitrion*. Mais soit par respect pour l'antiquité (1), soit par une suite de l'usage où l'on est d'adopter sans scrupule les rêveries les plus indécentes de la Mythologie, soit que l'on fut déjà familiarisé avec ce sujet, par *les Sosies* de Rotrou (2), on n'y fit pas même attention. On se contenta d'admirer également & l'art avec lequel Moliere avoit mis en œuvre ce qu'il avoit emprunté de Plaute, & la justesse de son goût dans les changemens, & dans les additions qu'il avoit cru devoir faire. Madame Dacier, qui étale toutes les beautés de la piece Latine, n'auroit pas réussi à faire pencher la balance en faveur de Plaute : le parallele des deux Comédies n'auroit servi qu'à montrer la supériorité de l'Auteur moderne sur l'ancien. Thessala dans Plaute, Céphalie dans Rotrou, ne sont que de simples confidentes d'Alcmene ; Moliere a fait de Cléanthis, qui tient leur place, un personnage plus intéressant par lui-même. La scene de Sosie avec elle, n'est point une répétition vicieuse de celle d'Amphitrion avec Alcmene, quoique le maître & le valet aient également pour objet de s'éclaircir sur la fidélité de leurs femmes. Les deux scenes ne produisent pas le même effet, par la différence que l'Auteur a mise entre la conduite de Jupiter avec Alcmene, & celle de Mercure avec Cléanthis. Plaute, qui finit sa Comédie par le sérieux d'un Dieu en machine, auroit sçu gré à Moliere d'avoir interrompu, par le caprice de Sosie, les complimens importuns des amis d'Amphitrion, sur un sujet aussi délicat.

> Mais, enfin, coupons aux discours,
> Et que chacun, chez soi, doucement se retire ;
> Sur telles affaires, toujours,
> Le meilleur est de ne rien dire.

(1) Euripide & Archipus avoient traité pour les Grecs ce sujet, que Plaute a fait connoître aux Romains.

(2) *Les Sosies*, Comédie en cinq Actes en Vers, par Rotrou, achevée d'imprimer le 25 Juin 1638, Paris *in-*4.

À n'envisager cette réflexion, qui acheve le dénouement, que du côté de la plaisanterie, l'on avouera qu'il étoit difficile de terminer plus finement, sur le théatre François, une intrigue auſſi galante. *L'on rit*, dit Horace, (1) *& le Poëte eſt tiré d'affaire*.

Les ſuccès des vers libres à rimes croiſées, que Moliere a employées dans Amphitrion, a pu faire penſer que ce genre de poéſie étoit le plus propre à la Comédie, parce qu'en s'éloignant du ton ſoutenu des vers alexandrins, il aproche davantage du ſtyle aiſé de la converſation ; cependant l'ancien uſage a prévalu ſur le théatre. Soit habitude, ſoit difficulté de réuſſir autrement, on continua d'écrire en vers alexandrins.

Moliere avoit été moins heureux, lorſqu'il avoit voulu introduire une autre nouveauté dans le ſtyle de la ſcene comique. C'étoit alors une ſingularité, un défaut même pour une Comédie en cinq actes, que d'être écrite en proſe. On étoit moins difficile ſur les Pieces qui n'avoient qu'un ou trois actes.

L'AVARE,

Comédie.

LE mérite de *l'Avare* ceda pour quelque-tems à la prévention générale ; l'Auteur qui avoit été obligé de le retirer (2) à la ſeptieme repréſentation, le fit reparoître ſur la ſcene en 1668. On fut forcé de convenir qu'une proſe élégante pouvoit peindre vivement les actions des hommes dans la vie civile ; & que la contrainte de la verſification, qui ajou-

(1) *Solventur riſu tabulæ, tu miſſus abibis.*
Sat. I. l. 2. v. 86.
(2) On ne ſçait pas préciſément en quel tems *l'Avare* parut pour la premiere fois.

te quelquefois aux idées, par les tours heureux qu'elle donne occafion d'employer, pouvoit quelquefois auffi faire perdre une partie de cette chaleur & de cette vie, qui naît de la liberté du ftyle ordinaire. Il eft, en effet, des tours uniques, dictés par la nature, que le moindre changement dans les mots altere & affoiblit.

Dès que le préjugé eut ceffé, on rendit juftice à l'Auteur. La propofition faite à l'Avare d'époufer fa fille fans dot, l'enlevement de la caffette, le défefpoir du vieillard volé, fa méprife à l'égard de l'amant de fa fille qu'il croit être le voleur de fon tréfor, l'équivoque de la caffette, font les traits principaux que Moliere a puifés dans Plaute. Mais Plaute ne peut corriger que les hommes qui ne profiteroient point des reffources que le hafard leur donne contre la pauvreté : Euclion, né pauvre, veut encore paffer pour tel, quoiqu'il ait trouvé une marmite pleine d'or ; il n'eft occupé que du foin de cacher ce tréfor, dont fon avarice l'empêche de faire ufage. Le Poëte françois embraffe un objet plus étendu & plus utile. Il repréfente l'Avare fous différentes faces : Harpagon ne veut paroître ni avare ni riche, quoiqu'il foit l'un & l'autre. Le defir de conferver fon bien, en dépenfant le moins qu'il peut, eft égal au defir infatiable d'en amaffer davantage ; cette avidité le rend ufurier, il le devient envers fon fils même ; il eft amant par avarice, & c'eft par avarice qu'il ceffe de l'être.

GEORGE DANDIN,
ou
LE MARI CONFONDU,
Comédie.

Quoique dans tous les tems, l'expérience ait montré que la disproportion des conditions & des fortunes, la différence d'humeur & d'éducation sont des sources intarrissables de discorde entre deux personnes que l'intérêt d'une part, & de l'autre la vanité, engagent à s'épouser, cet abus n'en est pas moins commun dans la société : Moliere entreprit de le corriger. Les naïvetés grossieres des valets qui trompent George Dandin, le caractere chargé d'un Gentilhomme de campagne & de sa femme sont des moyens mis heureusement en œuvre pour rendre cette vérité sensible ; mais on voudroit en vain excuser le caractere d'Angélique, qui, sans combattre son penchant pour Clitandre, laisse trop paroître son aversion pour son mari, jusqu'à se prêter à tout ce qu'on lui suggere pour le tromper, ou du moins pour l'inquiéter. Ses démarches, qui ne peuvent être entiérement innocentes, quand on ne les accuseroit que de légereté & d'imprudence, tournent toujours à son avantage, par les expédiens qu'elle trouve pour se tirer d'embarras ; de sorte que l'on est peut-être plus tenté d'imiter la conduite de la femme, toujours heureuse, quoique toujours coupable, que désabusé des mariages peu sortables, par l'exemple de l'infortune du mari. Aussi cette piece eut-elle des censeurs & peu de critiques ; elle parut devant le Roi avec des intermedes, qui n'ont encore été imprimés dans aucune des éditions de Moliere, & que l'on trouvera dans celle-ci, avec la relation de la fête où *George Dandin* fut representé.

MONSIEUR DE POURCEAUGNAC,

Comédie-Ballet.

LA Comédie de *M. de Pourceaugnac*, embellie aussi de chants & de danses, est d'un comique plus propre à divertir qu'à instruire. Le ridicule outré d'un Provincial donne lieu à un intrigant de profession, qui est dans les intérêts d'Eraste, d'imaginer divers moyens pour détourner également, & Oronte de donner sa fille à M. de Pourceaugnac, & M. de Pourceaugnac de finir le mariage qui l'avoit attiré à Paris. Les pieges dans lesquels Sbrigani fait tomber l'Avocat de Limoges, paroîtront plus vraisemblables, si l'on se rapelle que cet endroit Napolitain ; pour régler les mesures qu'il avoit à prendre, est allé, à la descente du coche, étudier le caractere & l'esprit de l'homme qu'il vouloit jouer. Les intermedes se ressentent du ton peu noble de toute la piece.

LES AMANS MAGNIFIQUES,

Comédie-Ballet.

LE Roi donna le sujet des *Amans magnifiques*. Deux Princes rivaux s'y disputent, par des fêtes galantes, le cœur d'une Princesse. Suivant cette idée générale, Moliere réunit à la hâte dans différens intermedes, tout ce que le Théatre [1] lui put fournir de divertissemens propres à flatter le goût

---

(1) *Voyez* Avant-propos.

ET LES OUVRAG. DE MOLIERE. 73

de la Cour. Le personnage de Softrate est un caractere d'amant qu'il n'avoit pas encore exposé sur la scene ; Clitidas, plaisant de Cour, est plus fin que n'est Moron dans *la Princesse d'Elide*. Un Astrologue, dont l'artifice démasqué sert à détromper les grands d'une foiblesse qui fait peu d'honneur à leurs lumieres, dédommage en partie de la singularité peu vraisemblable d'un dénouement machinal. L'Auteur, qui, par de solides réflexions, & par sa propre expérience, avoit apris à distinguer ce qui convenoit aux différens Théatres pour lesquels il travailloit, ne crut pas devoir hasarder cette Comédie sur le Théatre de Paris. Il ne la fit pas même imprimer, quoiqu'elle ne soit pas sans beautés pour ceux qui sçavent se transporter aux lieux, aux tems, & aux circonstances dont ces sortes de divertissemens tirent leur plus grand prix.

LE BOURGEOIS-GENTILHOMME,

Comédie-Ballet.

LA Cour fut moins favorable au *Bourgeois-gentilhomme*. Elle confondit cette piece avec celles qui n'ont d'autre mérite que de faire rire. Louis XIV en jugea mieux & rassura l'Auteur allarmé du peu de succès de la premiere représentation. Paris fut frapé de la vérité du tableau qu'on lui presentoit ; la foule imposa silence aux critiques. On reconnut dans M. Jourdain un ridicule commun à tous les hommes dans tous les états ; c'est la vanité de vouloir paroître plus qu'ils ne sont. Ce ridicule n'eût pas été sensible dans un rang trop élevé ; il n'eût pas eu de graces dans un

Tome I. D

rang trop bas : pour faire effet sur la scene comique, il falloit que, dans le choix du personnage, il y eût assez de distance entre l'état dont il veut sortir, & celui auquel il aspire, pour que le seul contraste des manieres propres à ces deux états, peignit sensiblement, dans un seul point & dans un même sujet, l'excès du ridicule général qu'on vouloit corriger. *Le Bourgeois gentilhomme* remplit cet objet. On voit en même-tems l'homme & le personnage, le masque, & le visage, tellement mis en oposition d'ombres & de lumieres, qu'on démêle toujours ce qu'il est, & ce qu'il veut paroître. Le sens droit de Madame Jourdain, la complaisance intéressée de Dorante, la gaieté ingénue de Nicole, le bon esprit de Lucile, la noble franchise de Cléonte, la subtilité féconde de Covielle, & la burlesque vanité des différens Maîtres d'arts & de sciences, jettent encore un nouveau jour sur le caractere de M. Jourdain ; il reçoit de tout ce qui l'environne, une nouvelle espece de ridicule, qui rejaillit sur lui, & de lui, sur tout les états de la vie. La cérémonie Turque, à laquelle Cléonte ne devoit pas se prêter, a pu passer à la faveur de la bauté de la musique, & de la singularité du spectacle.

LES FOURBERIES DE SCAPIN,

Comédie.

SI l'on faisoit grace au sac ridicule que l'on a si souvent critiqué après Despréaux, on trouveroit dans *les fouberies de Scapin*, des richesses antiques qui n'ont pas déplu aux modernes. Plaute n'auroit pas rejetté le jeu même du sac, ni la scene de la galere, rectifiée d'après Cyrano, & se seroit reconnu dans la vivacité qui anime l'intrigue. Térence ne désavoueroit pas (1) l'ouverture simple & adroite de la piece ; Octave y fait redire à son valet, ou plutôt répete lui-même une nouvelle dont il est affligé, pendant que le valet, comme un écho, la confirme par des monosyllabes. Térence se retrouveroit encore dans la scene, où Argante raisonne tout haut, tandis que Scapin répond, sans être vu ni entendu d'Argante, pour instruire le Spectateur de la fourberie qu'il médite. Enfin, quoique les valets, qui, comme les esclaves dans Plaute & dans Térence, font l'ame de la piece, ne produisent pas un comique aussi élégant que celui dont Moliere a le premier donné l'exemple à son siecle, on ne peut s'empêcher d'aplaudir à ce comique d'un ordre inférieur.

PSICHÉ,

Tragédie-Ballet.

Dans *Psiché*, Tragédie-ballet en vers libres, Moliere crut devoir sacrifier la régularité de la conduite, à des ornemens accessoires. Pressé par les ordres du Roi, qui ne lui donnerent pas le tems d'écrire sa piece en entier, il eut recours au grand Corneille, qui voulut bien s'assujettir au plan de Moliere : (2) les grands hommes ne sçauroient être jaloux. Quinault composa les paroles Françoises, qui furent mises en musique par Lulli. La magnificence Royale que l'on étala dans la representation, & le concours des Auteurs illustres dont les talens s'étoient réunis pour exécuter plus promp-

_____

[1] *Voyez* la premiere Scene de l'Andrienne.
[2] Moliere n'a fait que le prologue, le premier acte, & les deux premieres Scenes du second & du troisieme Acte.

tement les ordres de Louis XIV, ajoutérent un nouveau luftre à cette piece, qui fera toujours célebre par un grand nombre de traits ; & , fur-tout, par le tour neuf & délicat de la déclaration de l'Amour à Pfiché.

LES FEMMES SÇAVANTES,
Comédie.

Moliere travailla plus à loifir la Comédie des *Femmes fçavantes*. Il a voulu y peindre le ridicule du faux bel-efprit & de l'érudition pédantefque. Un fujet pareil ne fournit rien en apparence qui puiffe être intéreffant fur le Théatre ; préjugé qui nuifit d'abord au fuccès de la piece, mais qui ne dura pas. On fentit bientôt avec quel art l'Auteur avoit fçu tirer cinq Actes entiers d'un fujet aride en lui-même, fans y rien mêler d'étranger ; & on lui fçut gré d'avoir prefenté fous une face comique, ce qui n'en paroiffoit pas fufceptible.

Les notions auffi confufes que fuperficielles fur les fciences, des termes d'art jettés fans choix, une affectation mal placée de pureté grammaticale, compofent, quoiqu'avec des nuances différentes, le fonds du caracte de Philaminte, d'Armande & de Bélife. La feule Henriette fe fauve de la contagion, & en devient plus chere à fon pere, qui voit le mal avec peine, fans avoir la force d'y remédier. L'entêtement de Philaminte, & la haute idée qu'elle a conçue des talens & de l'efprit de Trif-fotin, font le nœud de la piece ; un fonnet & un madrigal, que ce prétendu bel efprit recite avec emphafe, dans la Scene feconde du troifieme Acte, la confirment dans la réfolution qu'elle avoit déjà prife, de marier au plutôt Henriette avec l'homme du monde qu'elle estime le plus. Il seroit à souhaiter que Philaminte fût desabusée par un incident mieux combiné & plus raisonnable que n'est celui des deux Lettres suposées qu'Ariste apporte au cinquième Acte : la générosité réciproque de Clitandre & d'Henriette fait en quelque sorte oublier ce défaut. On prétend que la querelle de Trissotin & de Vadius est copiée d'après ce qui se passa au Palais de Luxembourg, chez Mademoiselle, entre deux (1) Auteurs du tems.

LA COMTESSE D'ESCARBAGNAS,

Comédie-Ballet.

PASTORALE COMIQUE.

La Comtesse d'Escarbagnas n'est qu'une peinture simple des ridicules qui étoient alors répandus dans la Province, d'où ils ont été bannis, à mesure que le goût & la politesse s'y sont introduits. Les rôles de la Comtesse, de M. Tibaudier, & de M. Harpin, sont le germe de trois caracteres que les Auteurs comiques ont depuis si souvent traités & dévelopés sur le Théatre. Cette Comédie, suivie d'une *Pastorale Comique*, dont il ne nous est resté que les noms des personnages, parut dans une fête que le Roi donna à Madame, à Saint Germain en Laye, au mois de Décembre 1671. Les deux Pieces, divisées en sept Actes, sans qu'on en connoisse la véritable distribution, y étoient accompagnées d'intermédes tirés de plusieurs divertissemens qui avoient déjà été representés devant le Roi.

[1] *Voyez* Menagiana, tome 3, page 23. Paris, in-12, 1715.

LE MALADE IMAGINAIRE,

Comédie-Ballet.

LE *Malade imaginaire* fut la derniere Production de Moliere. On retrouva, dans le rôle de Béline, un caractere malheureusement trop ordinaire dans la vie civile; & l'on vit, avec plaisir, la sensible Angélique oublier les intérêts de sa passion, pour ne voir dans son pere mort, que l'objet de sa douleur & de ses regrets. Les Médecins ne sont point épargnés dans cette Piece; Moliere ne s'y borne pas à les plaisanter, il attaque le fonds de leur (1) art, par le rôle de Béralde, comme dans celui du Malade imaginaire, il joue la foiblesse la plus universelle de l'homme, l'amour inquiet de la vie, & les soins trop multipliés pour la conserver. Il joue même la Faculté en corps dans le troisieme intermede, qui, quoique mieux lié au sujet que les deux premiers, n'en est pas plus vraisemblable.

Le jour qu'il devoit représenter *le Malade imaginaire* pour la troisieme fois, il se sentit plus incommodé qu'à l'ordinaire du mal de poitrine auquel il étoit sujet, &, qui, depuis long-tems, l'assujettissoit à un grand régime, & à un usage fréquent du lait. Ce mal avoit dégénéré en fluxion, ou plu-

---

[1] Tout le monde sçait la réponse que Moliere fit à Louis XIV, qui le voyant un jour à son dîné avec un Médecin nommé *Mauvillain*, lui dit: *Vous avez un Médecin, que vous fait-il ?* Sire, répondit Moliere, *nous raisonnons ensemble : il m'ordonne des remedes, je ne les fais point, & je guéris.* Mauvillain étoit ami de Moliere, & lui fournissoit les termes d'art dont il avoit besoin. Son fils, qui vivoit encore en 1736, obtint, à la sollicitation de Moliere, un Canonicat de Vincennes. *Voyez* troisieme placet sur *Tartuffe*.

tôt en toux habituelle (1). Il exigea, ce jour-là, de ses camarades que l'on commençât la représentation à quatre heures précises. Sa femme & Baron le pressèrent de prendre du repos, & de ne point jouer. *Hé, que feront*, leur répondit-il, *tant de pauvres ouvriers ! Je me reprocherois d'avoir négligé un seul jour de leur donner du pain*. Les efforts qu'il fit pour achever son rôle, augmentèrent son oppression ; & l'on s'apperçut qu'en prononçant le mot *Juro*, dans le divertissement du troisieme Acte, il lui prit une convulsion, qu'il tâcha en vain de déguiser aux Spectateurs pas un ris forcé. On le porta chez lui, dans sa maison rue de Richelieu *, où sa toux augmenta considérablement, & fut suivie d'un vomissement de sang qui le suffoqua. Il mourut le Vendredi 17 de Février 1673, âgé de cinquante-trois ans, entre les bras de deux de ces Sœurs religieuses, qui viennent quêter à Paris pendant le Carême, & qu'il avoit retirées chez lui.

Le Roi, touché de la perte d'un si grand homme, & voulant lui donner, même après sa mort, une nouvelle marque de sa protection, engagea l'Archevêque (2) de Paris, à ne lui pas refuser la sépulture dans un lieu saint. Ce Prélat, après des informations exactes sur la religion & sur la probité de Moliere, permit qu'il fût enterré à Saint Joseph, qui est une aide de la Paroisse de Saint Eustache.

La foule qui s'étoit attroupée devant la porte du mort, le jour qu'on le porta en terre, détermina la veuve à faire jetter de l'argent ; & cette populace, qui auroit peut être insulté au corps de Molie-

---

(1) Frosine y fait allusion dans l'*Avare*, Acte II, Scene VI, en disant à Harpagon, que Moliere représentoit: *Cela n'est rien. Votre fluxion ne vous sied point mal, & vous avez grace à tousser*.

* Vis-à-vis la fontaine, du côté qui donne sur le jardin du Palais royal.

(2) *Voyez* note 19, sur l'Epitre 7 de Despréaux, Amst. *in folio*, 1718. tome premier, p. 218.

re, l'accompagna avec respect. Le convoi se fit tranquillement le Mardi 21 de Février, à la clarté de plus de cent flambeaux portés par ses amis.

Il n'a laissé qu'une fille, & sa veuve épousa dans la suite le Comédien Détriché, connu sous le nom de *Guérin*.

La (1) femme d'un des meilleurs comiques que nous ayons eu, nous a donné ce portrait de Moliere. *Il n'étoit ni trop gras, ni trop maigre ; il avoit la taille plus grande que petite, le port noble, la jambe belle ; il marchoit gravement, avoit l'air très-sérieux, le nez gros, la bouche grande, les lévres épaisses, le teint brun, les sourcils noirs & forts, & les divers mouvemens qu'il leur donnoit lui rendoient la physionomie extrêmement comique. A l'égard de son caractere, il étoit doux, complaisant, généreux. Il aimoit fort à haranguer ; & quand il lisoit ses Pieces aux Comédiens, il vouloit qu'ils y amenassent leurs enfans, pour tirer des conjectures de leurs mouvemens naturels.*

A considérer le nombre des ouvrages (2) que Moliere a composés dans l'espace d'environ vingt années, au milieu de tant d'occupations différentes qui faisoient partie de ses devoirs, on croira plutôt, avec Despréaux, (3) que *la rime venoit le chercher*,

---

(1) Mademoiselle Poisson, fille de *du Croisy*, Comédien de la Troupe de Moliere, elle a joué le rôle d'une des Graces dans *Psiché* en 1671.

(2) Outre les Ouvrages qu'on a rassemblés dans cette édition, & plusieurs Pieces qu'il avoit composées pour la Province, il avoit laissé quelques fragmens de Comédies qu'il devoit achever & même quelques-unes entieres. La veuve de Moliere les avoit remises au Comédien la Grange: on ne sçait ce qu'elles sont devenues. (*Voyez* Grimarest, pag. 310.) Il avoit aussi traduit presque tout Lucrece. *Voyez* le même, page 311, & remarques sur la Satyre II. de Despréaux, *in-folio*, Amsterd. pag. 20, tome I. 1718.

(3) *Voyez* Ep. II. de Despréaux.

qu'on n'ajoutera foi à ce qu'avance un Auteur, (1) que Moliere travailloit difficilement, & l'on y admirera ce génie vaste, dont la fécondité cultivée & enrichie par une étude continuelle de la nature, a enfanté tant de chefs-d'œuvres.

Semblables au peintre habile, qui, toujours attentif à remarquer, dans les expressions extérieures des passions, les mouvemens & les attitudes qui les caractérisent, rapporte à son art toutes ses observations : Moliere pour nous donner sur la scene un tableau fidele de la vie civile, dont le Théatre est l'image, étudioit avec soin le geste, le ton, le langage de tous les sentimens dont l'homme est susceptible dans toutes les conditions. C'est à cet esprit de réflexion, prêt à s'exercer sur tout ce qui se passoit sous ses yeux, c'est à l'attention extrême qu'il aportoit à examiner les hommes, & au discernement exquis avec lequel il sçavoit démêler les principes de leurs actions, que ce grand homme a dû la connoissance parfaite du cœur humain.

Si on lui a reproché de s'être répété quelquefois, comme dans la Scene (2) des deux Marquis du *Misanthrope*, imitée en partie de celle (3) de Valere & d'Eraste dans *le Dépit amoureux* ; si Clitandre, dans *l'Amour médecin*, (4) produit à peu près le même incident qu'Adraste dans *le Sicilien*, (5) on peut du moins dans la comparaison de ces scenes, remarquer le progrès du génie & des talens de Moliere. Ce progrès ne se fait jamais mieux sentir, que par le parallele des idées semblables, qu'un même Auteur a exprimées en différens tems. Mais il ne faut point confondre les deux scenes de *l'Amour médecin* & du *Sicilien*, que nous venons de citer, avec d'autres qui y ont quelque rapport. Clitandre & Adraste, à la faveur de leur déguisement, trouvent

---

(1) *Voyez* vie de Moliere, par Grimarest, p. 48.
(2) Act III, Scene I.   (3) Acte I, Scene III.
(4) Acte III, Scene V.   (5) Scene XII.

le moyen d'entretenir leurs maîtresses en particulier, quoique Sganarelle & Don Pédre soient sur la scene: (1) dans *l'Etourdi*, (2) dans *l'Ecole des maris*, (3) dans *le Malade imaginaire*, des amans, qui ne peuvent s'expliquer autrement, déclarent tout haut leur passion à l'objet aimé, en presence même des personnes à qui ils ont intérêt de cacher leurs sentimens. Ces dernieres scenes plus fines & plus piquantes que les premieres, se ressemblent encore moins entr'elles par le tour. Moliere arrive au même but: mais par diverses routes, plus ingénieuses & plus comiques l'une que l'autre. Quelle étendue & qu'elles ressources dans l'esprit ne faut-il pas avoir pour varier avec art les mêmes fonds, & pour les reproduire sous d'autres points de vue, avec des couleurs différentes & toujours agréables ?

La fécondité de Moliere est encore plus sensible dans les sujets qu'il a tirés des Auteurs anciens & modernes, ou dans les traits qu'il a empruntés d'eux. Toujours supérieur à ses modeles, & en cette partie, égal à lui-même il donnoit une nouvelle vie à ce qu'il avoit copié. Les modeles disparoissoient, il devenoit original. C'est ainsi que Plaute & Térence avoient imité les Grecs. Mais les deux Poëtes Latins, plus uniformes par le choix des caracteres, & dans la maniere de les peindre, n'ont représenté qu'une partie des mœurs générales de Rome. Le Poëte François a non-seulement exposé sur la scene les vices & les ridicules communs à tous les âges & à tous les pays, il les a peints encore avec des traits tellement propres à sa nation, que ses Comédies peuvent être regardées comme l'histoire des mœurs, des modes & du goût de son siecle : avantage qui distinguera toujours Moliere de tous les auteurs comiques.

---

(1) Acte I, Scene IV.   (3) Acte II, Scene VI.
(2) Acte II, Scene XIV.

Comme ses ouvrages ne sont pas tous du même genre il ne faut pas, pour en juger sainement, partir des mêmes principes. Dans ses premieres Comédies d'intrigue, il se conforma à l'usage qui étoit alors établi sur le Théatre François, & crut devoir ménager le goût du Public, accoutumé à voir réunis dans un même sujet, les incidens les moins vraisemblables; c'est plutôt un vice du tems, qu'un défaut de l'Auteur. Dans les Pieces qu'il préparoit à la hâte pour des fêtes ordonnées par Louis XIV, il a quelquefois sacrifié une partie de sa gloire à la magnificence, à la variété du spectacle, & aux ornemens que la musique & la danse y devoient ajouter. Uniquement rempli du desir d'exécuter promptement les ordres du Roi, il ne songeoit qu'à répondre, du moins par son zele, à la confiance que lui témoignoit ce Prince, en le chargeant du soin de l'amuser. Il n'a pas même cru avilir son talent, en se prêtant au peu de délicatesse de la multitude, dans ces Pieces, dont les caracteres chargés plaisent toujours au plus grand nombre, & où les gens de goût, sans en approuver le genre, remarquoient des traits que l'usage a consacrés, & a fait passer en proverbes. D'ailleurs, une critique trop sévére ne s'accordoit guere avec l'intérêt d'une Troupe, que la gloire seule ne conduisoit pas, & qui ne jugeoit du mérite d'une Comédie, que par le nombre des représentations, & par l'affluence des spectateurs. Ce sont apparemment ces especes de farces, qu'il lisoit à sa servante, pour juger, par l'impression qu'elle en recevoit, de l'effet que la représentation produiroit sur le Théatre. Il est peu vraisemblable qu'il l'ait consultée, sur *le Misanthrope*, ou sur *les Femmes sçavantes*.

Ces deux Pieces, dont le genre même étoit inconnu à l'antiquité, sont celles que le Public a reçues avec le moins d'empressement, & cependant celles dont il attendoit l'immortalité, & qui, ainsi que *l'Ecole des femmes* & *Tartuffe*, la lui assurent. L'art caché sous des graces simples & naïves, n'y emploie que des expressions claires & élégantes, des pensées justes & peu recherchées, une plaisanterie noble & ingénieuse pour peindre & pour déveloper les replis secrets du cœur humain. C'est enfin par elles, que Moliere a rendu en France la scene comique supérieure à celle des Grecs & des Romains.

La nature, qui lui avoit été si favorable du côté des talens de l'esprit, lui avoit refusé ces dons extérieurs, si nécessaires au Théâtre, sur-tout pour les rôles tragiques. Une voix sourde, des inflexions dures, une volubilité de langue qui précipitoit trop sa déclamation, le rendoient de ce côté fort inférieur aux Acteurs de l'hôtel de Bourgogne. Il se fit justice & se renferma dans un genre où ces défauts étoient plus supportables. Il eut même des difficultés à surmonter pour y réussir; & ne se corrigea de cette volubilité, si contraire à la belle articulation, que par des efforts continuels, qui lui causérent un hoquet qu'il a conservé jusqu'à la mort, & dont il sçavoit tirer parti dans certaines occasions. Pour varier ses inflexions, il mit le premier en usage certains tons inusités, qui le firent d'abord accuser d'un peu d'affectation, mais auxquels on s'accoutuma. Non-seulement il plaisoit dans les rôles de Mascarille, de Sganarelle, d'Hali, &c. Il excelloit encore dans les rôles de haut comique, tels que ceux d'Arnolphe, d'Orgon, d'Harpagon. C'est alors que, par la vérité des sentimens, par l'intelligence des expressions, & par toutes les finesses de l'art, il séduisoit les spectateurs, au point qu'ils ne distinguoient plus le personnage representé, d'avec le Comédien qui le representoit; aussi se chargeoit-il toujours des rôles les plus longs & les plus difficiles. Il s'étoit encore réservé l'emploi d'orateur (1) de sa Troupe.

---

(1) Chaque troupe avoit, dans ce tems-là, un Acteur,

Le soin avec lequel il avoit travaillé à corriger & à perfectionner son jeu, s'étendoit jusques sur ses camarades. *L'Impromptu de Versailles*, dont le sujet est la répétition d'une Comédie qui devoit se jouer devant le Roi, est l'image de ce que Moliere faisoit probablement dans les répétitions ordinaires des Pieces qu'il donnoit au Public. Rien de ce qui pouvoit rendre l'imagination plus vraie & plus sensible n'échapoit à son attention. Il obligea sa femme qui étoit extrêmement parée, à changer d'habit, parce que la parure ne convenoit pas au rôle d'Elmire convalescente, qu'elle devoit représenter dans *Tartuffe*. Mais il ne se bornoit pas seulement à former ses Acteurs, il entroit dans toutes leurs affaires, soit générales, soit particulieres ; il étoit leur maître & leur camarade, leur ami & leur (1) protecteur ; aussi attentif à composer pour eux des (2) rôles qui fissent valoir leurs talens, que soigneux d'attirer dans sa troupe des sujets qui pussent la rendre plus célebre. On sçait que le bruit des heureuses dispositions du jeune Baron, alors âgé d'environ onze ans, avoit déterminé Moliere à demander au Roi un ordre pour faire passer cet enfant, de la troupe de la Raisin, (3) dans la sien-

qui seul faisoit l'annonce des pieces, & qui haranguoit le public dans l'occasion. Moliere, quelques années avant sa mort, avoit cédé cet emploi au Comédien *la Grange*.

(1) Non-seulement, en 1665, il obtint pour sa Troupe le titre de *Troupe du Roi*, avec sept mille livres de pension ; mais sur les instances réitérées de ses camarades, il demanda, & obtint un ordre du Roi, pour qu'aucunes personnes de sa maison n'entrassent à la Comédie sans payer. *Voyez* Grimarest, pag. 131.

(2) Il avoit *du Croissy* en vue, lorsqu'il composa le rôle de Tartuffe, comme, dans la suite, profitant de la taille & des graces de *Baron*, encore jeune, il lui destina le rôle de l'Amour dans *Psiché*.

(3) La Raisin, veuve d'un Organiste de Troies, avoit formé une Troupe de jeunes enfans, sous le nom de *Troupe Dauphine*, elle pria Moliere, en 1664, de lui prêter son

ne. Baron, élevé & instruit par Moliere, qui lui tint lieu de pere, (1) est devenu le Roscius de son siecle. La Beauval quitta la Province pour venir briller sur le Théatre du Palais Royal.

Moliere, qui s'égayoit, sur le Théatre, aux dépens des foiblesses humaines, ne put se garantir de sa propre foiblesse. Séduit par un penchant qu'il n'eut ni la sagesse de prévenir, ni la force de vaincre, il envisagea la société d'une femme aimable, comme un délassement nécessaire à ses travaux ; ce ne fut pour lui qu'une source de chagrins. Les personnes qui attirent les yeux du Public, sont plus exposées que les autres à sa malignité & à ses plaisanteries. Le mariage qu'il contracta avec la fille de la Comédienne Béjart, lui fit d'abord éprouver ce que la calomnie (2) a de plus noir. Le peu de raport entre l'humeur d'un Philosophe amoureux, & les caprices d'une femme legére & coquette, répandit, dans la suite, sur ses jours bien des nuages, dont on abusa pour jetter sur lui le ridicule qu'il avoit si souvent joué dans les autres. Il perdit enfin son repos, & la douceur de sa vie ; mais sans perdre aucun des agrémens de son esprit.

Plus heureux dans le commerce de ses amis, il

Théatre pour trois representations : Moliere informé du succés qu'avoit eu le jeune Baron les deux premiers jours, résolut, quoique malade, de se faire porter au Palais Royal à la troisieme representation, & obtint le lendemain un ordre du Roi, pour faire entrer Baron dans sa Troupe. *Voyez* Grimarest, pages 95 & 101.

(1) Baron étoit fils d'un Comédien & d'une Comédienne de l'Hôtel de Bourgogne. Son pere étoit mort au mois d'Octobre 1655, & sa mere, au mois de Septembre 1662. *Voyez* Muse historique de Loret, lettre 40 de l'année 1655, & lettre 35 de l'année 1662.

(2) On disoit que Moliere, qui avoit été amoureux de la Béjart, avoit épousé sa propre fille, mais elle étoit née en Languedoc, avant qu'il eût fait connoissance avec la mere, d'ailleurs, Grimarest assure qu'elle étoit fille d'un Gentilhomme d'Avignon, nommé Modéne. *Voyez* page 21.

les rassembloit à Auteuil, dès que ses occupations lui permettoient de quitter Paris, ou ne l'apelloient pas à la Cour. Estimé des hommes les plus illustres de son siecle, il n'étoit pas moins chéri & caressé des Grands. Le Maréchal Duc de Vivonne vivoit avec lui dans cette familiarité, qui égale le mérite à la naissance. Le grand Condé exigeoit de Moliere de fréquentes visites, & avouoit que sa conversation lui aprenoit toujours quelque chose de nouveau.

Des distinctions si flatteuses n'avoient gâté ni son esprit ni son cœur. Baron lui annonça un jour à Auteuil un homme que l'extrême misere empêchoit de paroître; *il se nomme Mondorge*, (1) ajouta-t-il. *Je le connois*, dit Moliere, *il a été mon camarade en Languedoc, c'est un honnête-homme; que jugez-vous qu'il faille lui donner? Quatre pistoles*, dit Baron, après avoir hésité quelque tems. *Hé bien*, reprit Moliere, *Je vais les lui donner pour moi, donnez-lui ces vingt autres que voilà*. Mondorge parut, Moliere l'embrassa, le consola, & joignit au present qu'il lui faisoit, un magnifique habit de Théatre, pour jouer dans les rôles tragiques. C'est par des exemples pareils, plus sensibles que de simples discours, qu'il s'apliquoit à former les mœurs de celui qu'il regardoit comme son fils.

On n'a point inféré dans ses Mémoires les traditions populaires, toujours incertaines, & souvent fausses, ni les faits étrangers ou peu intéressans, que l'Auteur de la vie de Moliere a rassemblés. Celui dont Charpentier, fameux Compositeur de Musique a été témoin, & qu'il a raconté à des personnes dignes de foi, est peu connu, & mérite d'être raporté. Moliere revenoit d'Auteuil avec ce Musicien. Il donna l'aumône à un pauvre, qui, un instant après, fit arrêter le carrosse, & lui dit: *Mon-*

---

(1) Son nom de famille étoit Mignot.

sieur, vous n'avez pas eu dessein de me donner une piece d'or. Où la vertu va-t-elle se nicher! s'écria Moliere, après un moment de réflexion, *Tien, mon ami, en voilà une autre.*

On ne peut miéux finir ces Mémoires, que par ces vers de Despréaux (1).

Avant qu'un peu de terre, obtenu par priere,
Pour jamais sous la tombe eût enfermé Moliere,
Mille de ces beaux traits, aujourd'hui si vantés,
Furent des sots esprits, à nos yeux rebutés.
L'ignorance & l'erreur, à ses naissantes pieces,
En habits de Marquis, en robes de Comtesses,
Venoient pour diffamer son chef-d'œuvre nouveau,
Et secouoient la tête à l'endroit le plus beau.
Le Commandeur vouloit la scene plus exacte,
Le Vicomte indigné sortoit au second Acte.
L'un, défenseur zélé des bigots mis en jeu,
Pour prix de ses bons mots, le condamnoit au feu.
L'autre, fougueux Marquis, lui déclarant la guerre,
Vouloit venger la Cour immolée au parterre.
Mais si-tôt que d'un trait de ses fatales mains,
La Parque l'eût rayé du nombre des humains,
On reconnut le prix de sa muse éclipsée,
L'aimable Comédie, avec lui terrassée,
En vain d'un coup si rude, espéra revenir,
Et, sur ses brodequins, ne peut plus se tenir.

(1) *Epître VII, d M. Racine.*

FIN.

TABLE GÉNÉRALE.

TOME PREMIER.

Avertissement.

Mémoires sur la vie & les Ouvrages de Moliere, par M. DE LA SERRE.

L'ÉTOURDI, ou LES CONTRE-TEMS, Comédie en cinq Actes en vers, représentée à Paris, sur le Théatre du petit Bourbon, le 3 Décembre 1658.

LE DÉPIT AMOUREUX, Comédie en cinq Actes en vers, représentée à Paris sur le Théatre du petit Bourbon, au mois de Décembre 1658.

LES PRÉCIEUSES RIDICULES, Comédie en un Acte en Profe, représentée à Paris, sur le Théatre du petit Bourbon, le 18 Novembre 1659.

TOME SECOND.

SGANARELLE, ou LE COCU IMAGINAIRE, Comédie en trois Actes en vers, représentée à Paris, sur le Théatre du petit Bourbon, le 28 Mars 1660.

DOM GARCIE DE NAVARRE, ou LE PRINCE JALOUX, Comédie héroïque en cinq Actes, en vers, représentée à Paris, fur le Théatre du Palais Royal, le 4 Février 1661.

L'ÉCOLE DES MARIS, Comédie en trois Actes en vers représentée à Paris fur le Théatre du Palais Royal, le 24 Juin 1661.

LES FACHEUX, Comédie-Ballet en trois Actes en vers, représentée à Vaux au mois d'Août 1661, & à Paris, fur le Théatre du Palais Royal, le 4 Novembre de la même année.

L'ÉCOLE DES FEMMES, Comédie en cinq Actes en vers, représentée à Paris, fur le Théatre du Palais Royal, le 26 Décembre 1662.

TOME TROISIEME.

LA CRITIQUE DE L'ÉCOLE DES FEMMES, Comédie en un Acte en Profe, représentée à Paris, fur le Théatre du Palais Royal, le premier Juin 1663.

L'IMPROMPTU DE VERSAILLES, Comédie en un Acte en Profe, représentée à Versailles le 14 Octobre 1663, & à Paris, fur le Théatre du Palais Royal, le 4 Novembre de la même année.

LA PRINCESSE D'ÉLIDE, Comédie-Ballet, (le premier Acte & la première Scène du second, en Vers, le reste en Profe, représentée à Versailles le 8 Mai 1664, & à Paris, fur le Théatre du Palais Royal, le 9 Novembre de la même année.

FESTES DE VERSAILLES, en 1664.

TABLE GÉNÉRALE.

LE MARIAGE FORCÉ, Comédie-Ballet en un Acte en Prose, représentée au Louvre le 29 Janvier 1664, & à Paris, sur le Théatre du Palais Royal, avec quelques changemens, le 15 Novembre de la même année.

LE MARIAGE FORCÉ, Ballet du Roi.

DOM JUAN, ou LE FESTIN DE PIERRE, Comédie en cinq Actes en Prose, représentée, à Paris, sur le Théatre du Palais Royal, le 15 Février 1665.

L'AMOUR MÉDECIN Comédie en trois Actes en Prose, avec un Prologue, représentée à Versailles le 15 Septembre 1665, & à Paris, sur le Théatre du Palais Royal, le 22 du même mois.

TOME QUATRIEME.

LE MISANTROPE, Comédie en cinq Actes en Vers, représentée à Paris, sur le Théatre du Palais Royal, le 4 Juin 1666.

LE MÉDECIN MALGRÉ LUI, Comédie en trois Actes en Prose, représentée à Paris, sur le Théatre du Palais Royal, le 6 Août 1666.

LE SICILIEN, ou L'AMOUR PEINTRE, Comédie-Ballet en un Acte en Prose, représentée dans le *Ballet des Muses*, à Saint Germain en Laye, au mois de Janvier 1667, & à Paris, sur le Théatre du Palais Royal, le 10 Juin de la même année.

TARTUFE, ou L'IMPOSTEUR, Comédie en cinq Actes en Vers, représentée à Paris, sur le

Théatre du Palais Royal, le 5 Août 1667, & depuis, sans interruption, le 5 Février 1669.

TOME CINQUIEME.

AMPHITRION, Comédie en trois Actes en Vers, avec un Prologue, représentée à Paris, sur le Théatre du Palais Royal, le 13 Juin 1668.

L'AVARE, Comédie en cinq Actes en Prose, représentée sur le Théatre du Palais Royal, le 9 Septembre 1668.

GEORGE DANDIN, ou LE MARI CONFONDU, Comédie en trois Actes en Prose, représentée avec des Intermédes à Versailles le 15 Juillet 1668, & à Paris, sans Intermédes, sur le Théatre du Palais Royal, le 9 Novembre de la même année.

FESTE DE VERSAILLES en 1668.

TOME SIXIEME.

MONSIEUR DE POURCEAUGNAC, Comédie-Ballet en trois Actes en Prose, représentée à Chambord, au mois d'Octobre 1669, & à Paris, sur le Théatre du Palais Royal, le 15 Novembre de la même année.

LES AMANS MAGNIFIQUES, Comédie-Ballet en cinq Actes en Prose, représentée à Saint Germain en Laye, au mois de Février 1670, sous le titre de *Divertissement Royal*.

LE BOURGEOIS GENTILHOMME, Comédie-Ballet en cinq Actes en Prose, représentée à Chambord, au mois d'Octobre 1670, & à Paris, sur le Théatre du Palais Royal, le 29 Novembre de la même année.

TOME SEPTIEME.

MÉLICERTE, Pastorale héroïque en Vers, representée à Saint Germain en Laye, au mois de Décembre 1666, dans le *Ballet des Muses*.

FRAGMENT D'UNE PASTORALE Comique, représentée à Saint Germain en Laye, au mois de Décembre 1666, dans le *Ballet des Muses*, à la suite de Mélicerte.

LES FOURBERIES DE SCAPIN, Comédie en trois Actes en Prose, représentée à Paris, sur le Théatre du Palais Royal, le 24 Mai 1671.

PSICHÉ, Tragédie-Ballet en cinq Actes en Vers, représentée à Paris au Palais des Tuileries pendant le Carnaval de 1670, & sur le Théatre du Palais Royal, le 24 Juillet 1671.

LES FEMMES SÇAVANTES, Comédie en cinq Actes en Vers, représentée à Paris sur le Théatre du Palais Royal, le 11 Mars 1672.

TOME HUITIEME.

LA COMTESSE D'ESCARBAGNAS, Comédie-Ballet en plusieurs Actes en Prose, représentée à Saint Germain en Laye, au mois de Février 1672, & à Paris, en un Acte, sans Intermedes, sur le Théatre du Palais Royal, le 8 Juillet de la même année.

PASTORALE Comique.

LE MALADE IMAGINAIRE, Comédie-Ballet en trois Actes en Profe, avec un Prologue, repreſentée à Paris, ſur le Théatre du Palais Royal, le 10 Février 1673.

REMERCIEMENT AU ROI.

LA GLOIRE DU VAL-DE-GRACE.

L'OMBRE DE MOLIERE, Comédie.

EXTRAITS DE DIVERS AUTEURS.

RECUEIL DE DIVERSES PIECES.

Fin de la Table Générale.

L'ÉTOURDI,

ou

LES CONTRE-TEMS,

COMÉDIE.

ACTEURS.

PANDOLFE, Pere de Lélie.
ANSELME, Pere d'Hippolyte.
TRUFALDIN, Vieillard.
CÉLIE, Esclave de Trufaldin.
HIPPOLYTE, Fille d'Anselme.
LÉLIE, Fils de Pandolfe.
LEANDRE, Fils de famille.
ANDRÉS, cru Egyptien.
MASCARILLE, Valet de Lélie.
ERGASTE, Ami de Mascarille.
UN COURIER.
DEUX TROUPES DE MASQUES.

La Scene est à Messine dans une Place publique.

L'ÉTOURDI,
OU
LES CONTRE-TEMS,
COMÉDIE.

ACTE PREMIER.

SCENE PREMIERE.

LELIE.

HÉ bien, Léandre, hé bien, il faudra contester,
Nous verrons de nous deux qui pourra l'emporter ;
Qui, dans nos soins communs pour ce jeune miracle,
Aux vœux de son rival portera plus d'obstacle ;
Préparez vos efforts, & vous défendez bien,
Sûr que de mon côté, je n'épargnerai rien.

SCENE II.

LELIE, MASCARILLE.

LELIE.

AH ! Mafcarille.
MASCARILLE.
Quoi ?
LELIE.
Voici bien des affaires ;
J'ai dans ma paffion toutes chofes contraires ;
Léandre aime Célie, & par un trait fatal,
Malgré mon changement, eft encor mon rival.
MASCARILLE.
Léandre aime Cléie !
LELIE.
Il l'adore, te dis-je.
MASCARILLE.
Tant pis.
LELIE.
Hé, oui, tant pis, c'eft-là ce qui m'afflige !
Toutefois j'aurois tort de me défefpérer ;
Puifque j'ai ton fecours, je dois me raffurer.
Je fçais que ton efprit, en intrigues fertile,
N'a jamais rien trouvé qui lui fût difficile,
Qu'on te peut appeller le roi des ferviteurs,
Et qu'en toute la terre,...
MASCARILLE.
Hé ! treve de douceurs.
Quand nous faifons befoin, nous autres miférables,
Nous fommes les chéris & les incomparables,
Et dans un autre tems, dès le moindre courroux,
Nous fommes les coquins qu'il faut rouer de coups.
LELIE.
Ma foi, tu me fais tort avec cette invective ;

COMÉDIE.

Mais enfin, discourons de l'aimable captive,
Dis si les plus cruels & plus durs sentimens
Ont rien d'impénétrable à des traits si charmans :
Pour moi, dans ses discours, comme dans son visage,
Je vois pour sa naissance un noble témoignage,
Et je crois que le ciel, dedans un rang si bas,
Cache son origine, & ne l'en tire pas.

MASCARILLE.

Vous êtes romanesque avecque vos chimeres.
Mais que fera Pandolfe en toutes ces affaires ?
C'est Monsieur votre pere, au moins à ce qu'il dit ;
Vous sçavez que sa bille assez souvent s'aigrit,
Qu'il peste contre vous d'une belle maniere,
Quand vos déportemens lui blessent la visiere ;
Il est avec Anselme en parole pour vous,
Que de son Hippolyte on vous fera l'époux,
S'imaginant que c'est dans le seul mariage,
Qu'il pourra rencontrer de quoi vous faire sage ;
Et s'il vient à sçavoir que, rebutant son choix,
D'un objet inconnu vous recevez les loix,
Que de ce fol amour la fatale puissance
Vous soustrait au devoir de votre obéissance,
Dieu sçait quelle tempête alors éclatera,
Et de quels beaux sermons on vous régalera.

LELIE.

Ah ! treve, je vous prie, à votre rhétorique.

MASCARILLE.

Mais vous, treve plutôt à votre politique,
Elle n'est pas fort bonne, vous devriez tâcher....

LELIE.

Sçais-tu qu'on n'acquiert rien de bon à me fâcher,
Que chez moi les avis ont de tristes salaires,
Qu'un valet conseiller y fait mal ses affaires ?

MACARILLE.

(à part)   (haut.)
Il se met en courroux. Tout ce que j'en ai dit
N'étoit rien que pour rire, & vous sonder l'esprit.

D'un censeur de plaisirs ai-je fort l'encolûre,
Et Mascarille est-il ennemi de nature ?
Vous sçavez le contraire, & qu'il est très-certain,
Qu'on ne peut me taxer que d'être trop humain.
Moquez-vous des sermons d'un vieux barbon de pere ;
Poussez votre bidet, vous dis-je, & laissez faire.
Ma foi, j'en suis d'avis, que ces Penards chagrins
Nous viennent étourdir de leurs contes badins,
Et vertueux par force, esperent par envie
Oter aux jeunes gens les plaisirs de la vie.
Vous sçavez mon talent, je m'offre à vous servir.

LELIE.

Ah ! C'est par ces discours que tu peux me ravir.
Au reste, mon amour, quand je l'ai fait paroître,
N'a point été mal vu des yeux qui l'ont fait naître ;
Mais Léandre, à l'instant, vient de me déclarer
Qu'à me ravir Célie il se va préparer :
C'est pourquoi dépêchons, & cherche dans ta tête
Les moyens les plus prompts d'en faire ma conquête.
Trouve ruses, détours, fourbes, inventions,
Pour frustrer mon rival de ses prétentions.

MASCARILLE.

Laissez-moi quelque tems rêver à cette affaire.
(*à part.*)
Que pourrois-je inventer pour ce coup nécessaire ?

LELIE.

Hé bien, le stratagême ?

MASCARILLE.

Ah ! Comme vous courez !
Ma cervelle toujours marche à pas mesurés.
J'ai trouvé votre fait : il faut... Non, je m'abuse.
Mais si vous alliez...

LELIE.

Où ?

MASCARILLE.

C'est une foible ruse,
J'en songeois une...

COMÉDIE.

LELIE.
Et quelle ?
MASCARILLE.
Elle n'iroit pas bien.
Mais ne pourriez-vous pas ?...
LELIE.
Quoi ?
MASCARILLE.
Vous ne pourriez rien.
Parlez avec Anselme.
LELIE.
Et que lui puis-je dire ?
MASCARILLE.
Il est vrai, c'est tomber d'un mal dedans un pire.
Il faut pourtant l'avoir. Allez chez Trufaldin.
LELIE.
Que faire ?
MASCARILLE.
Je ne sçai.
LELIE.
C'en est trop à la fin,
Et tu me mets à bout par ces contes frivoles.
MASCARILLE.
Monsieur, si vous aviez en main force pistoles,
Nous n'aurions pas besoin maintenant de rêver
A chercher les biais que nous devons trouver,
Et pourrions, par un prompt achat de cette esclave,
Empêcher qu'un rival vous prévienne & vous brave.
De ces Egyptiens qui la mirent ici,
Trufaldin qui la garde, est en quelque souci,
Et trouvant son argent qu'ils lui font trop attendre,
Je sçai bien qu'il seroit très-ravi de la vendre :
Car en vrai ladre il a toujours vécu,
Il se feroit fesser pour moins d'un quart d'écu,
Et l'argent est le dieu que sur-tout il révere,
Mais le mal, c'est...
LELIE.
Quoi, c'est ?

E 3

MASCARILLE.

Que Monsieur votre pere
Est un autre vilain, qui ne vous laisse pas,
Comme vous voudriez, manier ses ducats ;
Qu'il n'est point de ressort, qui, pour votre ressource,
Pût faire maintenant ouvrir la moindre bourse ;
Mais tâchons de parler à Célie un moment,
Pour sçavoir là-dessus quel est son sentiment ;
Sa fenêtre est ici.

LELIE.

Mais Trufaldin pour elle,
Fait de jour & de nuit exacte sentinelle ;
Prends garde.

MASCARILLE.

Dans ce coin demeurez en repos.
O bonheur ! La voilà qui sort tout à propos.

SCENE III.

CÉLIE, LELIE, MASCARILLE.

LELIE.

AH ! Que le ciel m'oblige, en offrant à ma vue
Les célestes attraits dont vous êtes pourvue !
Et, quelque mal cuisant que m'aient causé vos yeux,
Que je prends de plaisir à les voir en ces lieux !

CÉLIE.

Mon cœur, qu'avec raison votre discours étonne,
N'entend pas que mes yeux fassent mal à personne,
Et, si dans quelque chose ils vous ont outragé,
Je puis vous assurer que c'est sans mon congé.

LELIE.

Ah, leurs coups sont trop beaux pour me faire une
   injure !
Je mets toute ma gloire à chérir leur blessure,
Et....

COMÉDIE.

MASCARILLE.
Vous le prenez-là d'un ton un peu trop haut;
Ce style maintenant n'est pas ce qu'il nous faut.
Profitons mieux du tems, & sçachons vîte d'elle
Ce que....

TRUFALDIN *dans sa maison.*
Célie !

MASCARILLE *à Lélie.*
Hé bien ?

LELIE.
O rencontre cruelle !
Ce malheureux vieillard devroit-il nous troubler !

MASCARILLE.
Allez, retirez-vous, je sçaurai lui parler.

SCENE IV.
TRUFALDIN, CÉLIE, LELIE,
retiré dans un coin, **MASCARILLE.**

TRUFALDIN *à Célie.*

Que faites-vous dehors ? Et quel soin vous talonne,
Vous à qui je défends de parler à personne ?

CELIE.
Autrefois j'ai connu cet honnête garçon,
Et vous n'avez pas lieu d'en prendre aucun soupçon.

MASCARILLE.
Est-ce là le Seigneur Trufaldin ?

CELIE.
Oui, lui-même.

MASCARILLE.
Monsieur, je suis tout vôtre, & ma joie est extrême
De pouvoir saluer en toute humilité
Un homme dont le nom est par-tout si vanté.

TRUFALDIN.
Très-humble serviteur.
MASCARILLE.
J'incommode peut-être ;
Mais je l'ai vue ailleurs, où m'ayant fait connoître
Les grands talens qu'elle a pour sçavoir l'avenir,
Je voulois sur ce point un peu l'entretenir.
TRUFALDIN.
Quoi, te mêlerois-tu d'un peu de diablerie ?
CELIE.
Non, tout ce que je sçai n'est que blanche magie.
MASCARILLE.
Voici donc ce que c'est. Le maître que je sers
Languit pour un objet qui le tient dans ses fers ;
Il auroit bien voulu, du feu qui le dévore,
Pouvoir entretenir la beauté qu'il adore ;
Mais un dragon veillant sur ce rare trésor,
N'a pu, quoiqu'il ait fait, le lui permettre encor ;
Et, ce qui plus le gêne & le rend misérable,
Il vient de découvrir un rival redoutable ;
Si bien que, pour sçavoir si ses soins amoureux
Ont sujet d'espérer quelque succès heureux,
Je viens vous consulter, sûr que de votre bouche
Je puis apprendre au vrai le secret qui nous touche.
CELIE.
Sous quel astre ton maître a-t-il reçu le jour ?
MASCARILLE.
Sous un astre à jamais ne changer son amour.
CELIE.
Sans me nommer l'objet pour qui son cœur soupire,
La science que j'ai m'en peut assez instruire.
Cette fille a du cœur, & dans l'adversité
Elle sçait conserver une noble fierté ;
Elle n'est pas d'humeur à trop faire connoître
Les secrets sentimens qu'en son cœur ont fait naître ;
Mais je les sçais comme elle, & d'un esprit plus doux,
Je vais en peu de mots te les découvrir tous.
MASCARILLE.
O merveilleux pouvoir de la vertu magique !

COMÉDIE.

CELIE.
Si ton maître en ce point de constance se pique,
Et que la vertu seule anime son dessein,
Qu'il n'appréhende plus de soupirer en vain;
Il a lieu d'espérer, & le fort qu'il veut prendre
N'est pas sourd aux traités, & voudra bien se rendre.

MASCARILLE.
C'est beaucoup; mais ce fort dépend d'un Gouverneur
Difficile à gagner.

CELIE.
         C'est-là tout le malheur.

MASCARILLE *à part regardant Lélie.*
Au diable le fâcheux qui toujours nous éclaire.

CELIE.
Je vais vous enseigner ce que vous devez faire.

LELIE *les joignant.*
Cessez, ô Trufaldin de vous inquiéter,
C'est par mon ordre seul qu'il vient vous visiter,
Et je vous l'envoyois, ce serviteur fidéle,
Vous offrir mon service & vous parler pour elle,
Dont je vous veux dans peu payer la liberté;
Pourvu qu'entre nous deux le prix soit arrêté.

MASCARILLE *à part.*
La peste soit la bête!

TRUFALDIN.
         Ho, ho! Qui des deux croire?
Ce discours au premier est fort contradictoire.

MASCARILLE.
Monsieur, ce galant homme a le cerveau blessé;
Ne le sçavez-vous pas?

TRUFALDIN.
         Ie sçai ce que je sçai.
J'ai crainte ici dessous de quelque manigance.
      (*à Célie.*)
Rentrez, & ne prenez jamais cette licence.
Et vous, filous fieffés, où je me trompe fort,
Mettez pour me jouer vos flûtes mieux d'accord.

SCENE V.
LELIE, MASCARILLE.
MASCARILLE.

C'Est bien fait, je voudrois qu'encor sans flatterie,
Il nous eût d'un bâton chargés de compagnie.
A quoi bon se montrer, & comme un étourdi,
Me venir démentir de tout ce que je di ?
LELIE.
Je pensois faire bien.
MASCARILLE.
Oui, c'étoit fort l'entendre.
Mais quoi ! Cette action ne doit point me surprendre,
Vous êtes si fertile en pareils contre-tems,
Que vos écarts d'esprit n'étonnent plus les gens.
LELIE.
Ah ! Mon Dieu, pour un rien, me voilà bien coupable !
Le mal est-il si grand, qu'il soit irréparable ?
Enfin, si tu ne mets Célie entre mes mains,
Songe au moins de Léandre à rompre les desseins ;
Qu'il ne puisse acheter avant moi cette belle.
De peur que ma presence encor soit criminelle,
Je te laisse.
MASCARILLE seul.
Fort bien. A dire vrai, l'argent
Seroit dans notre affaire un sûr & fort agent ;
Mais ce ressort manquant, il faut user d'un autre.

COMEDIE. 107

SCENE VI.
ANSELME, MASCARILLE.
ANSELME.

Par mon chef, c'eſt un ſiecle étrange que le nôtre,
J'en ſuis confus. Jamais tant d'amour pour le bien ;
Et jamais tant de peine à retirer le ſien.
Les dettes aujourd'hui, quelque ſoin qu'on emploie,
Sont comme les enfans que l'on conçoit en joie,
Et dont avecque peine on fait l'accouchement ;
L'argent dans notre bourſe entre agréablement ;
Mais le terme venu que nous devons le rendre,
C'eſt lors que les douleurs commencent à nous
   prendre.
Baſte ; ce n'eſt pas peu que deux mille francs dus,
Depuis deux ans entiers, me ſoient enfin rendus ;
Encore eſt-ce un bonheur.

MASCARILLE à part les quatre premiers vers.
                              O Dieu ! la belle proie
A tirer en volant ! Chut, il faut que je voie
Si je pourrois un peu de près le careſſer.
Je ſcais bien les diſcours dont il le faut bercer.
Je viens de voir, Anſelme. . . .

ANSELME.
         Et qui ?
MASCARILLE.
                    Votre Nérine.
ANSELME.
Que dit-elle de moi, cette gente aſſaſſine ?
MASCARILLE.
Pour vous elle eſt de flamme.
ANSELME.
               Elle ?

E 6

MASCARILLE.
                 Et vous aime tant,
Que c'est grande pitié.
ANSELME.
                Que tu me rends content !
MASCARILLE.
Peu s'en faut que d'amour la pauvreté ne meure ;
Anselme mon mignon, crie-t-elle à toute heure,
Quand est-ce que l'hymen unira nos deux cœurs,
Et que tu daigneras éteindre mes ardeurs ?
ANSELME.
Mais pourquoi jusqu'ici me les avoir celées.
Les filles, par ma foi, sont bien dissimulées !
Mascarille, en effet, qu'en dis-tu ? Quoique vieux,
J'ai de la mine encore assez pour plaire aux yeux.
MASCARILLE.
Oui, vraiment, ce visage est encor fort mettable,
S'il n'est pas des plus beaux, il est des agrables.
ANSELME.
Si bien donc....
MASCARILLE *veut prendre la bourse.*
              Si bien donc qu'elle est sotte de vous,
Ne vous regarde plus....
ANSELME.
    Quoi ?
MASCARILLE.
               Que comme un époux,
Et vous veut....
ANSELME.
     Et me veut....
MASCARILLE.
              Et vous veut, quoiqu'il tienne,
Prendre la bourse.
ANSELME.
     Là ?
MASCARILLE *prend la bourse & la laisse tomber.*
              La bouche avec la sienne.

COMEDIE. 109
ANSELME.
Ah, je t'entends. Vien-çà, lorsque tu la verras,
Vante-lui mon mérite autant que tu pourras.
MASCARILLE.
Laissez-moi faire.
ANSELME.
Adieu....
MASCARILLE.
Que le ciel vous conduise.
ANSELME *revenant*.
Ah, vraiment, je faisois une étrange sottise,
Et tu pouvois pour toi m'accuser de froideur.
Je t'engage à servir mon amoureuse ardeur,
Je reçois par ta bouche une bonne nouvelle,
Sans du moindre présent récompenser ton zele ;
Tien, tu te souviendras....
MASCARILLE.
Ah, non pas, s'il vous plaît.
ANSELME.
Laisse-moi....
MASCARILLE.
Point du tout. J'agis sans intérêt.
ANSELME.
Je le sçai, mais pourtant....
MASCARILLE.
Non, Anselme, vous dis-je ;
Je suis homme d'honneur, cela me désoblige.
ANSELME.
Adieu donc, Mascarille.
MASCARILLE *à part*.
O longs discours !
ANSELME *revenant*.
Je veux
Régaler par tes mains cet objet de mes vœux,
Et je vais te donner de quoi faire pour elle.
L'achat de quelque bague, ou telle bagatelle
Que tu trouveras bon.

MASCARILLE.

Non, laissez votre argent,
Sans vous mettre en souci, je ferai le présent ;
Et l'on m'a mis en main une bague à la mode,
Qu'après vous payerez, si cela l'accommode.

ANSELME.

Soit, donne-la pour moi ; mais sur-tout, fais si bien,
Qu'elle garde toujours l'ardeur de me voir sien.

SCENE VII.

LELIE, ANSELME, MASCARILLE.

LELIE ramassant la bourse.

Ah. Qui la bourse ?

ANSELME.

Ah, dieux ! Elle m'étoit tombée,
Et j'aurois après cru qu'on me l'eût dérobée.
Je vous suis bien tenu de ce soin obligeant,
Qui m'épargne un grand trouble, & me rend mon argent ;
Je vais m'en décharger au logis tout-à-l'heure.

SCENE VIII.

LELIE, MASCARILLE.

MASCARILLE.

C'Est être officieux, & très-fort, ou je meure.

LELIE.

Ma foi, sans moi, l'argent étoit perdu pour lui.

MASCARILLE.

Certes, vous faites rage, & payez aujourd'hui

COMEDIE.

D'un jugement très-rare & d'un bonheur extrême.
Nous avancerons fort, continuez de même.
LELIE.
Qu'est-ce donc? Qu'ai-je fait?
MASCARILLE.
Le sot en bon François,
Puisque je puis le dire, & qu'enfin je le dois.
Il sçait bien l'impuissance où son pere le laisse,
Qu'un rival, qu'il doit craindre, étrangement nous presse ;
Cependant, quand je tente un coup pour l'obliger,
Dont je cours moi tout seul la honte & le danger....
LELIE.
Quoi? C'étoit.......
MASCARILLE.
Oui, bourreau, c'étoit pour la captive
Que j'attrapois l'argent dont votre soin nous prive.
LELIE.
S'il est ainsi, j'ai tort ; mais qui l'eût deviné?
MASCARILLE.
Il falloit, en effet, être bien rafiné.
LELIE.
Tu me devois par signe avertir de l'affaire.
MASCARILLE.
Oui, je devois au dos avoir mon luminaire.
Au nom de Jupiter, laissez-nous en repos,
Et ne nous chantez plus d'impertinens propos.
Un autre après cela quitteroit tout, peut-être ;
Mais j'avois médité tantôt un coup de maître,
Dont tout presentement je veux voir les effets ;
A la charge que si.....
LELIE.
Non, je te le promets,
De ne me mêler plus de rien dire ou rien faire.
MASCARILLE.
Allez donc ; votre vue excite ma colere.
LELIE.
Mais sur-tout hâte-toi, de peur qu'en ce dessein....

L'ÉTOURDI,
MASCARILLE.
Allez, encore un coup, j'y vais mettre la main.
(*Lelie sort.*)
Menons bien ce projet ; la fourbe sera fine,
S'il faut qu'elle succede ainsi que j'imagine.
Allons voir..... Bon, voici mon homme justement.

SCENE IX.

PANDOLFE, MASCARILLE.

PANDOLFE.

Mascarille.

MASCARILLE.

Monsieur.

PANDOLFE.

A parler franchement,
Je suis mal satisfait de mon fils.

MASCARILLE.

De mon maître ?
Vous n'êtes pas le seul qui se plaigne de l'être ;
Sa mauvaise conduite, insupportable en tout,
Met à chaque moment ma patience à bout.

PANDOLFE.

Je vous croyois pourtant assez d'intelligence
Ensemble.

MASCARILLE.

Moi ? Monsieur, perdez cette croyance :
Toujours de son devoir je tâche à l'avertir,
Et l'on nous voit sans cesse avoir maille à partir.
A l'heure même encor nous avons eu querelle
Sur l'hymen d'Hippolyte, où je le vois rebelle ;
Où, par l'indignité d'un refus criminel,
Je le vois offenser le respect paternel.

PANDOLFE.

Querelle ?

COMÉDIE. 113
MASCARILLE.
   Oui, querelle, & bien avant poussée.
PANDOLFE.
Je me trompois donc bien ; car j'avois la pensée
Qu'à tout ce qu'il faisoit tu donnois de l'appui.
MASCARILLE.
Moi ? Voyez ce que c'est que du monde aujourd'hui,
Et comme l'innocence est toujours opprimée.
Si mon intégrité vous étoit confirmée,
Je suis auprès de lui gagé pour serviteur,
Vous me voudriez encor payer pour précepteur :
Oui, vous ne pourriez pas lui dire davantage
Que ce que je lui dis, pour le faire être sage.
Monsieur, au nom de Dieu, lui fais-je assez souvent,
Cessez de vous laisser conduire au premier vent ;
Réglez-vous ; regardez l'honnête homme de pere
Que vous avez du ciel ; comme on le considere ;
Cessez de lui vouloir donner la mort au cœur,
Et comme lui, vivez en personne d'honneur.
PANDOLFE.
C'est parler comme il faut. Et que peut-il répondre ?
MASCARILLE.
Répondre ? Des chansons dont il me vient confondre.
Ce n'est pas qu'en effet, dans le fond de son cœur,
Il ne tienne de vous des semences d'honneur ;
Mais sa raison n'est pas maintenant sa maîtresse.
Si je pouvois parler avecque hardiesse,
Vous le verriez dans peu soumis sans nul effort.
PANDOLFE.
Parle.
MASCARILLE.
   C'est un secret qui m'importeroit fort,
S'il étoit découvert : mais à votre prudence
Je puis le confier avec toute assurance.
PANDOLFE.
Tu dis bien.
MASCARILLE.
   Sçachez donc que vos vœux sont trahis

Par l'amour qu'une esclave imprime à votre fils.
PANDOLFE.
On m'en avoit parlé ; mais l'action me touche,
De voir que je l'apprenne encore par ta bouche,
MASCARILLE.
Vous voyez si je suis le secret confident....
PANDOLFE.
Vraiment, je suis ravi de cela.
MASCARILLE.
      Cependant
A son devoir, sans bruit, desirez-vous le rendre ?
Il faut....J'ai toujours peur qu'on nous vienne
 surprendre ;
Ce seroit fait de moi, s'il sçavoit ce discours.
Il faut, dis-je, pour rompre à toute chose cours,
Acheter sourdement l'esclave idolâtrée,
Et la faire passer en un autre contrée.
Anselme a grand accès auprès de Trufaldin ;
Qu'il aille l'acheter pour vous dès ce matin ;
Après, si vous voulez en mes mains la remettre,
Je connois des marchands, & puis bien vous promettre
D'en retirer le prix qu'elle pourra coûter,
Et, malgré votre fils, de la faire écarter ;
Car enfin, si l'on veut qu'à l'hymen il se range,
A cet amour naissant, il faut donner le change ;
Et de plus, quand bien même il seroit résolu
Qu'il auroit pris le joug que vous avez voulu,
Cet autre objet pouvant réveiller son caprice,
Au mariage encor peut porter préjudice.
PANDOLFE.
C'est très-bien raisonner ; ce conseil me plaît fort.
Je vois Anselme ; va, je m'en vais faire effort
Pour avoir promptement cette esclave funeste,
Et la mettre en tes mains pour achever le reste.
MASCARILLE *seul*.
Bon ; allons avertir mon maître de ceci.
Vive la fourberie, & les fourbes aussi.

COMÉDIE.

SCENE X.
HIPPOLYTE, MASCARILLE.
HIPPOLYTE.

Oui traître, c'est ainsi que tu me rends service !
Je viens de tout entendre, & voir ton artifice ;
A moins que de cela, l'eussai-je soupçonné ?
Tu paies d'imposture, & tu m'en as donné.
Tu m'avois promis, lâche, & j'avois lieu d'attendre
Qu'on te verroit servir mes ardeurs pour Léandre,
Que du choix de Lélie, où l'on veut m'obliger,
Ton adresse & tes soins sçauroient me dégager ;
Que tu m'affranchirois du projet de mon pere ;
Et cependant ici tu fais tout le contraire ;
Mais tu t'abuseras ; je sçais un sûr moyen
Pour rompre cet achat où tu pousse si bien,
Et je vais de ce pas,...
MASCARILLE.
     Ah, que vous êtes prompte !
La mouche tout d'un coup à la tête vous monte,
Et, sans considérer s'il a raison ou non,
Votre esprit, contre moi, fait le petit démon.
J'ai tort, & je devrois, sans finir mon ouvrage,
Vous faire dire vrai, puisqu'ainsi l'on m'outrage.
HIPPOLYTE.
Par quelle illusion penses-tu m'éblouir ?
Traître, peux-tu nier ce que je viens d'ouir ?
MASCARILLE.
Non. Mais il faut sçavoir que tout cet artifice
Ne va directement qu'à vous rendre service ;
Que ce conseil adroit, qui semble être sans fard,
Jette dans le panneau l'un & l'autre vieillard ;
Que mon soin par leurs mains ne veut avoir Célie,
Qu'à dessein de la mettre au pouvoir de Lélie,

Et faire que l'effet de cette invention,
Dans le dernier excès portant sa passion,
Anselme rebuté de son prétendu gendre,
Puisse tourner son choix du côté de Léandre.

HIPPOLYTE.

Quoi, tout ce grand projet, qui m'a mise en courroux,
Tu l'as formé pour moi, Mascarille ?

MASCARILLE.

Oui, pour vous.
Mais puisqu'on reconnoît si mal mes bons offices,
Qu'il me faut de la sorte essuyer vos caprices,
Et que, pour récompense, on s'en vient de hauteur
Me traiter de faquin, de lâche, d'imposteur,
Je m'en vais réparer l'erreur que j'ai commise,
Et, dès ce même pas, rompre mon entreprise.

HIPPOLYTE *l'arrêtant*.

Hé, ne me traite pas si rigoureusement,
Et pardonne aux transports d'un premier mouvement !

MASCARILLE.

Non, non, laissez-moi faire ; il est en ma puissance
De détourner le coup qui si fort vous offense.
Vous ne vous plaindrez point de mes soins désormais ;
Oui, vous aurez mon maître, & je vous le promets.

HIPPOLYTE.

Hé, mon pauvre garçon, que ta colere cesse.
J'ai mal jugé de toi, j'ai tort, je le confesse.
(tirant sa bourse.)
Mais je veux réparer ma faute par ceci.
Pourrois-tu te résoudre à me quitter ainsi ?

MASCARILLE.

Non, je ne le sçaurois, quelque effort que je fasse:
Mais votre promptitude est de mauvaise grace.
Apprenez qu'il n'est rien qui blesse un noble cœur,
Comme quand il peut voir qu'on le touche en honneur.

COMÉDIE.

HIPPOLYTE.
Il est vrai, je t'ai dit de trop grosses injures:
Mais que ces deux louis guérissent tes blessures.
MASCARILLE.
Hé, tout cela n'est rien ; je suis tendre à ces coups ;
Mais déjà je commence à perdre mon courroux ;
Il faut de ses amis endurer quelque chose.
HIPPOLYTE.
Pourras-tu mettre à fin ce que je me propose,
Et crois-tu que l'effet de tes desseins hardis,
Produise à mon amour le succès que tu dis ?
MASCARILLE.
N'ayez point pour ce fait l'esprit sur des épines.
J'ai des ressorts tous prêt pour diverses machines,
Et quand ce stratagéme à nos vœux manqueroit,
Ce qu'il ne feroit pas une autre le feroit.
HIPPOLYTE.
Crois qu'Hippolyte au moins ne sera pas ingrate.
MASCARILLE.
L'espérance du gain n'est pas ce qui me flatte.
HIPPOLYTE.
Ton maître te fait signe, & veut parler à toi:
Je te quitte: mais songe à bien agir pour moi.

SCENE XI.
LELIE, MASCARILLE.
LELIE.
Que diable fais-tu là ? Tu me promets merveille:
Mais ta lenteur d'agir est pour moi sans pareille.
Sans que mon bon génie au-devant m'a poussé,
Déjà tout mon bonheur eut été renversé.
C'étoit fait de mon bien, c'étoit fait de ma joie.
D'un regret éternel je devenois la proie ;

L'ÉTOURDI,

Bref, si je ne me fusse en ce lieu rencontré,
Anselme avoit l'esclave, & j'en étois frustré ;
Il l'emmenoit chez lui : mais j'ai paré l'atteinte.
J'ai détourné le coup, & tant fait, que, par crainte,
Le pauvre Trufaldin l'a retenue.

MASCARILLE.

Et trois :
Quand nous serons à dix, nous ferons une croix.
C'étoit par mon adresse, ô cervelle incurable,
Qu'Anselme entreprenoit cet achat favorable !
Entre mes propres mains on la devoit livrer,
Et vos soins endiablés nous en viennent sévrer :
Et puis pour votre amour je m'employerois encore ?
J'aimerois mieux cent fois être grosse pécore,
Devenir cruche, chou, lanterne, loup-garou,
Et que Monsieur Sathan vous vint tordre le cou.

LELIE seul.

Il nous le faut mener en quelque hôtellerie,
Et faire sur les pots décharger sa furie.

Fin du premier Acte.

ACTE II.

SCENE PREMIERE.
LELIE, MASCARILLE.

MASCARILLE.

A Vos desirs enfin il a fallu se rendre,
Malgré tous mes sermens, je n'ai pu m'en défendre;
Et, pour vos intérêts que je voulois laisser,
En des nouveaux périls viens-de m'embarrasser.
Je suis ainsi facile, & si de Mascarille
Madame la nature avoit fait une fille,
Je vous laisse à penser ce que ç'auroit été.
Toutefois, n'allez pas sur cette sûreté
Donner de vos revers au projet que je tente,
Me faire une bévue, & rompre mon attente.
Auprès d'Anselme encor nous vous excuserons,
Pour en pouvoir tirer ce que nous desirons;
Mais si dorénavant votre imprudence éclate,
Adieu vous dis, mes soins, pour l'espoir qui vous flatte.

LELIE.
Non, je serai prudent, te dis-je, ne crains rien :
Tu verras seulement.....

MARCARILLE.
Souvenez-vous en bien,
J'ai commencé pour vous un hardi stratagême,
Votre pere fait voir une paresse extrême
A rendre par sa mort tous vos desirs contens;
Je viens de le tuer (de parole, j'entends;)
Je fais courir le bruit que d'une apoplexie,

Le bon homme furpris, à quitté cette vie ;
Mais avant, pour pouvoir mieux feindre ce trépas,
J'ai fait que vers fa grange il a porté fes pas ;
On eſt venu lui dire, & par mon artifice,
Que les ouvriers qui ſont après ſon édifice,
Parmi les fondemens qu'ils en jettent encor,
Avoient fait par haſard rencontre d'un tréſor,
Il a volé d'abord, & comme à la campagne
Tout ſon monde à préſent, hors nous deux l'accom-
   pagne.
Dans l'eſprit d'un chacun je le tue aujourd'hui,
Et produit un fantôme enſéveli pour lui :
Enfin, je vous ai dit à quoi je vous engage.
Jouez bien votre rôle, & pour mon perſonnage,
Si vous appercevez que j'y manque d'un mot,
Dites abſolument que je ne ſuis qu'un ſot.

SCENE II.
LELIE ſeul.

SOn eſprit, il eſt vrai, trouve un étrange voie
Pour adreſſer mes vœux au comble de leur joie ;
Mais quand d'un bel objet on eſt bien amoureux,
Que ne feroit-on pas pour devenir heureux.
Si l'amour eſt au crime une aſſez belle excuſe,
Il en peut bien ſervir à la petite ruſe
Que ſa flamme aujourd'hui me force d'approuver,
Par la douceur du bien qui m'en doit arriver.
Juſte ciel ! Qu'ils ſont prompts ! Je les vois en pa-
   role.
Allons nous préparer à jouer notre rôle.

COMÉDIE.

SCENE III.
ANSELME, MASCARILLE.

MASCARILLE.

La nouvelle a sujet de vous surprendre fort.
ANSELME.
Etre mort de la sorte !
MASCARILLE.
Il a certes grand tort :
Je lui sçais mauvais gré d'une telle incartade.
ANSELME.
N'avoir pas seulement le tems d'être malade !
MASCARILLE.
Non, jamais homme n'eut si hâte de mourir.
ANSELME.
Et Lélie ?
MASCARILLE.
Il se bat, & ne peut rien souffrir ;
Il s'est fait en maints lieux contusion & bosse,
Et veut accompagner son papa dans la fosse :
Enfin, pour achever, l'excès de son transport,
M'a fait en grande hâte enfévelir le mort,
De peur que cet objet, qui le rend hypocondre,
A faire un vilain coup ne me l'allât femondre.
ANSELME.
N'importe, tu devois atendre jusqu'au soir ;
Outre, qu'encore un coup j'aurois voulu le voir,
Qui tôt enfévelit, bien souvent assassine,
Et tel est cru défunt, qui n'en a que la mine.
MASCARILLE.
Je vous le garantis trépassé comme il faut.
Au reste pour venir au discours de tantôt,
Lélie, & l'action lui sera salutaire,

Tome I.   F

L'ÉTOURDI,

D'un bel enterrement veut régaler son pere,
Et consoler un peu ce défunt de son sort,
Par le plaisir de voir faire honneur à sa mort ;
Il hérite beaucoup ; mais comme en ses affaires,
Il se trouve assez neuf, & ne voit encor gueres ;
Que son bien la plupart n'est point en ces quartiers,
Ou, que ce qu'il y tient consiste en des papiers :
Il voudroit vous prier, ensuite de l'instance,
D'excuser de tantôt son trop de violence,
De lui prêter au moins pour ce dernier devoir...

ANSELME.

Tu me l'as déjà dit, & je m'en vais le voir.

MASCARILLE *seul.*

Jusques-ici du moins tout va le mieux du monde,
Tâchons à ce progrès que le reste réponde,
Et de peur de trouver dans le port un écueil,
Conduisons le vaisseau de la main & de l'œil.

SCENE IV.

ANSELME, LELIE, MASCARILLE.

ANSELME.

Sortons : je ne sçaurois qu'avec douleur très-forte,
Le voir empaqueté de cette étrange sorte,
Las ! En si peu de tems ! Il vivoit ce matin.

MASCARILLE.

En peu de tems par fois on fait bien du chemin.

LELIE *pleurant.*

Ah !

ANSELME.

Mais quoi, cher Lélie, enfin il étoit homme.
On n'a point pour la mort de dispense de Rome.

LELIE.

Ah !

COMÉDIE.
ANSELME.
Sans leur dire garre, elle abbat les humains,
Et contre eux de tout tems a de mauvais desseins.
LELIE.
Ah!
ANSELME.
Ce fier animal, pour toutes nos prieres,
N'en perdroit pas un coup de ses dents meurtrieres;
Tout le monde y passe.
LELIE.
Ah!
MASCARILLE.
Vous avez beau prêcher,
Ce deuil enraciné ne se peut arracher,
ANSELME.
Si malgré ces raisons votre ennui persévére,
Mon cher Lelie, au moins, faites qu'il se modére.
LELIE.
Ah!
MASCARILLE.
Il n'en fera rien, je connois son humeur.
ANSELME.
Au reste, sur l'avis de votre serviteur,
J'apporte ici l'argent qui vous est nécessaire
Pour faire célébrer les obseques d'un pere.
LELIE.
Ah! Ah!
MASCARILLE.
Comme à ce mot s'augmente sa douleur!
Il ne peut, sans mourir, songer à ce malheur.
ANSELME.
Je sçai que vous verrez aux papiers du bon homme,
Que je suis débiteur d'une plus grande somme :
Mais, quand par ces raisons je ne vous devrois rien,
Vous pourriez librement disposer de mon bien.
Tenez, je suis tout vôtre, & le ferai paroître.
LELIE *s'en allant.*
Ah!

MASCARILLE.
Le grand déplaisir que sent Monsieur mon Maître

ANSELME.
Mascarille, je crois qu'il seroit à propos
Qu'il me fît de sa main un reçu de deux mots.

MASCARILLE.
Ah !

ANSELME.
Des événemens l'incertitude est grande.

MASCARILLE.
Ah !

ANSELME.
Faisons-lui signer le mot que je demande.

MASCARILLE.
Las ! En état qu'il est comment vous contenter ?
Donnez-lui le loisir de se désattrister ;
Et, quand ses déplaisirs prendront quelque allégeance,
J'aurai soin d'en tirer d'abord votre assurance.
Adieu. Je sens mon cœur qui se gonfle d'ennui,
Et m'en vais tout mon saoul pleurer avecque lui.
Hi !

ANSELME *seul*.
Le monde est rempli de beaucoup de traverses ;
Chaque homme tous les jours en ressent de diverses
Et jamais ici-bas...

SCENE V.
PANDOLFE, ANSELM

ANSELME.

AH, bons dieux, je frém
Pandolfe qui revient ! Fut-il bien endormi !
Comme depuis sa mort sa face est amaigrie !

COMÉDIE.

Las, ne m'approchez pas de plus près, je vous prie,
J'ai trop de répugnance à coudoyer un mort.
PANDOLFE.
D'où peut donc provenir ce bizarre transport ?
ANSELME.
Dites-moi de bien loin quel sujet vous amene.
Si pour me dire adieu vous prenez tant de peine,
C'est trop de courtoisie, & véritablement
Je me serois passé de votre compliment.
Si votre ame est en peine & cherche des prieres,
Las, je vous en promets, & ne m'effrayez gueres.
Foi d'homme épouventé, je vais faire à l'instant
Prier tant Dieu pour vous, que vous serez content.
  Disparoissez donc, je vous prie,
  Et que le Ciel, par sa bonté,
  Comble de joie & de santé
  Votre défunte Seigneurie.
PANDOLFE *riant*.
Malgré tout mon dépit, il m'y faut prendre part.
ANSELME.
Las, pour un trépassé vous êtes bien gaillard !
PANDOLFE.
Est-ce jeu, dites-nous, ou bien si c'est folie,
Qui traite de défunt une personne en vie ;
ANSELME.
Hélas, vous êtes mort, & je viens de vous voir !
PANDOLFE.
Quoi ? J'aurois trépassé sans m'en appercevoir ?
ANSELME.
Si-tôt que Mascarille en a dit la nouvelle,
J'en ai senti dans l'ame une douleur mortelle.
PANDOLFE.
Mais enfin dormez-vous ? Etes-vous éveillé ?
Me connoissez-vous pas ?
ANSELME.
    Vous êtes habillé
D'un corps Aérien qui contrefait le vôtre ;

Mais qui dans un moment peut devenir tout autre.
Je crains fort de vous voir comme un géant grandir,
Et tout votre visage affreusement laidir.
Pour Dieu, ne prenez point de vilaine figure;
J'ai prou de ma frayeur en cette conjoncture.

PANDOLFE.

En une autre saison, cette naïveté
Dont vous accompagnez votre crédulité,
Anselme, me seroit un charmant badinage
Et j'en prolongerois le plaisir davantage :
Mais avec cette mort un trésor supposé,
Dont parmi les chemins on m'a désabusé,
Fomentent dans mon ame un soupçon légitime.
Mascarille est un fourbe, & fourbe fourbissime,
Sur qui ne peuvent rien la crainte & le remords,
Et qui pour ses desseins a d'étranges ressorts.

ANSELME.

M'auroit-on joué piece, & fait supercherie ?
Ah, vraiment, ma raison vous seriez fort jolie !
Touchons un peu pour voir : En effet c'est bien lui.
Malepeste du sot que je suis aujourd'hui !
De grace, n'allez pas divulguer un tel conte;
On en feroit jouer quelque farce à ma honte :
Mais, Pandolfe, aidez-moi vous-même à retirer
L'argent que j'ai donné pour vous faire enterrer.

PANDOLFE.

De l'argent, dites-vous ? Ah, voilà l'enclouure,
C'est-là le nœud secret de toute l'aventure;
A votre dam. Pour moi, sans me mettre en souci,
Je vais faire informer de cette affaire-ci
Contre ce Mascarille, & si l'on peut le prendre,
Quoiqu'il puisse en coûter, je veux le faire pendre.

ANSELME *seul.*

Et moi, la bonne dupe à trop croire un vaurien.
Il faut donc qu'aujourd'hui je perde & sens & bien.
Il me sied bien, ma foi, de porter tête grise,
Et d'être encor si prompt à faire une sottise;
D'examiner si peu sur un premier rapport....
Mais je vois....

SCENE VI.
LELIE, ANSELME.
LELIE.

MAintenant avecque paſſeport,
Je puis à Trufaldin rendre aiſément viſite.
ANSELME.
A ce que je puis voir, votre douleur vous quitte?
LELIE.
Que dites-vous? Jamais elle ne quittera
Un cœur qui chérement toujours la gardera.
ANSELME.
Je reviens ſur mes pas vous dire avec franchiſe,
Que tantôt avec vous j'ai fait une mépriſe;
Que parmi ces louïs, quoiqu'ils paroiſſent beaux,
J'en ai, ſans y penſer, mêlé que je tiens faux,
Et j'apporte ſur moi de quoi mettre en leur place.
De nos faux Monoyeurs l'inſuportable audace
Pullule en cet état d'une telle façon,
Qu'on ne reçoit plus rien qui ſoit hors de ſoupçon?
Mon Dieu, qu'on feroit bien de les faire tous
  pendre!
LELIE.
Vous me faites plaiſir de les vouloir reprendre:
Mais je n'en ai point vu de faux, comme je croi.
ANSELME.
Je les connoîtrai bien, montrez, montrez-les-moi,
Eſt-ce tout?
LELIE.
 Oui.
ANSELME.
 Tant mieux. Enfin je vous racroche,
Mon argent bien-aimé, rentrez dedans ma poche,

Et vous mon brave escroc, vous ne tenez plus rien.
Vous tuez donc les gens qui se portent fort bien ?
Et qu'auriez-vous donc fait sur moi chétif beau-
    pere ?
Ma foi, je m'engendrois d'une belle maniere,
Et j'allois prendre en vous un beau-fils fort discret,
Allez, allez mourir de honte & de regret.

LELIE *seul.*

Il faut dire j'en tiens. Quelle surprise extrême !
D'où peut-il avoir sçu si-tôt le stratagême ?

SCENE VII.

LELIE, MASCARILLE.

MASCARILLE.

Quoi, vous étiez sorti ? Je vous cherchois par
    tout.
Hé bien, en sommes-nous enfin venus à bout ?
Je le donne en six coups au fourbe le plus brave,
Ç'a donnez-moi que j'aille acheter notre esclave ;
Votre rival après sera bien étonné.

LELIE.

Ah, mon pauvre garçon, la chance a bien tourné !
Pourrois-tu de mon sort deviner l'injustice ?

MASCARILLE.

Quoi ? Que seroit-ce ?

LELIE.

Anselme, instruit de l'artifice,
M'a repris maintenant tout ce qu'il nous prêtoit,
Sous couleur de changer de l'or que l'on doutoit.

MASCARILLE.

Vous vous moquez peut-être.

LELIE.

Il est trop véritable.

COMEDIE.

MASCARILLE.

Tout de bon?

LELIE.

Tout de bon, j'en suis inconsolable.
Tu te vas emporter d'un courroux sans égal.

MASCARILLE.

Moi, Monsieur? Quelquefois, la colere fait mal,
Et je veux me choyer, quoi qu'enfin il arrive.
Que Célie, après tout, soit ou libre ou captive,
Que Léandre l'achete ou qu'elle reste-là,
Pour moi je m'en soucie autant que de cela.

LELIE.

Ah, n'aie point pour moi si grande indifférence,
Et sois plus indulgent à ce peu d'imprudence!
Sans ce dernier malheur, ne m'avoueras-tu pas
Que j'avois fait merveille, & qu'en ce feint trépas
J'éludois un chacun d'un deuil si vraisemblable,
Que les plus clairvoyans l'auroient cru véritable?

MASCARILLE.

Vous avez en effet sujet de vous louer.

LELIE.

Hé bien, je suis coupable, & je veux l'avouer;
Mais si jamais mon bien te fut considérable,
Répare ce malheur, & me sois secourable.

MASCARILLE.

Je vous baise les mains; je n'ai pas le loisir.

LELIE.

Mascarille, mon fils.

MASCARILLE.

Point.

LELIE.

Fais-moi ce plaisir.

MASCARILLE.

Non, je n'en ferai rien.

LELIE.

Si tu m'est inflexible.
Je m'en vais me tuer.

F 5

L'ÉTOURDI,

MASCARILLE.

Soit ; il vous est loisible.

LELIE.

Je ne puis te fléchir ?

MASCARILLE.

Non.

LELIE.

Vois-tu le fer prêt ?

MASCARILLE.

Oui.

LELIE.

Je vais le pousser.

MASCARILLE.

Faites ce qu'il vous plaît.

LELIE.

Tu n'auras pas regret de m'arracher la vie ?

MASCARILLE.

Non.

LELIE.

Adieu, Mascarille.

MASCARILLE.

Adieu, Monsieur Lélie.

LELIE.

Quoi...

MASCARILLE.

Tuez-vous donc vîte. Ah, que de longs devis !

LELIE.

Tu voudrois bien, ma foi, pour avoir mes habits,
Que je fisse le sot, & que je me tuasse.

MASCARILLE.

Sçavois-je pas qu'enfin ce n'étoit que grimace ;
Et, quoique ces esprits jurent d'effectuer,
Qu'on n'est point aujourd'hui si prompt à se tuer.

SCENE VIII.
TRUFALDIN, LÉANDRE, LELIE, MASCARILLE.

Trufaldin parle bas à Léandre, dans le fond du théatre.

LELIE.

Que vois-je ? Mon rival & Trufaldin ensemble ?
Il achete Célie ; ah, de frayeur je tremble !
MASCARILLE.
Il ne faut point douter qu'il fera ce qu'il peut,
Et s'il a de l'argent, qu'il fera ce qu'il veut.
Pour moi, j'en suis ravi. Voilà la récompense
De vos brusques erreurs, de votre impatience.
LELIE.
Que dois-je faire ? Dis, veuilles me conseiller.
MASCARILLE.
Je ne sçai.
LELIE.
Laisse-moi, je vais le quereller.
MASCARILLE.
Qu'en arrivera-t-il ?
LELIE.
Que veux-tu que je fasse
Pour empêcher ce coup ?
MASCARILLE.
Allez, je vous fais grace ;
Je jette encor un œil pitoyable sur vous.
Laissez-moi l'observer, par des moyens plus doux
Je vais, comme je croi, sçavoir ce qu'il projette.
(Lélie sort.)
TRUFALDIN *à Léandre.*
Quand on viendra tantôt, c'est une affaire faite.
(Trufaldin sort.)

MASCARILLE *à part en s'en allant.*
Il faut que je l'attrape, & que de ses desseins
Je sois le confident, pour mieux les rendre vains.
LEANDRE *seul.*
Graces au ciel, voilà mon honneur hors d'atteinte
J'ai sçu me l'assurer, & je n'ai plus de crainte.
Quoique désormais puisse entreprendre un rival,
Il n'est plus en pouvoir de me faire du mal.

SCENE IX.

LEANDRE, MASCARILLE,

MASCARILLE *dit ces deux vers dans la maison & entre.*

AHI, ahi, à l'aide, au meurtre, au secours,
on m'assomme.
Ah, ah, ah, ah, ah, ah! O traître! O bourreau
d'homme!
LEANDRE.
D'où procéde cela? Qu'est-ce? Que te fait-on?
MASCARILLE.
On vient de me donner deux cens coups de bâton.
LEANDRE.
Qui?
MASCARILLE.
Lélie.
LEANDRE.
Et pourquoi?
MASCARILLE.
Pour une bagatelle
Il me chasse & me bat d'une façon cruelle.
LEANDRE.
Ah, vraiment il a tort!
MASCARILLE.
Mais, ou je ne pourrai,

COMEDIE. 133.

Ou je jure bien fort que je m'en vengerai.
Oui, je te ferai voir, batteur que Dieu confonde,
Que ce n'est pas pour rien qu'il faut rouer le monde,
Que je suis un valet, mais fort homme d'honneur,
Et qu'après m'avoir eu quatre ans pour serviteur,
Il ne me falloit pas payer en coups de gaules,
Et me faire un affront si sensible aux épaules:
Je te le dis encor, je sçaurai m'en venger:
Une esclave te plaît, tu voulois m'engager
A la mettre en tes mains, & je veux faire ensorte
Qu'un autre te l'enleve, ou le diable m'emporte.

LEANDRE.

Ecoute, Mascarille, & quitte ce transport.
Tu m'a plû de tout tems, & je souhaitois fort
Qu'un garçon comme toi plein d'esprit & fidèle,
A mon service un jour pût attacher son zèle:
Enfin, si le parti te semble bon pour toi,
Si tu veux me servir, je t'arrête avec moi.

MASCARILLE.

Oui, Monsieur, d'autant mieux que le destin propice
M'offre à me bien venger, en vous rendant service,
Et que dans mes efforts pour vos contentemens,
Je puis à mon brutal trouver des châtimens:
De Célie, en un mot, par mon adresse extrême...

LEANDRE.

Mon amour s'est rendu cet office lui-même.
Enflammé d'un objet qui n'a point de défaut,
Je viens de l'acheter moins encore qu'il ne vaut.

MASCARILLE.

Quoi, Célie est à vous?

LEANDRE.

Tu la verrois paroître,
Si de mes actions, j'étois tout-à-fait maître;
Mais quoi! Mon pere l'est, comme il a volonté,
Ainsi que je l'apprends d'un paquet apporté,
De me déterminer à l'hymen d'Hppolyte,
J'empêche qu'un rapport de tout ceci l'irrite.

L'ÉTOURDI,

Donc avec Trufaldin, car je fors de chez lui,
J'ai voulu tout exprès agir au nom d'autrui,
Et l'achat fait, ma bague est la marque choisie
Sur laquelle au premier il doit livrer Célie.
Je songe auparavant à chercher les moyens,
D'ôter aux yeux de tous ce qui charme les miens,
A trouver promptement un endroit favorable
Où puisse être en secret cette captive aimable.

MASCARILLE.

Hors de la ville, un peu, je puis avec raison
D'un vieux parent que j'ai vous offrir la maison;
Là vous pourrez la mettre avec toute assurance,
Et de cette action nul n'aura connoissance.

LEANDRE.

Oui ? Ma foi, tu me fais un plaisir souhaité.
Tien donc, & va pour moi prendre cette beauté;
Dès que par Trufaldin ma bague sera vue,
Aussi-tôt en tes mains elle sera rendue,
Et dans cette maison tu me la conduiras
Quand... Mais chut, Hippolyte est ici sur nos pas.

SCENE X.
HIPPOLITE, LEANDRE, MASCARILLE.

HIPPOLYTE.

JE dois vous annoncer, Léandre une nouvelle;
Mais la trouverez-vous agréable ou cruelle?

LEANDRE.

Pour en pouvoir juger, & répondre soudain,
Il faudroit là sçavoir.

HIPPOLYTE.

Donnez-moi donc la main
Jusqu'au Temple; en marchant, je pourrai vous
l'apprendre.

LEANDRE à *Mascarille.*

Va, va-t-en me servir sans davantage attendre.

SCENE XI.

MASCARILLE *seul.*

Oui, je te vais servir d'un plat de ma façon.
Fut-il jamais au monde un plus heureux garçon !
O ! que dans un moment Lélie aura de joie !
Sa maîtresse en nos mains tomber par cette voie,
Recevoir tout son bien d'où l'on attend son mal,
Et devenir heureux par la main d'un rival.
Après ce rare exploit, je veux que l'on s'aprête
A me peindre en héros, un laurier sur la tête,
Et qu'au bas du portrait on mette en lettres d'or.
Vivat Mascarillus Fourbum Imperator.

SCENE XII.

TRUFALDIN, MASCARILLE.

MASCARILLE.

Holà !

TRUFALDIN.

Que voulez-vous ?

MASCARILLE.

Cette bague connue
Vous dira le sujet qui cause ma venue.

TRUFALDIN.

Oui, je reconnois bien la bague que voilà.
Je vais quérir l'esclave, arrêtez un peu là.

SCENE XIII.

TRUFALDIN, UN COURIER, MASCARILLE.

UN COURIER à Trufaldin.

SEigneur, obligez-moi de m'enseigner un homme....

TRUFALDIN.

Et qui ?

UN COURIER.

Je crois que c'est Trufaldin qu'il se nomme.

TRUFALDIN.

Et que lui voulez-vous ? Vous le voyez ici.

UN COURIER.

Lui rendre seulement la lettre que voici.

TRUFALDIN lit.

Le ciel dont la bonté prend souci de ma vie,
Vient de me faire ouir par un but assez doux,
Que ma fille, à quatre ans par des voleurs ravie,
Sous le nom de Célie est esclave chez vous.

Si vous sçutes jamais ce que c'est qu'être pere,
Et vous trouvez sensible aux tendresses du sang,
Conservez-moi chez vous cette fille si chere,
Comme si de la vôtre elle tenoit le rang.

Pour l'aller retirer je pars d'ici moi-même,
Et vous vais de vos soins récompenser si bien,
Que par votre bonheur, que je veux rendre extrême,
Vous benirez le jour où vous causez le mien.

De Madrid.   DOM PEDRO DE GUSMAN,
     Marquis de MONTALCANE.

COMÉDIE. 137

(*Il continue.*)

Quoiqu'à leur nation bien peu de foi soit due,
Ils me l'avoient bien dit, ceux qui me l'ont vendue,
Que je verrois dans peu quelqu'un la retirer,
Et que je n'aurois pas sujet d'en murmurer ;
Et cependant j'allois, dans mon impatience,
Perdre aujourd'hui le fruit d'une haute espérance.

(*Au Courier.*)

Un seul moment plus tard tous vos pas étoient vains.
J'allois mettre à l'instant cette fille en ses mains ;
Mais suffit ; j'en aurai tout le soin qu'on desire.

(*le Courier sort.*)

(*à Mascarille.*)

Vous-même vous voyez ce que je viens de lire.
Vous direz à celui qui vous a fait venir
Que je ne lui sçaurois ma parole tenir,
Qu'il vienne retirer son argent.
MASCARILLE.
Mais l'outrage
Que vous lui faites....
TRUFALDIN.
Va, sans causer davantage
MASCARILLE *seul.*
Ah, le fâcheux paquet que nous venons d'avoir !
Le sort à bien donné la baie à mon espoir,
Et bien à la malheure est-il venu d'Espagne
Ce courier que la foudre & la grêle accompagne.
Jamais, certes, jamais plus beau commencement
N'eut en si peu de tems plus triste événement.

SCENE XIII.
TRUFALDIN, UN COURIER,
MASCARILLE.

UN COURIER à Trufaldin.

Seigneur, obligez-moi de m'enseigner un homme....

TRUFALDIN.

Et qui ?

UN COURIER.

Je croi que c'est Trufaldin qu'il se nomme.

TRUFALDIN.

Et que lui voulez-vous ? Vous le voyez ici.

UN COURIER.

Lui rendre seulement la lettre que voici.

TRUFALDIN lit.

Le ciel dont la bonté prend souci de ma vie.
Vient de me faire ouir par un but assez doux,
Que ma fille, à quatre ans par des voleurs ravie,
Sous le nom de Célie est esclave chez vous.

Si vous sçutes jamais ce que c'est qu'être pere,
Et vous trouvez sensible aux tendresses du sang,
Conservez-moi chez vous cette fille si chere.
Comme si de la vôtre elle tenoit le rang.

Pour l'aller retirer je pars d'ici moi-même,
Et vous vais de vos soins récompenser si bien,
Que par votre bonheur, que je veux rendre extrême,
Vous benirez le jour où vous causez le mien.

De Madrid. DOM PEDRO DE GUSMAN,
Marquis de MONTALCANE.

COMÉDIE.

(*Il continue.*)

Quoiqu'à leur nation bien peu de foi soit due,
Ils me l'avoient bien dit, ceux qui me l'ont vendue,
Que je verrois dans peu quelqu'un la retirer,
Et que je n'aurois pas sujet d'en murmurer;
Et cependant j'allois, dans mon impatience,
Perdre aujourd'hui le fruit d'une haute espérance.

(*Au Courier.*)

Un seul moment plus tard tous vos pas étoient vains.
J'allois mettre à l'instant cette fille en ses mains;
Mains suffit; j'en aurai tout le soin qu'on desire.

(*le Courier sort.*)

(*à Mascarille.*)

Vous-même vous voyez ce que je viens de lire.
Vous direz à celui qui vous a fait venir
Que je ne lui sçaurois ma parole tenir,
Qu'il vienne retirer son argent.
MASCARILLE.
       Mais l'outrage
Que vous lui faites....
TRUFALDIN.
     Va, sans causer davantage
MASCARILLE *seul*.
Ah, le fâcheux paquet que nous venons d'avoir!
Le sort à bien donné la baie à mon espoir,
Et bien à la malheure est-il venu d'Espagne
Ce courier que la foudre & la grêle accompagne.
Jamais, certes, jamais plus beau commencement
N'eut en si peu de tems plus triste événement.

SCENE XIV.

LELIE *riant*, MASCARILLE.

MASCARILLE.

Quel beau transport de joie à présent vous inspire ?

LELIE.
Laisse-m'en rire encor avant que te le dire.
MASCARILLE.
Çà rions donc bien fort, nous en avons sujet.
LELIE.
Ah ! je ne serai plus de tes plaintes l'objet.
Tu ne me diras plus, toi, qui toujours me cries,
Que je gâte en brouillon toutes tes fourberies :
J'ai bien joué moi-même un tour des plus adroits.
Il est vrai, je suis prompt, & m'emporte par fois :
Mais pourtant, quand je veux, j'ai l'imaginative
Aussi bonne en effet, que personne qui vive,
Et toi-même avoueras que ce que j'ai fait, part
D'une pointe d'esprit où peu de monde à part.
MASCARILLE.
Sçachons donc ce qu'a fait cette imaginative.
LELIE.
Tantôt l'esprit ému d'une frayeur bien vive
D'avoir vu Trufaldin avecque mon rival,
Je songeois à trouver un remede à ce mal,
Lorsque me ramassant tout entier en moi-même
J'ai conçu, digéré, produit un stratagême,
Devant qui tous les tiens, dont tu fais tant de cas,
Doivent, sans contredit, mettre pavillon bas.
MASCARILLE.
Mais qu'est-ce ?

COMÉDIE.

LELIE.
Ah ! S'il te plaît, donne-toi patience.
J'ai donc feint une lettre avecque diligence,
Comme d'un grand Seigneur écrite à Trufaldin,
Qui mande qu'ayant fçu, par un heureux destin,
Qu'une esclave qu'il tient fous le nom de Célie,
Est sa fille autrefois par des voleurs ravie ;
Il veut la venir prendre, & le conjure au moins
De la garder toujours de lui rendre des soins ;
Qu'à ce sujet il part d'Espagne ; & doit pour elle
Par de si grands presens reconnoître son zèle,
Qu'il n'aura point regret de causer son bonheur.

MASCARILLE.
Fort bien.

LELIE.
Ecoute donc ; voici bien le meilleur.
La lettre que je dis a donc été remise ;
Mais, fçais-tu bien comment ? En saison si bien prise,
Que le porteur m'a dit, que sans ce trait falot,
Un homme l'emmenoit, qui s'est trouvé fort sot.

MASCARILLE.
Vous avez fait ce coup sans vous donner au diable ?

LELIE.
Oui. D'un tour si subtil m'aurois-tu cru capable ?
Loue au moins mon adresse & la dextérité
Dont je romps d'un rival le dessein concerté.

MASCARILLE.
A vous pouvoir louer selon votre mérite,
Je manque d'éloquence & ma force est petite.
Oui, pour bien étaler cet effort relevé,
Ce bel exploit de guerre à nos yeux achevé,
Ce grand & rare effet d'une imaginative,
Qui ne cede en vigueur à personne qui vive,
Ma langue est impuissante, & je voudrois avoir
Celles de tous les gens du plus exquis sçavoir,
Pour vous dire en beaux vers, ou bien en docte prose,
Que vous serez toujours, quoique l'on se propose,
Tout ce que vous avez été durant vos jours ;

C'eſt-à-dire un eſprit chauffé tout à rebours,
Une raiſon malade, & toujours en débauche,
Un envers de bon ſens, un jugement à gauche,
Un brouillon, une bête, un bruſque, un étourdi,
Que ſcai-je ? Un... Cent fois plus encor que je ne di.
C'eſt faire en abregé votre panégyrique.
LELIE.
Aprends-moi le ſujet qui contre moi te pique ?
Ai-je fait quelque choſe ? Eclairci-moi ce point.
MASCARILLE.
Non, vous n'avez rien fait ; mais ne me ſuivez point.
LELIE.
Je te ſuivrai par-tout, pour ſçavoir ce myſtere.
MASCARILLE.
Oui ? Sus donc préparez vos jambes à bien faire ;
Car je vais vous fournir de quoi les exercer.
LELIE ſeul.
Il m'échappe. O malheur qui ne ſe peut forcer ?
Au diſcours qu'il m'a fait que ſçaurois-je comprendre,
Et quel mauvais office aurois-je pu me rendre ?

Fin du ſecond Acte.

COMÉDIE.

ACTE III.

SCENE PREMIERE.
MASCARILLE.

Aisez-vous, ma bonté, cessez votre entretien,
Vous êtes une sotte, & je n'en ferai rien.
Oui, vous avez raison, mon courroux, je l'avoue.
Relier tant de fois ce qu'un brouillon dénoue,
C'est trop de patience & je dois en sortir,
Après de si beaux coups qu'il a sçu divertir.
Mais aussi raisonnons un peu sans violence.
Si je suis maintenant ma juste impatience,
On dira que je cede à la difficulté ;
Que je me trouve à bout de ma subtilité :
Et que deviendra lors cette publique estime,
Qui te vante par-tout pour un fourbe sublime,
Et que tu t'es acquise en tant d'occasions,
A ne t'être jamais vu court d'inventions ?
L'honneur, ô Mascarille, est une belle chose !
A tes nobles travaux ne fais aucune pause,
Et, quoi qu'un maître ait fait pour te faire enrager,
Acheve pour ta gloire, & non pour l'obliger.
Mais quoi ! que feras-tu, que de l'eau toute claire ?
Traversé sans repos par ce démon contraire,
Tu vois qu'à chaque instant il te fait déchanter,
Et que c'est battre l'eau, de prétendre arrêter
Ce torrent effrené, qui de tes artifices
Renverse en un moment les plus beaux édifices.
Hé bien, pour toute grace, encore un coup du moins,
Au hasard du succès, sacrifions des soins ;
Et s'il poursuit encore à rompre notre chance,

J'y consens, ôtons-lui toute notre assistance.
Cependant notre affaire encor n'iroit pas mal,
Si par-là nous pouvions perdre notre rival,
Et que Léandre enfin, lassé de sa poursuite,
Nous laissât jour entier pour ce que je médite.
Oui, je roule en ma tête un trait ingénieux,
Dont je promettrois bien un succès glorieux,
Si je puis n'avoir plus cet obstacle à combattre.
Bon, voyons si son feu se rend opiniâtre.

SCENE II.

LEANDRE, MASCARILLE.

MASCARILLE.

Monsieur, j'ai perdu tems, votre homme se dédit.
LEANDRE.
De la chose lui-même il m'a fait le recit;
Mais c'est bien plus; j'ai sçu que tout ce beau mystere,
D'un rapt d'Egyptiens, d'un grand-Seigneur pour Pere,
Qui doit partir d'Espagne & venir en ces lieux,
N'est qu'un pur stratagême, un trait facétieux,
Une histoire à plaisir, un conte dont Lélie
A voulu détourner notre achat de Célie.
MASCARILLE.
Voyez un peu la fourbe!
LEANDRE.
Et pourtant Trufaldin
Est si bien imprimé de ce conte badin,
Mord si bien à l'apas de cette foible ruse,
Qu'il ne veut point souffrir que l'on le désabuse.
MASCARILLE.
C'est pourquoi désormais il la gardera bien,
Et je ne vois pas lieu d'y prétendre plus rien.

COMÉDIE. 143
LEANDRE.
Si d'abord à mes yeux elle parut aimable,
Je viens de la trouver tout-à-fait adorable,
Et je suis en suspens, si pour me l'acquérir,
Aux extrêmes moyens je ne dois point courir,
Par le don de ma foi rompre ma destinée,
Et changer ses liens en ceux de l'hyménée.
MARCARILLE.
Vous pourriez l'épouser,
LEANDRE.
Je ne sçai : mais enfin,
Si quelque obscurité se trouve en son destin,
Sa grace & sa vertu sont de douces amorces,
Qui pour tirer les cœurs ont d'incroyables forces.
MASCARILLE.
Sa vertu, dites-vous ?
LEANDRE.
Quoi ? Que murmures-tu ?
Acheve, explique-toi sur ce mot de vertu.
MASCARILLE.
Monsieur, votre visage en un moment s'altere,
Et je ferai bien mieux peut-être de me taire.
LEANDRE.
Non, non, parle.
MASCARILLE.
Hé bien donc, très-charitablement
Je vous veux retirer de votre aveuglement.
Cette fille....
LEANDRE.
Poursui.
MASCARILLE.
N'est rien moins qu'inhumaine,
Dans le particulier elle oblige sans peine,
Et son cœur, croyez-moi, n'est point roche après tout,
A quiconque la sçait prendre par le bon bout ;
Elle fait la sucrée, & veut passer pour prude ;
Mais je puis en parler avecque certitude.

Vous sçavez que je suis quelque peu du métier
A me devoir connoître en un pareil gibier.
LEANDRE.
Célie....
MASCARILLE.
Oui, sa pudeur n'est que franche grimace,
Qu'une ombre de vertu qui garde mal la place,
Et qui s'évanouit, comme l'on peut sçavoir,
Aux rayons du soleil qu'une bourse fait voir.
LEANDRE.
Las! Que dis-tu? Croirai-je un discours de la sorte?
MASCARILLE.
Monsieur, les volontés sont libres ; que m'importe?
Non, ne me croyez pas, suivez votre dessein,
Prenez cette matoise, & lui donnez la main ;
Toute la ville en corps reconnoîtra ce zèle,
Et vous épouserez le bien public en elle.
LEANDRE.
Quelle surprise étrange!
MASCARILLE *à part*.
Il a pris l'hameçon.
Courage, s'il se peut enferrer tout de bon,
Nous nous ôtons du pied une fâcheuse épine.
LEANDRE.
Oui, d'un coup étonnant ce discours m'assassine.
MASCARILLE.
Quoi? Vous pourriez...
LEANDRE.
Va-t-en jusqu'à la poste, & voi
Je ne sçai quel paquet qui doit venir pour moi.
(seule après avoir rêvé.)
Qui ne s'y fut trompé? Jamais l'air d'un visage,
Si ce qu'il dit est vrai, n'imposa davantage.

COMÉDIE. 145

SCENE III.
LELIE, LEANDRE.

LELIE.
DU chagrin qui vous tient, quel peut être l'objet?
LEANDRE.
Moi?
LELIE.
Vous-même.
LEANDRE.
Pourtant je n'en ai pas sujet.
LELIE.
Je vois bien ce que c'est, Célie en est la cause.
LEANDRE.
Mon esprit ne court pas après si peu de chose.
LELIE.
Pour elle vous aviez pourtant de grands desseins :
Mais il faut dire ainsi, lorsqu'ils se trouvent vains.
LEANDRE.
Si j'étois assez sot pour chérir ses caresses,
Je me moquerois bien de toutes vos finesses.
LELIE.
Quelles finesses donc?
LEANDRE.
Mon Dieu, nous sçavons tout.
LELIE.
Quoi?
LEANDRE.
Votre procédé de l'un à l'autre bout.
LELIE.
C'est de l'Hébreu pour moi, je n'y puis rien comprendre.
LEANDRE.
Feignez, si vous voulez, de ne me pas entendre;
Mais croyez-moi, cessez de craindre pour un bien,

Tome I. G

Ou je serois fâché de vous difputer rien.
J'aime fort la beauté qui n'eſt point profanée ;
Et ne veux point brûler pour une abandonnée.

LELIE.
Tout beau, tout beau Léandre.

LEANDRE.
Ah ! Que vous êtes bon !
Allez, vous dis-je encor, fervez-la fans foupçon,
Vous pourrez vous nommer homme à bonnes fortunes,
Il eſt vrai, ſa beauté n'eſt pas des plus communes ;
Mais en revanche auſſi le reſte eſt fort commun.

LELIE.
Léandre, arrêtez-là ce diſcours importun.
Contre moi tant d'efforts qu'il vous plaira pour elle ;
Mais fur-tout, retenez cette atteinte mortelle.
Sçachez que je m'impute à trop de lâcheté,
D'entendre mal parler de ma divinité ;
Et que j'aurai toujours bien moins de répugnance
A fouffrir votre amour, qu'un diſcours qui l'offenſe.

LEANDRE.
Ce que j'avance ici me vient de bonne part.

LELIE.
Quiconque vous l'a dit eſt un lâche, un pendard.
On ne peut impoſer de tache à cette fille,
Je connois bien ſon cœur.

LEANDRE.
Mais enfin Maſcarille
D'un ſemblable procès eſt juge compétent,
C'eſt lui qui la condamne.

LELIE.
Oui ?

LEANDRE.
Lui-même.

LELIE.
Il prétend
D'une fille d'honneur inſolemment médire,
Et que peut-être encor je n'en ferai que rire ?

COMÉDIE.

LEANDRE.
Et moi, gage que non.

LELIE.
Parbleu je le ferois mourir sous le bâton,
S'il m'avoit soutenu des faussetés pareilles.

LEANDRE.
Moi, je lui couperois sur le champ les oreilles,
S'il n'étoit pas garant de tout ce qu'il m'a dit.

SCENE IV.

LELIE, LEANDRE, MASCARILLE.

LELIE.

AH, bon, bon, le voilà. Venez-çà, chien maudit.

MASCARILLE.
Quoi ?

LELIE.
Langue de serpent fertile en impostures,
Vous osez sur Célie attacher vos morsures,
Et lui calomnier la plus rare vertu,
Qui puisse faire éclat sous un sort abattu ?

MASCARILLE *bas à Lélie.*
Doucement, ce discours est de mon industrie.

LELIE.
Non, non, point de clin d'œil, & point de raillerie,
Je suis aveugle à tout, sourd à quoi que ce soit ;
Fût-ce mon propre frere, il me la payeroit ;
Et sur ce que j'adore oser porter le blâme,
C'est me faire une plaie au plus tendre de l'ame.
Tous ces signes sont vains. Quels discours as-tu faits ?

MASCARILLE.
Mon Dieu, ne cherchons point querelle, où je m'en vais.

LELIE.
Tu n'échapperas pas.
MASCARILLE.
Ahi.
LELIE.
Parle donc, confesse.
MASCARILLE *bas à Lélie.*
Laissez-moi, je vous dis que c'est un tour d'adresse.
LELIE.
Dépêche, qu'as-tu dit ? Vuide entre nous ce point.
MASCARILLE *bas à Lélie.*
J'ai dit ce que j'ai dit : ne vous emportez point.
LELIE *mettant l'épée à la main.*
Ah, je vous ferai bien parler d'une autre sorte.
LEANDRE *l'arrêtant.*
Alte un peu, retenez l'ardeur qui vous emporte.
MASCARILLE *à part.*
Fut-il jamais au monde un esprit moins sensé.
LELIE.
Laissez-moi contenter mon courage offensé.
LEANDRE.
C'est trop que de vouloir le battre en ma presence.
LELIE.
Quoi ! châtier mes gens n'est pas en ma puissance ?
LEANDRE.
Comment vos gens ?
MASCARILLE *à part.*
Encore ! Il va tout découvrir.
LELIE.
Quand j'aurois volonté de le battre à mourir,
Hé bien ? C'est mon valet.
LEANDRE.
C'est maintenant le nôtre.
LELIE.
Le trait est admirable ! Et comment donc le vôtre ?
LEANDRE.
Sans doute.
MASCARILLE *bas à Lélie.*
Doucement.

COMÉDIE.

LELIE.
Hem, que veux-tu conter?

MASCARILLE *à part.*
Ah, le double bourreau qui me va tout gâter,
Et qui ne comprend rien quelque figne qu'on donne.

LELIE.
Vous rêvez bien, Léandre, & me la baillez bonne.
Il n'eſt pas mon valet?
Pour quelque mal commis,
Hors de votre ſervice il n'a pas été mis?

LELIE.
Je ne ſçai ce que c'eſt.

LÉANDRE.
Et plein de violence,
Vous n'avez pas chargé ſon dos avec outrance?

LELIE.
Point du tout. Moi, l'avoir chaſſé, roué de coups?
Vous vous moquez de moi, Léandre, ou lui de vous.

MASCARILLE *à part.*
Pouſſe, pouſſe bourreau, tu fais bien tes affaires.

LÉANDRE *à Maſcarille.*
Donc les coups de bâton ne ſont qu'imaginaires?

MASCARILLE.
Il ne ſçait ce qu'il dit, ſa mémoire...

LÉANDRE.
Non, non.
Tous ces ſignes pour toi ne diſent rien de bon.
Oui, d'un tour délicat mon eſprit te ſoupçonne;
Mais pour l'invention, va, je te le pardonne.
C'eſt bien aſſez pour moi qu'il m'ait déſabuſé,
De voir par quels motifs tu m'avois impoſé,
Et, que m'étant commis à ton zele hypocrite,
A ſi bon compte encor je m'en ſois trouvé quitte.
Ceci doit s'appeller un avis au Lecteur.
Adieu, Lélie, adieu, très-humble ſerviteur.

SCENE V.
LÉLIE, MASCARILLE.
MASCARILLE.

Courage, mon garçon, tout heur nous accompagne.
Mettons flamberge au vent, & bravoure en campagne,
Faisons l'*Olibrius*, l'*occiseur d'innocens*.
LELIE.
Il t'avoit accusé de discours médisans.
Contre...
MASCARILLE.
Et vous ne pouviez souffrir mon artifice,
Lui laisser son erreur, qui vous rendoit service,
Et qui par son amour s'en étoit presque allé ?
Non, il a l'esprit franc & point dissimulé.
Enfin chez son rival je m'ancre avec adresse,
Cette fourbe en mes mains va mettre sa maîtresse,
Il me la fait manquer avec de faux rapports ;
Je veux de son rival rallentir les transports,
Mon brave incontinent vient qui le désabuse ;
J'ai beau lui faire signe, & montrer que c'est ruse,
Point d'affaire ; il poursuit sa pointe jusqu'au bout,
Et n'est point satisfait qu'il n'ait découvert tout.
Grand & sublime effort d'une imaginative,
Qui ne le céde point à personne qui vive !
C'est une rare piece, & digne sur ma foi,
Qu'on en fasse present au cabinet d'un Roi.
LELIE.
Je ne m'étonne pas si je romps tes attentes ;
A moins d'être informé des choses que tu tentes,
J'en ferois encore cent de la sorte.
MASCARILLE.
Tant pis.

COMEDIE. 151
LELIE.
Au moins, pour t'emporter à de justes dépits,
Fais-moi dans tes desseins entrer de quelque chose;
Mais que de leurs ressorts la porte me soit close,
C'est ce qui fait toujours que je suis pris sans vert.
MASCARILLE.
Ah ! Voilà tout le mal, c'est cela qui nous pert.
Ma foi, mon cher patron, je vous le dis encore,
Vous ne serez jamais qu'une pauvre pécore.
LELIE.
Puisque la chose est faite, il n'y faut plus penser.
Mon rival, en tout cas, ne peut me traverser,
Et pourvu que tes soins, en qui je me repose…
MASCARILLE.
Laissons-là ce discours, & parlons d'autre chose.
Je ne m'appaise pas, non, si facilement,
Je suis trop en colere. Il faut premiérement
Me rendre un bon office, & nous verrons ensuite
Si je dois de vos feux embrasser la conduite.
LELIE.
S'il ne tient qu'à cela, je n'y résiste pas.
As-tu besoin, dis-moi, de mon sang, de mon bras ?
MASCARILLE.
De quelle vision sa cervelle est frappée !
Vous êtes de l'humeur de ces amis d'épée,
Que l'on trouve toujours plus prompts à dégaîner,
Qu'à tirer un teston, s'il falloit le donner.
LELIE.
Que puis-je donc pour toi ?
MASCARILLE.
C'est que de votre pere
Il faut absolument appaiser la colere.
LELIE.
Nous avons fait la paix.
MASCARILLE.
Oui; mais non pas pour nous.
Je l'ai fait ce matin mort pour l'amour de vous;
La vision le choque, & de pareilles feintes

G 4

Aux vieillards comme lui font des dures atteintes ;
Qui, sur l'état prochain de leur condition,
Leur font faire à regret triste réflexion.
Le bon-homme, tout vieux, chérit fort la lumiere,
Et ne veut point de jeu dessus cette matiere ;
Il craint le pronostic, & contre moi fâché,
On m'a dit qu'en justice il m'avoit recherché.
J'ai peur, si le logis du Roi fait ma demeure,
De m'y trouver si bien dès le premier quart-d'heure,
Que j'aie peine aussi d'en sortir par après.
Contre moi dès long-tems on a force décrets ;
Car enfin la vertu n'est jamais sans envie,
Et dans ce maudit siecle est toujours poursuivie.
Allez donc le fléchir.

LELIE.

Oui, nous le fléchirons ;
Mais aussi tu promets....

MASCARILLE.

Ah, mon Dieu, nous verrons.
(*Lélie sort.*)
Ma foi prenons haleine après tant de fatigues.
Cessons pour quelque-tems le cours de nos intrigues,
Et de nous tourmenter de même qu'un lutin,
Léandre pour nous nuire est hors de garde enfin,
Et Célie arrêtée avecque l'artifice....

SCENE VI.
ERGASTE, MASCARILLE.

ERGASTE.

JE te cherchois par-tout pour te rendre un service,
Pour te donner avis d'un secret important.

MASCARILLE.

Quoi donc ?

ERGASTE.

N'avons-nous point ici quelque écoutant ?

COMEDIE.

MASCARILLE.

Non.

ERGASTE.

Nous sommes amis autant qu'on le peut être,
Je sçais tous tes desseins, & l'amour de ton maître;
Songez à vous tantôt. Léandre fait parti
Pour enlever Célie, & je suis averti
Qu'il a mis ordre à tout, & qu'il se persuade
D'entrer chez Trufaldin par une mascarade,
Ayant sçu qu'en ce tems, assez souvent le soir,
Des femmes du quartier en masque l'alloient voir.

MASCARILLE.

Oui ? Suffit ; il n'est pas au comble de sa joie,
Je pourrai bien tantôt lui souffler cette proie,
Et contre cet assaut je sçais un coup fourré,
Par qui je veux qu'il soit de lui-même enferré :
Il ne sçait pas les dons dont mon ame est pourvue.
Adieu, nous boirons pinte à la premiere vue.

SCENE VII.

MASCARILLE seul.

IL faut, il faut tirer à nous ce que d'heureux
Pourroit avoir en soi ce projet amoureux,
Et par une surprise adroite & non commune,
Sans courir le danger, en tenter la fortune.
Si je vais me masquer pour devancer ses pas,
Léandre assurément ne nous bravera pas,
Et là, premier que lui, si nous faisons la prise,
Il aura fait pour nous les frais de l'entreprise ;
Puisque par son dessein déjà presque éventé,
Le soupçon tombera toujours de son côté,
Et que nous, à couvert de toutes ses poursuites,
De ce coup hasardeux ne craindrons point de suites.
C'est ne se point commettre à faire de l'éclat,
Et tirer les marrons de la patte du chat.

Allons donc nous mafquer avec quelques bons freres;
Pour prévenir nos gens, il ne faut tarder guéres,
Je fçai où gît le lievre, & me puis fans travail,
Fournir en un moment d'hommes & d'attirail.
Croyez que je mets bien mon adreffe en ufage :
Si j'ai reçu du ciel des fourbes en partage,
Je ne fuis point au rang de ces efprits mal nés,
Qui cachent les talens que Dieu leur a donnés.

SCENE VIII.
LELIE, ERGASTE.
LELIE.

IL prétend l'enlever avec fa mafcarade ?
ERGASTE.
Il n'eft rien plus certain. Quelqu'un de fa brigade
M'ayant de ce deffein inftruit fans m'arrêter,
A Mafcarille alors j'ai couru tout conter,
Qui s'en va, m'a-t-il dit, rompre cette partie
Par une invention deffus le champ bâtie ;
Et, comme je vous ai rencontré par hafard,
J'ai cru que je devois de tout vous faire part.
LELIE.
Tu m'obliges par trop avec cette nouvelle :
Va, je reconnoîtrai ce fervice fidele.

SCENE IX.
LELIE feul.

MOn drôle affurément leur jouera quelque trait ;
Mais je veux de ma part feconder fon projet.
Il ne fera pas dit qu'en un fait qui me touche,

COMEDIE.

Je ne me sois non plus remué qu'une souche.
Voici l'heure, ils seront surpris à mon aspect ;
Foin ! Que n'ai-je avec moi pris mon porte respect ;
Mais, vienne qui voudra contre notre personne,
J'ai deux bons pistolets, & mon épée est bonne.
Hola ! Quelqu'un, un mot.

SCENE X.

TRUFALDIN *à sa fenêtre*, LELIE.

TRUFALDIN.

Qu'est-ce ? Qui me vient voir ?

LELIE.

Fermez soigneusement votre porte ce soir.

TRUFALDIN.

Pourquoi ?

LELIE.

Certaines gens font une mascarade
Pour vous venir donner une fâcheuse aubade ;
Ils veulent enlever votre Célie.

TRUFALDIN.

O dieux !

LELIE.

Et sans doute bientôt ils viendront en ces lieux ;
Demeurez ; vous pourrez voir tout de la fenêtre.
Hé bien ? Qu'avois-je dit ? Les voyez-vous paroître ?
Chut je veux à vos yeux leur en faire l'affront.
Nous allons voir beau jeu, si la corde ne rompt.

SCENE XI.

LELIE, TRUFALDIN, MASCARILLE,
& sa suite masqués.

TRUFALDIN.

O ! Les plaisans robins qui pensent me surprendre !
LELIE.
Masques, où courez-vous ? Le pourroit-on apprendre ?
Trufaldin, ouvrez-leur pour jouer un momon.
 (à Mascarille déguisé en femme.)
Bon Dieu, qu'elle est jolie & qu'elle a l'air mignon !
Et quoi ! Vous murmurez ? Mais sans vous faire
   outrage,
Peut-on lever le masque, & voir votre visage ?
TRUFALDIN.
Allez, fourbes, méchans, retirez-vous d'ici,
Canaille ; & vous, Seigneur, bon soir & grandmerci.

SCENE XII.

LELIE, MASCARILLE.

LELIE *après avoir démasqué Mascarille.*

Mascarille, est-ce toi ?
MASCARILLE.
         Nenni-dà, c'est quelque autre.
LELIE.
Hélas ! Quelle surprise ! & quel sort est le nôtre !
L'aurois-je deviné, n'étant point averti
Des secrettes raisons qui t'avoient travesti.
Malheureux que je suis, d'avoir dessous ce masque

COMEDIE.

Eté, fans y penser, te faire cette frasque !
Il me prendroit envie, en mon juste courroux,
De me battre moi-même & me donner cent coups.

MASCARILLE.

Adieu, sublime esprit, rare imaginative.

LELIE.

Las ! Si de ton secours ta colere me prive,
A quel saint me vouerai-je ?

MASCARILLE.

                Au grand diable d'enfer.

LELIE.

Ah ! Si ton cœur pour moi n'est de bronze ou de fer,
Qu'encore un coup du moins mon imprudence ait
  grace ;
S'il faut pour l'obtenir que tes genoux j'embrasse ;
Voi-moi...

MASCARILLE.

   Tarrare ; allons, camarades, allons :
J'entends venir des gens qui sont sur nos talons.

SCENE XIII.

LEANDRE & *sa suite, masqués,*
TRUFALDIN *à sa fenêtre.*

LEANDRE.

Sans bruit ; ne faisons rien que de la bonne sorte.

TRUFALDIN.

Quoi ! Masques toute nuit assiégeront ma porte !
Messieurs, ne gagnez point de rhumes à plaisir,
Tout cerveau qui le fait, est certes de loisir.
Il est un peu trop tard pour enlever Célie,
Dispensez-l'en ce soir, elle vous en suplie ;
La belle est dans le lit, & ne peut vous parler ;
J'en suis fâché pour vous. Mais pour vous régaler

158 L'ÉTOURDI,
Du souci, qui pour elle ici vous inquiete,
Elle vous fait present de cette cassoletté.
LEANDRE.
Fi, cela sent mauvais, & je suis tout gâté.
Nous sommes découverts, tirons de ce côté.

Fin du troisieme Acte.

COMEDIE.

ACTE IV.

SCENE PREMIERE.

LELIE *déguisé en Arménien*. MASCARILLE.

MASCARILLE.

Vous voilà fagoté d'une plaisante sorte.
LELIE.
Tu ranimes par-là mon espérance morte.
MASCARILLE.
Toujours de ma colere on me voit revenir;
J'ai beau jurer, pester, je ne m'en puis tenir.
LELIE.
Aussi croi, si jamais je suis dans la puissance,
Que tu seras content de ma reconnoissance,
Et que, quand je n'aurois qu'un seul morceau de
   pain....
MASCARILLE.
Baste; songez à vous dans ce nouveau dessein.
Au moins, si l'on vous voit commettre une sottise,
Vous n'imputerez plus l'erreur à la surprise;
Votre rôle en ce jeu par cœur doit être sçu.
LELIE.
Mais comment Trufaldin chez lui t'a-t-il reçu?
MASCARILLE.
D'un zele simulé j'ai bridé le bon sire;
Avec empressement je suis venu lui dire,
S'il ne songeoit à lui, que l'on le surprendroit;
Que l'on couchoit en joue, & de plus d'un endroit,
Celle dont il a vu qu'une lettre en avance.
Avoit si faussement divulgué la naissance;
Qu'on avoit bien voulu m'y mêler quelque peu,

Mais que j'avois tiré mon épingle du jeu ;
Et que, touché d'ardeur pour ce qui le regarde,
Je venois l'avertir de se donner de garde.
De-là, moralisant, j'ai fait de grands discours
Sur les fourbes qu'on voit ici-bas tous les jours ;
Que, pour moi, las du monde & de sa vie infame,
Je voulois travailler au salut de mon ame,
A m'éloigner du trouble, & pouvoir longuement
Près de quelque honnête homme être paisiblement ;
Que s'il le trouvoit bon, je n'aurois d'autre envie
Que de passer chez lui le reste de ma vie,
Et que même à tel point il m'avoit sçu ravir,
Que sans lui demander gages pour le servir,
Je mettrois en ses mains, que je tenois certaines,
Quelque bien de mon pere, & le fruit de mes peines,
Dont, avenant que Dieu de ce monde m'ôtât,
J'entendois tout de bon que lui seul héritât :
C'étoit le vrai moyen d'acquérir sa tendresse.
Et comme pour résoudre avec votre maîtresse
Des biais qu'on doit prendre à terminer vos vœux,
Je voulois en secret vous aboucher tous deux,
Lui-même a sçu m'ouvrir une voix assez belle,
De pouvoir hautement vous loger avec elle.
Venant m'entretenir d'un fils privé du jour,
Dont cette nuit en songe il a vu le retour,
A ce propos, voici l'histoire qu'il m'a dite,
Et sur qui j'ai tantôt notre fourbe construite.

LELIE.

C'est assez, je sçai tout : tu me l'as dit deux fois.

MASCARILLE.

Oui, oui, mais quand j'aurois passé jusques à trois,
Peut-être encor qu'avec toute sa suffisance,
Votre esprit manquera dans quelque circonstance.

LELIE.

Mais à tant différer je me fais de l'effort.

MASCARILLE.

Ah ! de peur de tomber, ne courons pas si fort.
Voyez-vous ? Vous avez la caboche un peu dure ;

COMEDIE.

Rendez-vous affermi dessus cette aventure.
Autrefois Trufaldin de Naples est sorti,
Et s'appelloit alors Zanobio Ruberti ;
Un parti qui causa quelque émeute civile,
Dont il fut seulement soupçonné dans sa ville,
(De fait il n'est point homme à troubler un état)
L'obligea d'en sortir une nuit sans éclat.
Une fille fort jeune, & sa femme laissées,
A quelque-tems de là se trouvant trépassées,
Il en eut la nouvelle, & dans ce grand ennui,
Voulant dans quelque ville emmener avec lui,
Outre ses biens, l'espoir qui restoit de sa race,
Un sien fils écolier, qui se nommoit Horace,
Il écrit à Bologne, où pour mieux être instruit,
Un certain maître Albert jeune l'avoit conduit ;
Mais pour se joindre tous, le rendez-vous qu'il donne
Durant deux ans entiers ne lui fit voir personne :
Si bien que, les jugeant morts après ce tems-là,
Il vint en cette ville, & prit le nom qu'il a ;
Sans que de cet Albert ni de ce fils Horace,
Douze ans aient découvert jamais la moindre trace.
Voilà l'histoire en gros redite seulement,
Afin de vous servir ici de fondement.
Maintenant vous serez un marchand d'Arménie,
Qui les aurez vus sains l'un & l'autre en Turquie.
Si j'ai plutôt qu'aucun, un tel moyen trouvé,
Pour les ressusciter sur ce qu'il a rêvé,
C'est qu'en fait d'aventure, il est très-ordinaire
De voir gens pris sur mer par quelque turc corsaire,
Puis être à leur famille à point nommé rendus,
Après quinze ou vingt ans qu'on les a cru perdus.
Pour moi, j'ai vu déja cent contes de la sorte,
Sans nous alambiquer, servons-nous-en ; qu'importe ?
Vous leur aurez ouï leur disgrace conter,
Et leur aurez fourni de quoi se racheter,
Mais que parti plutôt, pour chose nécessaire,
Horace vous chargea de voir ici son pere
Dont il a sçu le sort, & chez qui vous devez

Attendre quelques jours qu'ils y soient arrivés.
Je vous ai fait tantôt des leçons étendues.
LELIE.
Ces répétitions ne font que superflues.
Dès l'abord mon esprit a compris tout le fait.
MASCARILLE.
Je m'en vais là-dedans donner le premier trait.
LELIE.
Ecoute, Mascarille, un seul point me chagrine.
S'il alloit de son fils me demander la mine?
MASCARILLE.
Belle difficulté! Devez-vous pas sçavoir
Qu'il étoit fort petit, alors qu'il l'a pû voir.
Et puis, outre cela, le tems & l'esclavage
Pourroient-ils pas avoir changé tout son visage?
LELIE.
Il est vrai. Mais di-moi, s'il connoît qu'il m'a vû,
Que faire?
MASCARILLE.
De mémoire êtes-vous dépourvu?
Nous avons dit tantôt, qu'outre que votre image
N'avoit dans son esprit pû faire qu'un passage,
Pour ne vous avoir vû que durant un moment,
Et le poil & l'habit déguisent grandement.
LELIE.
Fort bien. Mais à propos, cet endroit de Turquie?
MASCARILLE.
Tout, vous dis-je est égal, Turquie ou Barbarie.
LELIE.
Mais le nom de la ville où j'aurai pû les voir?
MASCARILLE.
Tunis. Il me tiendra, je crois, jusques au soir.
La répétition, dit-il, est inutile,
Et j'ai déjà nommé douze fois cette ville.
LELIE.
Va, va-t-en commencer, il ne me faut plus rien.
MASCARILLE.
Au moins soyez prudent, & vous conduisez bien;
Ne donnez point ici de l'imaginative.

COMEDIE.

LELIE.
Laisse-moi gouverner. Que ton ame est craintive !
MASCARILLE.
Horace dans Bologne écolier, Trufaldin
Zanobio Ruberti dans Naples citadin,
Le précepteur Albert.....
LELIE.
Ah ! C'est me faire honte,
Que de me tant prêcher ; suis-je un sot à ton compte ?
MASCARILLE.
Non pas du tout ; mais bien quelque chose approchant.

SCENE II.
LELIE seul.

Quand il m'est inutile, il fait le chien couchant ;
Mais parce qu'il sent bien le secours qu'il me donne,
Sa familiarité jusques-là s'abandonne.
Je vais être de près éclairé des beaux yeux,
Dont la force m'impose un joug si précieux ;
Je m'en vais sans obstacle, avec des traits de flamme,
Peindre à cette beauté les tourmens de mon ame ;
Je sçaurai quel arrêt je dois.... Mais les voici.

SCENE III.
TRUFALDIN, LELIE, MASCARILLE.

TRUFALDIN.

Sois béni, juste Ciel, de mon sort adouci !
MASCARILLE.
C'est à vous de rêver, & de faire des songes,

Puisqu'en vous il est faux que songes sont mensonges.
TRUFALDIN à *Lélie*.
Quelle grace, quels biens vous rendrai-je, Seigneur,
Vous, que je dois nommer l'ange de mon bonheur ?
LELIE.
Ce sont soins superflus & je vous en dispense.
TRUFALDIN à *Mascarille*.
J'ai, je ne sçai pas où, vu quelque ressemblance
De cet Arménien.
MASCARILLE.
C'est ce que je disois ;
Mais on voit des rapports admirables par fois.
TRUFALDIN.
Vous avez vu ce fils où mon espoir se fonde ?
LELIE.
Oui, Seigneur Trufaldin, le plus gaillard du monde.
TRUFALDIN.
Il vous a dit sa vie, & parlé fort de moi ?
LELIE.
Plus de dix mille fois.
MASCARILLE.
Quelque peu moins je croi.
LELIE.
Il vous a dépeint tel que je vous vois paroître,
Le visage, le port.....
TRUFALDIN.
Cela pourroit-il être,
Si lorsqu'il m'a pu voir il n'avoit que sept ans,
Et si son Précepteur, même depuis ce tems,
Auroit peine à pouvoir connoître mon visage ?
MASCARILLE.
Le sang, bien autrement, conserve cette image,
Par des traits si profonds ce portrait est tracé,
Que mon pere....
TRUFALDIN.
Suffit. Où l'avez-vous laissé ?
LELIE.
En Turquie, à Turin.

COMEDIE. 165

TRUFALDIN.

Turin? Mais cette ville
Eſt, je penſe, en Piémont.

MASCARILLE à part.

O cerveau mal habile !

(à Trufaldin)
Vous ne l'entendez pas, il veut dire Tunis,
Et c'eſt en effet là qu'il laiſſa votre fils ;
Mais les Arméniens ont tous pour habitude
Certain vice de langue à nous autres fort rude ;
C'eſt que dans tous les mots ils changent nis en rin,
Et pour dire Tunis, ils prononcent Turin.

TRUFALDIN.
Il falloit pour l'entendre avoir cette lumiere.
Quel moyen vous dit-il de rencontrer ſon pere ?

MASCARILLE.
(à part.)   (à Trufaldin, après s'être eſcrimé.)
Voyez s'il répondra. Je repaſſois un peu
Quelque leçon d'eſcrime, autrefois en ce jeu
Il n'étoit point d'adreſſe à mon adreſſe égale,
Et j'ai battu le fer en mainte & mainte ſalle.

TRUFALDIN à Maſcarille.
Ce n'eſt pas maintenant ce que je veux ſçavoir.
(à Lelie.)
Quel autre nom dit-il que je devois avoir ?

MASCARILLE.
A Seigneur Zanobio Ruberti, quelle joie
Eſt celle maintenant que le ciel vous envoie !

LELIE.
C'eſt-là votre vrai nom, & l'autre eſt emprunté.

TRUFALDIN.
Mais où vous a-t-il dit qu'il reçut la clarté ?

MASCARILLE.
Naples eſt un ſéjour qui paroît agréable ;
Mais pour vous ce doit être un lieu fort haïſſable.

TRUFALDIN.
Ne peux-tu, ſans parler, ſouffrir notre diſcours ?

LELIE.
Dans Naples ſon deſtin a commencé ſon cours.

L'ÉTOURDI,
TRUFALDIN.
Où l'envoyai-je jeune, & sous quelle conduite ?
MASCARILLE.
Ce pauvre maître Albert a beaucoup de mérite
D'avoir depuis Bologne accompagné ce fils,
Qu'à sa discrétion vos soins avoient commis.
TRUFALDIN.
Ah !
MASCARILLE à part
Nous sommes perdus, si cet entretien dure.
TRUFALDIN.
Je voudrois bien savoir de vous leur aventure,
Sur quel vaisseau le sort qui m'a sçu travailler....
MASCARILLE.
Je ne sçais ce que c'est, je ne fais que bâiller ;
Mais Seigneur Trufaldin, songez-vous que peut-être,
Ce Monsieur l'étranger a besoin de repaître,
Et qu'il est tard aussi ?
LELIE.
Pour moi point de repas.
MASCARILLE.
Ah ! Vous avez plus faim que vous ne pensez pas.
TRUFALDIN.
Entrez donc.
LELIE.
Après vous.
MASCARILLE à *Trufaldin.*
Monsieur, en Arménie
Les maîtres du logis sont sans cérémonie.
(*à Lélie, après que Trufaldin est entré dans sa maison.*)
Pauvre esprit ! Pas deux mots !
LELIE.
D'abord il m'a surpris ;
Mais n'appréhende plus, je reprends mes esprits,
Et m'en vais débiter avecque hardiesse.....
MASCARILLE.
Voici votre rival qui ne sçait pas la piece.
(*Ils entrent dans la maison de Trufaldin.*)

SCENE IV.
ANSELME, LÉANDRE.
ANSELME.

ARrêtez-vous, Léandre & souffrez un discours,
Qui cherche le repos & l'honneur de vos jours.
Je ne vous parle point en pere de ma fille,
En homme intéressé pour ma propre famille ;
Mais comme votre pere ému pour votre bien,
Sans vouloir vous flatter, & vous déguiser rien :
Bref, comme je voudrois d'une ame franche & pure
Que l'on fit à mon sang en pareille aventure.
Sçavez-vous de quel œil chacun voit cet amour,
Qui dedans une nuit vient d'éclater au jour ?
A combien de discours & de traits de risée
Votre entreprise d'hier est par-tout exposée ?
Quel jugement on fait du choix capricieux,
Qui pour femme, dit-on, vous désigne en ces lieux
Un rebut de l'Egypte, une fille coureuse,
De qui le noble emploi n'est qu'un métier de gueuse ?
J'en ai rougi pour vous encor plus que pour moi,
Qui me trouve compris dans l'éclat que je voi :
Moi, dis-je, dont la fille à vos ardeurs promise,
Ne peut sans quelque affront, souffrir qu'on la méprise,
Ah! Léandre, sortez de cet abaissement.
Ouvrez un peu les yeux sur votre aveuglement.
Si notre esprit n'est pas sage à toutes les heures,
Les plus courtes erreurs sont toujours les meilleures.
Quand on ne prend en dot que la seule beauté,
Le remords est bien près de la solemnité,
Et la plus belle femme a très-peu de défense
Contre cette tiédeur qui suit la jouissance.
Je vous le dis encor, ces bouillans mouvemens,

Ces ardeurs de jeunesse & ces emportemens
Nous font trouver d'abord quelques nuits agréables,
Mais ces félicités ne sont gueres durables,
Et, notre passion ralentissant son cours,
Après ces bonnes nuits, donnent de mauvais jours;
Delà viennent les soins, les soucis, les miseres,
Les fils déshérités par le courroux des peres.

LEANDRE.

Dans tout votre discours je n'ai rien écouté
Que mon esprit déjà ne m'ait representé.
Je sçai combien je dois à cet honneur insigne,
Que vous me voulez faire, & dont je suis indigne ;
Et vois, malgré l'effort dont je suis combattu,
Ce que vaut votre fille, & qu'elle est sa vertu ;
Aussi veux-je tâcher....

ANSELME.

On ouvre cette porte.
Retirons-nous plus loin, de crainte qu'il n'en sorte
Quelque secret poison dont vous seriez surpris.

SCENE V.

LELIE, MASCARILLE.

MASCARILLE.

Bientôt de notre fourbe on verra le débris,
Si vous continuez des sottises si grandes.

LELIE.

Dois-je éternellement ouïr tes réprimandes ?
De quoi te peux-tu plaindre ? Ai-je pas réussi
En tout ce que j'ai dit depuis ?

MASCARILLE.

Couci-couci.
Témoins les Turcs par vous appellés hérétiques,
Et que vous assurez par sermens authentiques
Adorer pour leurs Dieux la lune & le soleil.

Passé

COMEDIE. 169

Passe. Ce qui me donne un dépit nompareil,
C'est qu'ici votre amour étrangement s'oublie;
Près de Célie, il est ainsi que la bouillie,
Qui par un trop grand feu s'enfle, croit jusqu'aux bords,
Et de tous les côtés se répand au dehors.

LELIE.
Pourroit-on se forcer à plus de retenue?
Je ne l'ai presque point encore entretenue.

MASCARILLE.
Oui ; mais ce n'est pas tout que de ne parler pas;
Par vos gestes, durant un moment de repas,
Vous avez aux soupçons donné plus de matiere,
Que d'autres ne feroient dans une année entiere.

LELIE.
Et comment donc?

MASCARILLE.
Comment ? Chacun a pu le voir.
A table où Trufaldin l'oblige de se seoir,
Vous n'avez toujours fait qu'avoir les yeux sur elle,
Rouge, tout interdit, jouant de la prunelle,
Sans prendre jamais garde à ce qu'on vous servoit,
Vous n'aviez point de soif qu'alors qu'elle buvoit,
Et dans ses propres mains vous saisissant du verre,
Sans le vouloir rinser, sans rien jetter à terre,
Vous buviez sur son reste, & montriez d'affecter
Le côté qu'à sa bouche elle avoit sçu porter.
Sur les morceaux touchés de sa main délicate,
Ou mordus de ses dents, vous étendiez la patte
Plus brusquement qu'un chat dessus un souris,
Et les avaliez tous ainsi que des pois gris.
Puis, outre tout cela, vous faisiez sous la table
Un bruit, un triquetrac de pieds insupportable.
Dont Trufaldin heurté de deux coups trop pressans,
A puni par deux fois deux chiens très-innocens,
Qui, s'ils eussent osé, vous eussent fait querelle:
Et puis après cela votre conduite est belle?
Pour moi, j'en ai souffert la gêne sur mon corps.

Tome I,   H

Malgré le froid, je sue encor de mes efforts.
Attaché dessus vous comme un joueur de boule
Après le mouvement de la sienne qui roule,
Je pensois retenir toutes vos actions,
En faisant de mon corps mille contorsions.

LELIE.

Mon Dieu ! Qu'il t'est aisé de condamner des choses,
Dont tu ne ressens pas les agréables causes !
Je veux bien néanmoins, pour te plaire une fois,
Faire force à l'amour qui m'impose des loix.
Désormais....

SCENE VI.

TRUFALDIN, LELIE, MASCARILLE.

MASCARILLE.

Nous parlions des fortunes d'Horace.

TRUFALDIN
(à Lélie.)

C'est bien fait. Cependant me ferez-vous la grace
Que je puisse lui dire un seul mot en secret ?

LELIE.

Il faudroit autrement être fort indiscret.
(Lélie entre dans la maison de Trufaldin.)

COMEDIE.

SCENE VII.
TRUFALDIN, MASCARILLE.
TRUFALDIN.

Ecoute : sçais-tu bien ce que je viens de faire ?
MASCARILLE.
Non : mais si vous voulez, je ne tarderai guere,
Sans doute, à le sçavoir.
TRUFALDIN.
      D'un chêne grand & fort
Dont près de deux cens ans ont déja fait le sort,
Je viens de détacher une branche admirable,
Choisie expressément de grosseur raisonnable,
Dont j'ai fait sur le champ, avec beaucoup d'ardeur,
     (*il montre son bras.*)
Un bâton à peu près... oui, de cette grandeur,
Moins gros par l'un des bouts, mais plus que trente
  gaules,
Propre comme je pense, à rosser les épaules ;
Car il est bien en main, vert, noueux & massif.
MASCARILLE.
Mais pour qui, je vous prie, un tel préparatif ?
TRUFALDIN.
Pour toi premiérement, puis pour ce bon apôtre,
Qui veut m'en donner d'une & m'en jouer d'une
  autre,
Pour cet Arménien, ce marchand déguisé,
Introduit sous l'appas d'un conte supposé.
MASCARILLE.
Quoi ? vous ne croyez pas...
TRUFALDIN.
     Ne cherchez point d'excuse.
Lui-même heureusement a découvert sa ruse,

H 2

En difant à Célie, en lui ferrant la main,
Que pour elle il venoit fous ce prétexte vain;
Il n'a pas apperçu Jeannette ma fillole,
Laquelle a tout ouï parole pour parole;
Et je ne doute point, quoiqu'il n'en ait rien dit,
Que tu ne fois de tout le complice maudit.

MASCARILLE.

Ah! vous me faites tort. S'il faut qu'on vous affronte,
Croyez qu'il m'a trompé le premier à ce conte.

TRUFALDIN.

Veux tu me faire voir que tu dis vérité?
Qu'à le chaffer, mon bras foit du tient affifté;
Donnons-en à ce fourbe & du long & du large,
Et de tout crime après mon efprit te décharge.

MASCARILLE.

Oui-dà, très-volontiers, je l'époufterai bien,
Et par là vous verrez que je n'y trempe en rien.
(à part.)
Ah! Vous ferez roffé, Monfieur de l'Arménie,
Qui toujours gâtez tout!

SCENE VIII.

LELIE, TRUFALDIN, MASCARILLE.

TRUFALDIN à Lélie, après avoir heurté à fa porte.

Un mot, je vous fupplie.
Donc, Monfieur l'impofteur, vous ofez aujourd'hui
Duper un honnête-homme, & vous jouer de lui?

MASCARILLE.

Feindre avoir vu fon fils en une autre contrée;
Pour vous donner chez lui plus librement entrée?

COMÉDIE.

TRUFALDIN *bat Lélie.*
Vuidons, Vuidons sur l'heure.
LELIE *à Mascarille, qui le bat aussi.*
Ah! coquin!
MASCARILLE.
C'est ainsi
Que les fourbes...
LELIE.
Bourreau!
MASCARILLE.
Sont ajustés ici.
Gardez-moi bien cela.
LELIE.
Quoi donc? je serois homme...
MASCARILLE *le battant toujours & le chassant.*
Tirez, tirez, vous dis-je, ou bien je vous assomme.
TRUFALDIN.
Voilà qui me plaît fort ; rentre, je suis content.
(*Mascarille suit Trufaldin qui rentre dans sa maison.*)
LELIE *revenant.*
A moi par un valet cet affront éclatant!
L'auroit-on pu prévoir l'action de ce traître,
Qui vient insolemment de maltraiter son maître?
MASCARILLE *à la fenêtre de Trufaldin.*
Peut-on vous demander comme va votre dos?
LELIE.
Quoi! Tu m'oses encor tenir un tel propos?
MASCARILLE.
Voilà, voilà que c'est de ne voir pas Jeannette,
Et d'avoir en tout tems une langue indiscrette ;
Mais pour cette fois-ci je n'ai point de courroux,
Je cesse d'éclater, de pester contre vous ;
Quoique de l'action l'imprudence soit haute,
Ma main sur votre échine a lavé votre faute.
LELIE.
Ah, Je me vengerai de ce trait déloyal!
MASCARILLE.
Vous vous êtes causé vous-même tout le mal.

H 3

LELIE.
Moi?
MASCARILLE.
Si vous n'étiez pas une cervelle folle,
Quand vous avez parlé n'aguere à votre idole,
Vous auriez apperçu Jeannette sur vos pas,
Dont l'oreille subtile a découvert le cas.
LELIE.
On auroit pu surprendre un mot dit à Célie?
MASCARILLE.
Et d'où doncques viendroit cette prompte sortie?
Oüi, vous n'êtes dehors que par votre caquet.
Je ne sçai si souvent vous jouez au piquet;
Mais au moins faites vous des écarts admirables.
LELIE.
O! le plus malheureux de tous les misérables!
Mais encore, pourquoi me voir chassé par toi?
MASCARILLE.
Je ne fis jamais mieux que d'en prendre l'emploi;
Par-là, j'empêche au moins que de cet artifice
Je ne sois soupçonné d'être auteur ou complice.
LELIE.
Tu devois donc pour toi fraper plus doucement.
MASCARILLE.
Quelque sot. Trufaldin lorgnoit exactement:
Et puis, je vous dirai, sous ce prétexte utile,
Je n'étois point fâché d'évaporer ma bile.
Enfin la chose est faite, &, si j'ai votre foi
Qu'on ne vous verra point vouloir venger sur moi,
Soit indirectement, ou par quelqu'autre voie,
Les coups sur votre rable assénés avec joie,
Je vous promets, aidé par le poste où je suis,
De contenter vos vœux avant qu'il soit deux nuits.
LELIE.
Quoique ton traitement ait eu trop de rudesse,
Qu'est-ce que dessus moi ne peut cette promesse?
MASCARILLE.
Vous le promettez donc?

COMEDIE.

LELIE.
Oui, je te le promets.

MASCARILLE.
Ce n'est pas encore tout. Promettez que jamais
Vous ne vous mêlerez dans quoique j'entreprenne,

LELIE.
Soit.

MASCARILLE.
Si vous y manquez, votre fievre quartaine.

LELIE.
Mais tient moi donc parole, & songe à mon repos.

MASCARILLE.
Allez quitter l'habit, & graisser votre dos.

LELIE *seul.*
Faut-il que le malheur qui me suit à la trace,
Me fasse voir toujours disgrace sur disgrace!

MASCARILLE *sortant de chez Trufaldin.*
Quoi! vous n'êtes pas loin? Sortez vîte d'ici?
Mais, sur-tout, gardez-vous de prendre aucun souci:
Puisque je suis pour vous que cela vous suffise:
N'aidez point mon projet de la moindre entreprise;
Demeurez en repos.

LELIE *en sortant.*
Oui, va, je m'y tiendrai.

MASCARILLE *seul.*
Il faut voir maintenant quel biais je prendrai.

SCENE IX.

ERGASTE, MASCARILLE.

ERGASTE.
Mascarille, je viens te dire une nouvelle,
Qui donne à tes desseins une atteinte cruelle.
A l'heure que je parle, un jeune Egyptien,
Qui n'est pas noir pourtant, & sent assez son bien;

Arrive accompagné d'une vieille fort have,
Et vient chez Trufaldin racheter cette esclave
Que vous vouliez; pour elle il paroît fort zelé.

MASCARILLE.

Sans doute c'est l'amant dont Célie a parlé.
Fut-il jamais destin plus brouillé que le nôtre ?
Sortant d'un embarras, nous entrons dans un autre.
Envain nous apprenons que Léandre est au point,
De quitter la partie, & ne nous troubler point,
Que son pere, arrivé contre toute espérance,
Du côté d'Hippolyte emporte la balance,
Qu'il a tout fait changer par son autorité,
Et va dès aujourd'hui conclure le traité :
Lorsqu'un rival s'éloigne, un autre plus funeste
S'en vient nous enlever tout l'espoir qui nous reste.
Toutefois, par un trait merveilleux de mon art,
Je crois que je pourrai retarder leur départ,
Et me donner le tems qui sera nécessaire,
Pour tâcher de finir cette fameuse affaire.
Il s'est fait un grand vol, par qui, l'on n'en sait rien ;
Eux autres rarement passent pour gens de bien ;
Je veux adroitement, sur un soupçon frivole,
Faire pour quelques jours emprisonner le drôle.
Je sai des officiers de justice altérés,
Qui sont pour de tels coups de vrais délibérés ;
Dessus l'avide espoir de quelque paraguante,
Il n'est rien que leur art aveuglement ne tente,
Et du plus innocent, toujours à leur profit,
La bourse est criminelle, & paie son délit.

Fin du quatrieme Acte.

ACTE V.

SCENE PREMIERE.

MASCARILLE, ERGASTE.

MASCARILLE.

AH, chien ! Ah, double chien ! Mâtine de cervelle,
Ta persécution sera-t-elle éternelle !
ERGASTE.
Par les soins vigilans de l'exempt balafré,
Ton affaire alloit bien, le drôle étoit coffré,
Si ton maître au moment ne fut venu lui-même,
En vrai désespéré, rompre ton stratagême :
Je ne saurois souffrir, a-t-il dit hautement,
Qu'un honnête-homme soit traîné honteusement,
J'en réponds sur sa mine, & je le cautionne,
Et, comme on résistoit à lâcher sa personne,
D'abord il a chargé si bien sur les recors,
Qui sont gens d'ordinaire à craindre pour leurs corps,
Qu'à l'heure que je parle ils sont encore en fuite,
Et pensent tous avoir un Lélie à leur suite.
MASCARILLE.
Le traître ne sait pas que cet Egyptien
Est déjà là-dedans pour lui ravir son bien.
ERGASTE.
Adieu. Certaine affaire à te quitter m'oblige.

H 5

SCENE II.
MASCARILLE *seul*.

Oui, je suis stupéfait de ce dernier prodige.
On diroit, & pour moi j'en suis persuadé,
Que ce démon brouillon, dont il est possédé,
Se plaise à me braver, & me l'aille conduire
Par-tout où sa présence est capable de nuire
Pourtant je veux poursuivre, & malgré tous ces coups,
Voir qui l'emportera de ce diable ou de nous.
Célie est quelque peu de notre intelligence,
Et ne voit son départ qu'avecque répugnance.
Je tâche à profiter de cette occasion ;
Mais ils viennent ; songeons à l'exécution.
Cette maison meublée est en ma bienséance,
Je puis en disposer avec grande licence ;
Si le sort nous en dit, tout sera bien réglé,
Nul que moi ne s'y tient, & j'en garde la clé.
O Dieu ! Qu'en peu de tems on a vu d'aventures !
Et qu'un fourbe est contraint de prendre de figures !

SCENE III.
CELIE, ANDRÉS.
ANDRÉS.

Vous le savez, Célie, il n'est rien que mon cœur
N'ait fait pour vous prouver l'excès de son ardeur.
Chez les Vénitiens, dès un assez jeune âge,
La guerre en quelque estime avoit mis mon courage,
Et j'y pouvois un jour, sans trop croire de moi,
Prétendre, en les servant, un honorable emploi ;

COMEDIE, 179

Lorsqu'on me vit pour vous oublier toute chose,
Et que le prompt effet d'une métamorphose,
Qui suivit de mon cœur le soudain changement,
Parmi vos changemens sçut ranger votre amant;
Sans que mille accidens ni votre indifférence
Aient pu me détacher de ma persévérance.
Depuis, par un hasard, d'avec vous séparé
Pour beaucoup plus de tems que je n'eusse auguré,
Je n'ai pour vous rejoindre épargné tems ni peine:
Enfin, ayant trouvé la vieille Egyptienne,
Et plein d'impatience apprenant votre sort,
Que pour certain argent qui leur importoit fort,
Et qui de tous vos gens détourna le naufrage,
Vous aviez en ces lieux été mise en ôtage,
J'accours vîte y briser ces chaînes d'intérêt,
Et recevoir de vous les ordres qu'il vous plaît:
Cependant on vous voit une morne tristesse
Alors que dans vos yeux doit briller l'allégresse.
Si pour vous la retraite avoit quelques apas,
Venise, du butin fait parmi les combats,
Me garde pour tous deux dequoi pouvoir y vivre;
Que si comme devant il vous faut encor suivre,
J'y consens, & mon cœur n'ambitionnera
Que d'être auprès de vous tout ce qu'il vous plaira.

CELIE.

Votre zèle pour moi visiblement éclate,
Pour en paroître triste il faudroit être ingrate,
Et mon visage aussi, par son émotion,
N'explique point mon cœur en cette occasion.
Une douleur de tête y peint sa violence,
Et, si j'avois sur vous quelque peu de puissance,
Notre voyage, au moins pour trois ou quatre jours,
Attendroit que ce mal eut pris un autre cours.

ANDRES.

Autant que vous voudrez, faites qu'il se differe.
Toutes mes volontés ne buttent qu'à vous plaire,
Cherchons une maison à vous mettre en repos,
L'écriteau que voici s'offre tout à propos.

H 6

L'ÉTOURDI,

SCENE IV.

CELIE, ANDRÉS, MASCARILLE,
déguisé en Suisse.

ANDRÉS.

SEigneur, Suisse, êtes-vous de ce logis le maître ?
MASCARILLE.
Moi pour servir à sous.
ANDRÉS.
Pourrions-nous y bien être ?
MASCARILLE.
Oui, moi pour d'étrancher chappon chambre carni,
Ma che non point loger te gent te techant fi.
ANDRÉS.
Je crois votre maison franche de tout ombrage.
MASCARILLE.
Fous noufeau dans sti fil, moi foir à la fiffache.
ANDRÉS.
Oui.
MASCARILLE.
La matame est-il mariache al monsieur ?
ANDRÉS.
Quoi ?
MASCARILLE.
S'il être son fame, ou s'il être son sœur ?
ANDRÉS.
Non.
MASCARILLE.
Mon foi pien choli, fenir pour marchantife,
Ou pien pour temander à la palais chouftice,
La procès il faut rien, il couter tant d'archant,
La procurer larron, l'afocat pien méchant.

COMEDIE. 181

ANDRÉS.

Ce n'est pas pour cela.

MASCARILLE.

Fous tonc mener sti file,
Pour fenir pourmener & récarter la file.

ANDRÉS.
(à Célie.)

Il n'importe. Je suis à vous dans un moment.
Je vais faire venir la vieille promptement ;
Contremander aussi notre voiture prête.

MASCARILLE.

Li ne porte pas pien.

ANDRÉS.

Elle a mal à la tête.

MASCARILLE.

Moi chafoir te pon fin, & te fromache pon.
Entre fous, entre fous dans mon petit maison.

(*Célie, Andrés & Mascarille entrent dans la maison.*)

SCENE V.

LELIE, *seul.*

Quel que soit le transport d'une ame impatiente,
Ma parole m'engage à rester en attente,
A laisser faire un autre, & voir, sans rien oser,
Comme de mes destins le Ciel veut disposer.

SCENE VI.
ANDRÉS, LELIE.

LELIE *à Andrés qui sort de sa maison.*

DEmandez-vous quelqu'un dedans cette demeure ?
ANDRÉS.
C'est un logis garni que j'ai pris tout à l'heure.
LELIE.
A mon pere pourtant la maison appartient,
Et mon valet la nuit pour la garder s'y tient.
ANDRÉS.
Je ne sçai ; l'écriteau marque au moins qu'on la loue ;
Lisez.
LELIE.
Certes, ceci me surprend, je l'avoue.
Qui diantre l'auroit mis ? Et par quel intérêt....
Ah ! Ma foi, je devine à peu près ce que c'est ;
Cela ne peut venir que de ce que j'augure.
ANDRÉS.
Peut-on vous demander qu'elle est cette aventure ?
LELIE.
Je voudrois à tout autre en faire un grand secret ;
Mais pour vous il n'importe, & vous serez discret.
Sans doute l'écriteau que vous voyez paroître,
Comme je conjecture, au moins ne sçauroit être
Que quelque invention du valet que je di,
Que quelque nœud subtil qu'il doit avoir ourdi
Pour mettre en mon pouvoir certaine Egyptienne,
Dont j'ai l'ame piquée, & qu'il faut que j'obtienne ;
Je l'ai déjà manquée, & même plusieurs coups.
ANDRÉS.
Vous l'appellez ?

COMEDIE.

LELIE.
Célie.
ANDRÉS.
Hé! Que ne disiez-vous?
Vous n'aviez qu'à parler, je vous aurois sans doute
Epargné tous les soins que ce projet vous coute.
LELIE.
Quoi ! vous la connoissez?
ANDRÉS.
C'est moi, qui maintenant
Viens de la racheter.
LELIE.
O discours surprenant !
ANDRÉS.
Sa santé de partir ne pouvant nous permettre,
Au logis que voilà je venois de la mettre,
Et je suis très-ravi dans cette occasion,
Que vous m'ayez instruit de votre intention.
LELIE.
Quoi ! J'obtiendrois de vous le bonheur que j'espere?
Vous pourriez.....
ANDRÉS *allant frapper à la porte.*
Tout à l'heure on va vous satisfaire.
LELIE.
Que pourrai-je vous dire? Et quel remerciment.....
ANDRÉS.
Non, ne m'en faites point ; je n'en veux nullement.

―――――――――――

SCENE VII.

LELIE, ANDRÉS, MASCARILLE.

MASCARILLE *à part.*

HÉ bien ne voilà pas mon enragé de maître !
Il nous va faire encor quelque nouveau bissêtre.

LELIE.

Sous ce grotesque habit qui l'auroit reconnu !
Approche, Mascarille, & soit le bien venu.

MASCARILLE.

Moi Souisse ein chant t'honneur, moi non point Maquerille,
Chai point sentre jamais le fame ni le fille.

LELIE.

Le plaisant baragoin ! Il est bon, sur ma foi !

MASCARILLE.

Allez fous pourmener sans toi rire te moi.

LELIE.

Va, va, leve le masque & reconnois ton maître.

MASCARILLE.

Partié tiable mon foi chamais toi chai connoître.

LELIE.

Tout est accommodé, ne te déguise point.

MASCARILLE.

Si toi point en aller, chai paille ein cou te point.

LELIE.

Ton jargon Allemand est superflu, te dis-je ;
Car nous sommes d'accord, & sa bonté m'oblige.
J'ai tout ce que mes vœux peuvent lui demander,
Et tu n'as pas sujet de rien appréhender.

MASCARILLE.

Si vous êtes d'accord par un bonheur extrême,
Je me désuisse donc, & redeviens moi-même.

ANDRES.

Ce valet vous servoit avec beaucoup de feu :
Mais je reviens à vous, demeurez quelque peu.

COMEDIE.

SCENE VIII.
LELIE, MASCARILLE.
LELIE.

Hé bien, que diras-tu ?
MASCARILLE.
Que j'ai l'ame ravie
De voir d'un beau succès notre peine suivie.
LELIE.
Tu feignois à sortir de ton déguisement,
Et ne pouvois me croire en cet événement ?
MASCARILLE.
Comme je vous connois, j'étois dans l'épouvante,
Et trouve l'aventure aussi fort surprenante.
LELIE.
Mais confesse qu'enfin c'est avoir fait beaucoup.
Au moins j'ai réparé mes fautes à ce coup,
Et j'aurai cet honneur d'avoir fini l'ouvrage.
MASCARILLE.
Soit ; vous aurez été bien plus heureux que sage.

SCENE IX.
CELIE, ANDRÉS, LELIE, MASCARILLE.
ANDRÉS.

N'Est-ce pas-là l'objet dont vous m'avez parlé ?
LELIE.
Ah ! Quel bonheur au mien pourroit-être égalé !

ANDRÉS.

Il est vrai, d'un bienfait je vous suis redevable,
Si je ne l'avouois, je serois condamnable ;
Mais enfin ce bienfait auroit trop de rigueur,
S'il falloit le payer aux dépens de mon cœur.
Jugez dans le transport où sa beauté me jette,
Si je dois à ce prix vous acquitter ma dette ;
Vous êtes généreux, vous ne le voudriez pas :
Adieu. Pour quelques jours retournons sur nos pas.

SCENE X.
LELIE, MASCARILLE.
MASCARILLE *après avoir chanté.*

JE chante, & toutefois je n'en ai guere d'envie.
Vous voilà bien d'accord, il vous donne Célie ;
Hem ? Vous m'entendez bien.

LELIE.

C'est trop, je ne veux plus
Te demander pour moi un secours superflus.
Je suis un chien, un traître, un bourreau détestable,
Indigne d'aucun soin, de rien faire incapable.
Va, cesse tes efforts pour un malencontreux,
Qui ne sçauroit souffrir que l'on le rende heureux.
Après tant de malheurs, après mon imprudence,
Le trépas me doit seul prêter son assistance.

SCENE XI.
MASCARILLE *seul.*

VOilà le vrai moyen d'achever son destin ;
Il ne lui manque plus que de mourir enfin
Pour le couronnement de toutes ses sottises.

Mais en vain son dépit pour ses fautes commises
Lui fait licentier mes soins & mon appui,
Je veux, quoiqu'il en soit, le servir malgré lui,
Et dessus son lutin obtenir la victoire.
Plus l'obstacle est puissant, plus on reçoit de gloire;
Et les difficultés dont on est combattu,
Sont les dames d'atour qui parent la vertu.

SCENE XII.

CELIE, MASCARILLE.

CELIE *à Mascarille qui lui a parlé bas.*

Quoique tu veuilles dire, & que l'on se propose,
De ce retardement j'attends fort peu de chose.
Ce qu'on voit de succès peut bien persuader
Qu'ils ne sont pas encor fort près de s'accorder,
Et je t'ai déja dit qu'un cœur comme le nôtre,
Ne voudroit pas pour l'un faire injustice à l'autre;
Et que très-fortement par de différens nœuds,
Je me trouve attachée au parti de tous deux.
Si Lélie a pour lui l'amour & la puissance,
Andrés pour son partage a la reconnoissance,
Qui ne souffrira point que mes pensers secrets
Consultent jamais rien contre ses intérêts:
Oui, s'il ne peut avoir plus de place en mon ame,
Si le don de mon cœur ne couronne sa flâme,
Au moins dois-je le prix à ce qu'il fait pour moi
De n'en choisir point d'autre au mépris de sa foi,
Et de faire à mes vœux autant de violence,
Que j'en fais aux desirs qu'il met en évidence.
Sur ces difficultés qu'oppose mon devoir,
Juge ce que tu peux te permettre d'espoir.

MASCARILLE.

Ce sont, à dire vrai, de très-fâcheux obstacles,
Et je ne sçai point l'art de faire des miracles;

Mais je veux employer mes efforts plus puissans,
Remuer terre & ciel, m'y prendre de tous sens
Pour tâcher de trouver un biais salutaire,
Et vous dirai bientôt ce qui se pourra faire.

SCENE XIII.
HIPPOLYTE, CELIE.

HIPPOLYTE.

Depuis votre séjour, les dames de ces lieux
Se plaignent justement des larcins de vos yeux;
Si vous leur dérobez leurs conquêtes plus belles,
Et de tous leurs amans faites des infideles,
Il n'est gueres de cœurs qui puissent échapper
Aux traits dont à l'abord vous sçavez les frapper;
Et mille libertés à vos chaînes offertes,
Semblent vous enrichir chaque jour de nos pertes.
Quant à moi, toutefois je ne me plaindrois pas
Du pouvoir absolu de vos rares appas,
Si, lorsque mes amans sont devenus les vôtres,
Un seul m'eût consolé de la perte des autres;
Mais qu'inhumainement vous me les ôtiez tous,
C'est un dur procédé dont je me plains à vous.

CELIE.
Voilà d'un air galant faire une raillerie;
Mais épargnez un peu celle qui vous en prie.
Vos yeux, vos propres yeux se connoissent trop bien,
Pour pouvoir de ma part redouter jamais rien;
Ils sont fort assurés du pouvoir de leurs charmes,
Et ne prendront jamais de pareilles alarmes.

HIPPOLYTE.
Pourtant en ce discours je n'ai rien avancé,
Qui dans tous les esprits ne soit déjà passé;
Et sans parler du reste, on sçait bien que Célie
A causé des desirs à Léandre & Lélie.

CELIE.

Je crois qu'étant tombé dans cet aveuglement,
Vous vous consoleriez de leur perte aisément,
Et trouveriez pour vous l'amant peu souhaitable,
Qui d'un si mauvais choix se trouveroit capable.

HIPPOLYTE.

Au contraire, j'agis d'un air tout différent,
Et trouve en vos beautés un mérite si grand,
J'y vois tant de raisons capables de défendre
L'inconstance de ceux qui s'y laissent surprendre,
Que je ne puis blâmer la nouveauté des feux
Dont envers moi Léandre a parjuré ses vœux,
Et le vais voir tantôt, sans haine & sans colere,
Ramené sous mes loix par le pouvoir d'un pere.

SCENE XIV.

CELIE, HIPPOLYTE, MASCARILLE.

MASCARILLE.

Grande, grande nouvelle, & succès surprenant
Que ma bouche vous vient annoncer maintenant.

CELIE.

Qu'est-ce donc?

MASCARILLE.

Ecoutez, voici sans flatterie.....

CELIE.

Quoi?

MASCARILLE.

La fin d'une vraie & pure comédie.
La vieille Egyptienne à l'heure même....

CELIE.

Hé bien?

MASCARILLE.

Passoit dedans la place, & ne songeoit à rien,

Alors qu'une autre vieille assez défigurée,
L'ayant de près au nez long-tems considérée,
Par un bruit enroué de mots injurieux
A donné le signal d'un combat furieux,
Qui pour armes pourtant, mousquets, dagues, ou
　fléches,
Ne faisoit voir en l'air que quatre griffes séches,
Dont ces deux combattans s'efforçoient d'arracher
Ce peu que sur leurs os les ans laissent de chair.
On n'entend que ces mots, chienne, louve, ba-
　gace,
D'abord leurs escoffions ont volé par la place,
Et, laissant voir à nud deux têtes sans cheveux,
Ont rendu le combat risiblement affreux.
Andrés & Trufaldin à l'éclat du murmure,
Ainsi que force monde accourus d'aventure,
Ont à les décharpir eu de la peine assez,
Tant leurs esprits étoient par la fureur poussés.
Cependant que chacune, après cette tempête,
Songe à cacher aux yeux la honte de sa tête,
Et que l'on veut sçavoir qui causoit cette humeur ;
Celle qui la premiere avoit fait la rumeur,
Malgré la passion dont elle étoit émue,
Ayant sur Trufaldin long-tems tenu la vue,
C'est vous, si quelque erreur n'abuse ici mes yeux,
Qu'on m'a dit qui viviez inconnu dans ces lieux,
A-t-elle dit tout haut ; ô rencontre opportune !
Oui, Seigneur Zanobio Ruberti, la fortune
Me fait vous reconnoître, & dans le même instant
Que pour votre intérêt je me tourmentois tant ;
Lorsque Naples vous vit quitter votre famille,
J'avois, vous le sçavez, en mes mains votre fille
Dont j'élevois l'enfance, & qui, par mille traits,
Faisoit voir dès quatre ans sa grace & ses attraits.
Celle que vous voyez, cette infame sorciere,
Dedans notre maison se rendant familiere,
Me vola ce trésor. Hélas ! de ce malheur
Votre femme, je crois, conçut tant de douleur,

COMEDIE.

Que cela servit fort pour avancer sa vie ;
Si bien qu'entre mes mains cette fille ravie
Me faisant redouter un reproche fâcheux,
Je vous fis annoncer la mort de toutes deux:
Mais il faut maintenant, puisque je l'ai connue,
Qu'elle fasse sçavoir ce qu'elle est devenue.
Au nom de Zanobio Ruberti, que sa voix
Pendant tout ce recit répétoit plusieurs fois,
Andrés ayant changé quelque tems de visage
A Trufaldin surpris a tenu ce langage:
Quoi donc! Le ciel me fait trouver heureusement
Celui que jusqu'ici j'ai cherché vainement,
Et que j'avois pu voir, sans pourtant reconnoître
La source de mon sang & l'auteur de mon être !
Oui, mon pere, je suis Horace votre fils;
D'Albert qui me gardoit les jours étant finis,
Me sentant naître au cœur d'autres inquiétudes,
Je sortis de Bologne, & quittant mes études,
Portai durant six ans mes pas en divers lieux,
Selon que me poussoit un desir curieux :
Pourtant, après ce tems, une secrette envie
Me pressa de revoir les miens & ma patrie :
Mais dans Naples, hélas ! je ne vous trouvai plus,
Et n'y sçus votre sort que par des bruits confus :
Si bien, qu'à votre quête ayant perdu mes peines,
Venise pour un tems borna mes courses vaines ;
Et j'ai vécu depuis, sans que de ma maison
J'eusse d'autres clartés que d'en sçavoir le nom.
Je vous laisse à juger si, pendant ces affaires,
Trufaldin ressentoit des transports ordinaires.
Enfin pour retrancher ce que plus à loisir
Vous aurez le moyen de vous faire éclaircir,
Par la confession de votre Egyptienne,
Trufaldin maintenant vous reconnoît pour sienne ;
Andrés est votre frere ; & comme de sa sœur
Il ne peut plus songer à se voir possesseur,
Une obligation qu'il prétend reconnoître,
A fait qu'il vous obtient pour épouse à mon maître;

Dont le pere témoin de tout l'événement,
Donne à cet hymenée un plein confentement ;
Et pour mettre une joie entiere en fa famille,
Pour le nouvel Horace a propofé fa fille.
Voyez que d'incidens à la fois enfantés.

CELIE.
Je demeure immobile à tant de nouveautés.

MASCARILLE.
Tous viennent fur mes pas, hors les deux cham-
 pionnes,
Qui du combat encor remettent leurs perfonnes.
Léandre eft de la troupe, & votre pere auffi.
Moi, je vais avertir mon maître de ceci,
Et que, lorfqu'à fes vœux on croit le plus d'obf-
 tacle,
Le ciel en fa faveur produit comme un miracle.
     (*Mafcarille fort.*)

HIPPOLYTE.
Un tel raviffement rend mes efprits confus,
Que pour mon propre fort je n'en aurois pas plus.
Mais les voici venir.

SCENE XV.

TRUFALDIN, ANSELME, PANDOLFE, CELIE, HIPPOLYTE, LEANDRE, ANDRÉS.

TRUFALDIN,

AH, ma fille !
CELIE.
      Ah, mon pere !
TRUFALDIN.
Sçais-tu déjà comment le ciel nous eft profpere ?
J'en viens d'entendre ici le fuccès merveilleux.

       HIPPO-

COMEDIE. 193

HIPPOLYTE à *Léandre*.
En vain vous parleriez pour excuser vos feux,
Si j'ai devant les yeux ce que vous pouvez dire.
LEANDRE.
Un généreux pardon est ce que je desire ;
Mais j'atteste les cieux, qu'en ce retour soudain
Mon pere fait bien moins que mon propre dessein.
ANDRÉS à *Célie*.
Qui l'auroit jamais cru que cette ardeur si pure
Pût être condamnée un jour par la nature !
Toutefois tant d'honneur la sut toujours régir,
Qu'en y changeant fort peu je puis la retenir.
CELIE.
Pour moi, je me blâmois & croyois faire faute
Quand je n'avois pour vous qu'une estime très-haute.
Je ne pouvois savoir quel obstacle puissant
M'arrêtoit sur un pas si doux & si glissant,
Et détournoit mon cœur de l'aveu d'une flâme
Que mes sens s'efforçoient d'introduire en mon ame.
TRUFALDIN à *Célie*.
Mais en te retrouvant, que diras-tu de moi,
Si je songe aussi-tôt à me priver de toi,
Et t'engage à son fils sous les loix d'hymenée ?
CELIE.
Que de vous maintenant dépend ma destinée.

SCENE DERNIERE.

TRUFALDIN, ANSELME, PANDOLFE,
CÉLIE, HIPPOLITE, LÉLIE, LÉANDRE,
ANDRÉS, MASCARILLE.

MASCARILLE à *Lélie*.
Voyons si votre diable aura bien le pouvoir
De détruire à ce coup un si solide espoir ;
Et si, contre l'excès du bien qui nous arrive,

Tome I.   I

Vous armerez encor votre imaginative ?
Par un coup imprévu des destins les plus doux,
Vos vœux sont couronnés, & Célie est à vous.

LELIE.

Croirai-je que du ciel la puissance absolue...

TRUFALDIN.

Qui, mon gendre, il est vrai.

PANDOLFE.

La chose est résolue.

ANDRÉS à Lélie.

Je m'acquitte par-là de ce que je vous dois.

LELIE à Mascarille.

Il faut que je t'embrasse & mille & mille fois
Dans cette joie.

MASCARILLE.

Ahi, ahi, doucement, je vous prie.
Il m'a presque étouffé. Je crains fort pour Célie,
Si vous la caressez avec tant de transport ;
De vos embrassemens on se passeroit fort.

TRUFALDIN à Lélie.

Vous sçavez le bonheur que le ciel me renvoie ;
Mais puisqu'un même jour nous met tous dans la joie,
Ne nous séparons point qu'il ne soit terminé,
Et que son pere aussi nous soit vîte amené.

MASCARILLE.

Vous voilà tous pourvus. N'est-il point quelque fille
Qui pût accommoder le pauvre Mascarille ?
A voir chacun se joindre à sa chacune ici,
J'ai des demangeaisons de mariage aussi.

ANSELME.

J'ai ton fait.

MASCARILLE.

Allons donc ; & que les cieux prosperes
Nous donnent des enfans dont nous soyons les peres.

FIN.

LE DÉPIT
AMOUREUX,
COMÉDIE.

ACTEURS.

ALBERT, pere de Lucile & d'Ascagne.

POLIDORE, pere de Valere.

LUCILE, fille d'Albert.

ASCAGNE, fille d'Albert, déguisée en homme.

ERASTE, amant de Lucile.

VALERE, fils de Polidore.

MARINETTE, suivante de Lucile.

FROSINE, confidente d'Ascagne.

MÉTAPHRASTE, pédant.

GROS-RENÉ, valet d'Eraste.

MASCARILLE, valet de Valere.

LA RAPIERE, bréteur.

La Scene est à Paris.

LE DEPIT AMOUREUX

LE DÉPIT AMOUREUX, COMÉDIE.

ACTE PREMIER.

SCENE PREMIERE.
ERASTE, GROS-RENÉ.

ERASTE.

Veux-tu que je te die ? Une atteinte se-
 crette
Ne laisse point mon ame en une bonne
 assiette ;
Oüi, quoi qu'à mon amour tu puisses répartir,
Il craint d'être la dupe, à ne te point mentir,
Qu'en faveur d'un rival ta foi ne se corrompe,
Ou du moins, qu'avec moi, toi-même on ne te
 trompe.

GROS-RENÉ.
Pour moi, me soupçonner de quelque mauvais tour,

Je dirai, n'en déplaise à Monsieur votre amour,
Que c'est injustement blesser ma prud'hommie,
Et se connoître mal en physionomie.
Les gens de mon minois ne sont point accusés
D'être, graces à Dieu, ni fourbes ni rusés.
Cet honneur qu'on nous fait, je ne le déments gueres,
Et suis homme fort rond de toutes les manieres.
Pour que l'on me trompât, cela se pourroit bien,
Le doute est mieux fondé ; pourtant je n'en crois rien.
Je ne vois point encore où je suis une bête,
Sur quoi vous avez pu prendre martel en tête.
Lucile à mon avis vous montre assez d'amour,
Elle vous voit, vous parle à toute heure du jour ;
Et Valere, après tout, qui cause votre crainte,
Semble n'être à present souffert que par contrainte.

ERASTE.

Souvent d'un faux espoir un amant est nourri,
Le mieux reçu toujours n'est pas le plus chéri,
Et tout ce que d'ardeur font paroître les femmes,
Parfois n'est qu'un beau voile à couvrir d'autres flammes.
Valere enfin, pour être un amant rebuté,
Montre depuis un tems trop de tranquillité ;
Et, ce qu'à ces faveurs, dont tu crois l'apparence,
Il témoigne de joie ou bien d'indifférence,
M'empoisonne à tous coups leurs plus charmans appas,
Me donne ce chagrin que tu ne comprends pas,
Tient mon bonheur en doute, & me rend difficile
Une entiere croyance aux propos de Lucile.
Je voudrois, pour trouver un tel destin bien doux,
Y voir entrer un peu de son transport jaloux,
Et, sur ses déplaisirs & son impatience,
Mon ame prendroit lors une pleine assurance.
Toi-même, penses-tu qu'on puisse, comme il fait,
Voir chérir un rival d'un esprit satisfait ?
Et, si tu n'en crois rien, dis-moi, je t'en conjure,

Si j'ai lieu de rêver dessus cette aventure.
GROS-RENÉ.
Peut-être que son cœur a changé de desirs,
Connoissant qu'il poussoit d'inutiles soupirs.
ERASTE.
Lorsque par les rebuts une ame est détachée,
Elle veut fuir l'objet dont elle fut touchée,
Et ne rompt point sa chaîne avec si peu d'éclat,
Qu'elle puisse rester en un paisible état.
De ce qu'on a chéri la fatale présence,
Ne nous laisse jamais dedans l'indifférence ;
Et, si de cette vue on n'accroît son dédain,
Notre amour est bien près de nous rentrer au sein :
Enfin, crois-moi, si bien qu'on éteigne une flamme,
Un peu de jalousie occupe encore une ame ;
Et l'on ne sçauroit voir, sans en être piqué,
Posséder par un autre un cœur qu'on a manqué.
GROS-RENÉ.
Pour moi, je ne sçais point tant de philosophie ;
Ce que voyent mes yeux, franchement je m'y fie,
Et ne suis point de moi, si mortel ennemi,
Que je m'aille affliger sans sujet ni demi.
Pourquoi subtiliser, & faire le capable
A chercher des raisons pour être misérable ?
Sur des soupçons en l'air je m'irois allarmer ?
Laissons venir la fête avant que la chommer.
Le chagrin me paroît une incommode chose ;
Je n'en prends point, pour moi, sans bonne & juste cause ;
Et mêmes à mes yeux cent sujets d'en avoir
S'offrent le plus souvent, que je ne veux pas voir.
Avec vous en amour je cours même fortune,
Celle que vous aurez me doit être commune,
La maîtresse ne peut abuser votre foi,
A moins que la suivante en fasse autant pour moi :
Mais j'en fuis la pensée avec un soin extrême.
Je veux croire les gens, quand on me dit, je t'aime,
Et ne vais point chercher, pour m'estimer heureux,

Si Mascarille, ou non, s'arrache les cheveux.
Que tantôt Marinette endure qu'à son aise
Jodelet par plaisir la caresse & la baise,
Et que ce beau rival en rie ainsi qu'un fou,
A son exemple aussi j'en rirai tout mon saoul,
Et l'on verra qui rit avec meilleure grace.

ERASTE.
Voilà de tes discours.

GROS-RENÉ.
Mais je la vois qui passe.

SCENE II.

ERASTE, MARINETTE, GROS-RENÉ.

GROS-RENÉ.
St, Marinette ?

MARINETTE.
Ho, ho. Que fais-tu là !

GROS-RENÉ.
Ma foi,
Demande, nous étions tout à l'heure sur toi.

MARINETTE.
Vous êtes aussi là, Monsieur ! Depuis une heure :
Vous m'avez fait trotter comme un Basque, où je meure.

ERASTE.
Comment ?

MARINETTE.
Pour vous chercher j'ai fait dix mille pas,
Et vous promets, ma foi....

ERASTE.
Quoi ?

MARINETTE.
Que vous n'êtes pas

COMEDIE.

Au Temple, au cours, chez vous, ni dans la grande
 place.

GROS-RENÉ.
Il falloit en jurer.

ERASTE.
Apprend-moi donc, de grace,
Qui te fait me chercher ?

MARINETTE.
Quelqu'un, en vérité,
Qui pour vous n'a pas trop mauvaise volonté ;
Ma maîtresse en un mot.

ERASTE.
Ah, chere Marinette !
Ton discours de son cœur est-il bien l'interprete ?
Ne me déguise point un myſtere fatal,
Je ne t'en voudrai pas pour cela plus de mal :
Au nom des dieux, dis-moi ſi ta belle maîtreſſe
N'abuſe point mes vœux d'une fauſſe tendreſſe.

MARINETTE.
Hé, hé, d'où vous vient donc ce plaiſant mouve-
 ment ?
Elle ne fait pas voir aſſez ſon ſentiment ?
Quel garant eſt-ce encore que votre amour demande ?
Que lui faut-il ?

GROS-RENÉ.
A moins que Valere ſe pende,
Bagatelle, ſon cœur ne s'aſſurera point.

MARINETTE.
Comment ?

GROS-RENÉ.
Il eſt jaloux juſques en un tel point.

MARINETTE.
De Valere? Ah ! Vraiment la penſée eſt bien belle !
Elle peut ſeulement naître en votre cervelle.
Je vous croyois du ſens, & juſqu'à ce moment
J'avois de votre eſprit quelque bon ſentiment :
Mais, à ce que je vois, je m'étois fort trompée.
Ta tête de ce mal eſt-elle auſſi frappée ?

I 5

GROS-RENÉ.

Mais jaloux ? Dieu m'en garde, & d'être assez badin
Pour m'aller emmaigrir avec un tel chagrin.
Outre que de ton cœur, ta foi me cautionne,
L'opinion que j'ai de moi-même est trop bonne,
Pour croire auprès de moi que quelqu'autre te plût ;
Où diantre pourrois-tu trouver qui me valût ?

MARINETTE.

En effet tu dis bien ; voilà comme il faut être.
Jamais de ces soupçons qu'un jaloux fait paroître ;
Tout le fruit qu'on en cueille est de se mettre mal,
Et d'avancer par-là les desseins d'un rival.
Au mérite souvent de qui l'éclat vous blesse ;
Vos chagrins font ouvrir les yeux d'une maîtresse ;
Et j'en sçai tel, qui doit son destin le plus doux
Aux soins trop inquiets de son rival jaloux ;
Enfin, quoiqu'il en soit, témoigner de l'ombrage,
C'est jouer en amour un mauvais personnage,
Et se rendre, après tout, misérable à crédit.
Cela, Seigneur Eraste, en passant vous soit dit.

ERASTE.

Hé bien, n'en parlons plus. Que venois-tu m'apprendre ?

MARINETTE.

Vous mériteriez bien que l'on vous fît attendre.
Qu'afin de vous punir je vous tinsse caché
Le grand secret pourquoi je vous ai tant cherché.
Tenez, voyez ce mot, & sortez hors de doute,
Lisez-le donc tout haut, personne ici n'écoute.

ERASTE *lit.*

Vous m'avez dit que votre amour
Etoit capable de tout faire ;
Il se couronnera lui-même dans ce jour,
S'il peut avoir l'aveu d'un père.
Faites parler les droits qu'on a dessus mon cœur,
Je vous en donne la licence ;
Et si c'est en votre faveur,
Je vous réponds de mon obéissance.

Ah ! Quel bonheur ! O toi, qui me l'as apporté,
Je te dois regarder comme une déité.
GROS-RENÉ.
Je vous le difois bien : contre votre croyance,
Je ne me trompe guere aux chofes que je penfe.
ERASTE *relit.*
Faites parler les droits qu'on a deſſus mon cœur,
Je vous en donne la licence ;
Et ſi c'eſt en votre faveur,
Je vous réponds de mon obéiſſance.
MARINETTE.
Si je lui rapportois vos foibleſſes d'efprit,
Elle défavoueroit bientôt un tel écrit.
ERASTE.
Ah ! Cache-lui, de grace, une peur paſſagere
Où mon ame a cru voir quelque peu de lumiere,
Ou, ſi tu la lui dis, ajoute que ma mort
Eſt prête d'expier l'erreur de ce tranſport ;
Que je vais à ſes pieds, ſi j'ai pu lui déplaire,
Sacrifier ma vie à ſa juſte colere.
MARINETTE.
Ne parlons point de mort, ce n'en eſt point le tems.
ERASTE.
Au reſte, je te dois beaucoup, & je prétends
Reconnoître dans peu de la bonne maniere,
Les ſoins d'une ſi noble & ſi belle couriere.
MARINETTE.
A propos ; ſçavez-vous où je vous ai cherché
Tantôt encore ?
ERASTE.
Hé bien ?
MARINETTE.
Tout proche du marché ;
Où vous ſçavez.
ERASTE.
Où donc ?

MARINETTE.
Là.... dans cette boutique
Où dès le mois paſſé votre cœur magnifique
Me promit, de ſa grace, une bague.
ERASTE.
Ah! J'entends.
GROS-RENÉ.
La matoiſe!
ERASTE.
Il eſt vrai, j'ai tardé trop long-tems
A m'acquiter vers toi d'une telle promeſſe :
Mais....
MARINETTE.
Ce que j'en dis, n'eſt pas que je vous preſſe.
GROS-RENÉ.
Ho, que non!
ERASTE *lui donne ſa bague.*
Celle-ci peut-être aura de quoi
Te plaire; accepte-la pour celle que je doi.
MARINETTE.
Monſieur, vous vous moquez, j'aurois honte à la
 prendre.
GROS-RENÉ.
Pauvre honteuſe, prends ſans davantage attendre.
Refuſer ce qu'on donne, eſt bon à faire aux fous.
MARINETTE.
Ce ſera pour garder quelque choſe de vous.
ERASTE.
Quand puis-je rendre grace à cet ange adorable?
MARINETTE.
Travaillez à vous rendre un pere favorable.
ERASTE.
Mais s'il me rebutoit, dois-je....
MARINETTE.
Alors comme alors,
Pour vous on employera toutes ſortes d'efforts.
D'une façon ou d'autre il faut qu'elle ſoit vôtre;
Faites votre pouvoir, & nous ferons le nôtre.

COMEDIE.

ERASTE.

Adieu ; nous en sçaurons le succès dans ce jour.
(*Eraste relit la lettre tout bas.*)

MARINETTE à *Gros-René*.

Et nous, que dirons-nous aussi de notre amour ?
Tu ne m'en parle point.

GROS-RENÉ.

Un hymen qu'on souhaite,
Entre gens comme nous, est chose bientôt faite.
Je te veux : me veux-tu de même ?

MARINETTE.

Avec plaisir.

GROS-RENÉ.

Touche, il suffit.

MARINETTE.

Adieu, Gros-René, mon desir.

GROS-RENÉ.

Adieu, mon astre.

MARINETTE.

Adieu, beau tison de ma flamme.

GROS-RENÉ.

Adieu, chere comete, arc-en-ciel de mon ame.
(*Marinette sort.*)
Le bon Dieu soit loué, nos affaires vont bien ;
Albert n'est pas un homme à vous refuser rien.

ERASTE.

Valere vient à nous.

GROS-RENÉ.

Je plains le pauvre here,
Sçachant ce qui se passe.

SCENE III.
VALERE, ERASTE, GROS-RENÉ.
ERASTE.

Hé bien, Seigneur Valere ?
VALERE.
Hé bien, Seigneur Eraste ?
ERASTE
En quel état l'amour ?
VALERE.
En quel état vos feux ?
ERASTE.
Plus forts de jour en jour.
VALERE.
Et mon amour plus fort.
ERASTE.
Pour Lucile ?
VALERE.
Pour elle.
ERASTE.
Certes, je l'avouerai, vous êtes le modele
D'une rare constance.
VALERE.
Et votre fermeté
Doit être un rare exemple à la postérité.
ERASTE.
Pour moi, je suis peu fait à cet amour austere,
Qui dans les seuls regards trouve à se satisfaire,
Et je ne forme point d'assez beaux sentimens
Pour souffrir constamment les mauvais traitemens :
Enfin, quand j'aime bien, j'aime fort que l'on m'aime.
VALERE.
Il est très-naturel, & j'en suis bien de même.
Le plus parfait objet dont je serois charmé

COMEDIE.

N'auroit pas mes tributs, n'en étant point aimé.
ERASTE.
Lucile cependant....
VALERE.
Lucile dans son ame,
Rend tout ce que je veux qu'elle rende à ma flâme.
ERASTE.
Vous êtes donc facile à contenter ?
VALERE.
Pas tant
Que vous pourriez penser.
ERASTE.
Je puis croire pourtant,
Sans trop de vanité, que je suis en sa grace.
VALERE.
Moi, je sçai que j'y tiens une assez bonne place.
ERASTE.
Ne vous abusez point, croyez-moi.
VALERE.
Croyez-moi,
Ne laissez point duper vos yeux à trop de foi.
ERASTE.
Si j'osois vous montrer une preuve assurée
Que son cœur... Non, votre ame en seroit altérée.
VALERE.
Si je vous osois, moi, découvrir en secret....
Mais je vous fâcherois, & veux être discret.
ERASTE.
Vraiment, vous me poussez, & contre mon envie,
Votre présomption veut que je l'humilie.
Lisez.
VALERE *après avoir lu.*
Ces mots sont doux.
ERASTE.
Vous connoissez la main ?
VALERE.
Oui, de Lucile.

LE DÉPIT AMOUREUX,

ERASTE.

Hé bien? Cet espoir si certain...

VALERE *riant & s'en allant.*

Adieu, Seigneur Eraste.

GROS-RENÉ.

Il est fou, le bon sire.
Où vient-il donc pour lui de voir le mot pour rire?

ERASTE.

Certes, il me surprend, & j'ignore, entre nous,
Quel diable de mystere est caché là-dessous.

GROS-RENÉ.

Son valet vient, je pense.

ERASTE.

Oui, je le vois paroître.
Feignons, pour le jetter sur l'amour de son maître.

SCENE IV.

ERASTE, MASCARILLE, GROS-RENÉ.

MASCARILLE *à part.*

Non, je ne trouve point d'état plus malheureux
Que d'avoir un patron jeune & fort amoureux.

GROS-RENÉ.

Bon jour.

MASCARILLE.

Bon jour.

GROS-RENÉ.

Où tend Mascarille à cette heure?
Que fait-il? Revient-il? Va-t-il? Ou s'il demeure?

MASCARILLE.

Non, je ne reviens pas, car je n'ai pas été;
Je ne vais pas aussi, car je suis arrêté,
Et ne demeure point, car tout de ce pas même,
Je prétends m'en aller.

COMÉDIE.

ERASTE.

La rigueur est extrême.
Doucement, Mascarille.

MASCARILLE.

Ah ! Monsieur, serviteur

ERASTE.

Vous nous fuyez bien vîte : hé quoi ! Vous fais-je peur ?

MASCARILLE.

Je ne crois pas cela de votre courtoisie.

ERASTE.

Touche ; nous n'avons plus sujet de jalousie ;
Nous devenons amis, & mes feux que j'éteins,
Laissent la place libre à vos heureux desseins.

MASCARILLE.

Plût à Dieu !

ERASTE.

Gros-René sçait qu'ailleurs je me jette.

GROS-RENÉ.

Sans doute ; & je te cede aussi la Marinette.

MASCARILLE.

Passons sur ce point-là ; notre rivalité
N'est pas pour en venir à grande extrêmité.
Mais est-ce un coup bien sûr que votre Seigneurie
Soit dés-enamourée, ou si c'est raillerie ?

ERASTE.

J'ai sçu qu'en ses amours ton maître étoit trop bien,
Et je serois un fou de prétendre plus rien
Aux étroites faveurs qu'il a de cette belle.

MASCARILLE.

Certes, vous me plaisez avec cette nouvelle.
Outre qu'en nos projets je vous craignois un peu,
Vous tirez sagement votre épingle du jeu.
Oui, vous avez bien fait de quitter une place
Où l'on vous caressoit pour la seule grimace ;
Et mille fois, sçachant tout ce qui se passoit,
J'ai plaint le faux espoir dont on vous repaissoit.
On offense un brave homme alors que l'on l'abuse ;

ERASTE.
Parle; mais prends bien garde à ce que tu vas faire.
A ma juste fureur rien ne te peut souftraire,
Si tu mens d'un seul mot en ce que tu diras.
MASCARILLE.
J'y confens, rompez-moi les jambes & les bras,
Faites-moi pis encore, tuez-moi, si j'impofe,
En tout ce que j'ai dit ici, la moindre chofe.
ERASTE.
Ce mariage eft vrai ?
MASCARILLE.
    Ma langue, en cet endroit,
A fait un pas de clerc dont elle s'apperçoit :
Mais enfin cette affaire eft comme vous la dites,
Et c'eft après cinq jours de nocturnes vifites,
Tandis que vous ferviez à mieux couvrir leur jeu,
Que depuis avant hier ils font joints de ce nœud,
Et Lucile depuis fait encore moins paroître
La violente amour qu'elle porte à mon maître,
Et veut abfolument que tout ce qu'il verra,
Et qu'en votre faveur fon cœur témoignera,
Il l'impute à l'effet d'une haute prudence,
Qui veut de leurs fecrets ôter la connoiffance.
Si, malgré mes fermens, vous doutez de ma foi,
Gros-René peut venir une nuit avec moi,
Et je lui ferai voir étant en fentinelle,
Que nous avons dans l'ombre un libre accès chez elle.
ERASTE.
Ote-toi de mes yeux, maraud.
MASCARILLE.
      Et de grand cœur.
C'eft ce que je demande.

COMEDIE. 213

SCENE V.
ERASTE, GROS-RENÉ.

ERASTE.

Hé bien !

GROS-RENÉ.

Hé bien, Monsieur ?
Nous en tenons tous deux, si l'autre est véritable.

ERASTE.

Las ! Il ne l'est que trop, le bourreau détestable,
Je vois trop d'apparence à tout ce qu'il a dit,
Et ce qu'a fait Valere en voyant cet écrit,
Marque bien leur concert, & que c'est une baie
Qui sert, sans doute, aux feux dont l'ingrate le paie.

SCENE VI.
ERASTE, MARINETTE, GROS-RENÉ.

MARINETTE.

Je viens vous avertir que tantôt sur le soir,
Ma maîtresse au jardin vous promet de la voir.

ERASTE.

Ose-tu me parler, ame double & traîtresse ?
Vas, sors de ma presence, & dis à ta maîtresse
Qu'avecque ses écrits elle me laisse en paix,
Et que voilà l'état, infâme, que j'en fais.
(Il déchire la lettre & sort.)

MARINETTE.

Gros-René, dis-mois donc, quelle mouche le pique.

GROS-RENÉ.

M'ose-tu bien encor parler, femelle inique ?

Crocodile trompeur, de qui le cœur selon
Eſt pire qu'un Satrape, ou bien qu'un Leſtrigon?
Va, va rendre réponſe à ta bonne Maîtreſſe,
Et lui dis bien & beau, que malgré ſa ſoupleſſe,
Nous ne ſommes plus ſots ni mon maître ni moi,
Et déſormais qu'elle aille au diable avecque toi.

    MARINETTE *ſeule*.

Ma pauvre Marinette, es-tu bien éveillée?
De quel démon eſt donc leur ame travaillée?
Quoi? Faire un tel accueil à nos ſoins obligeans?
O! Que ceci chez nous va ſurprendre les gens!

Fin du premier Acte.

ACTE II.

SCENE PREMIERE.
ASCAGNE, FROSINE.

FROSINE.

Ascagne, je suis fille à secret, Dieu merci.

ASCAGNE.

Mais, pour un tel discours, sommes-nous bien ici ?
Prenons garde qu'aucun ne nous vienne surprendre,
Ou que de quelqu'endroit on ne nous puisse entendre.

FROSINE.

Nous serions au logis beaucoup moins sûrement :
Ici de tous côtés on découvre aisément,
Et nous pouvons parler avec toute assurance.

ASCAGNE.

Hélas ! que j'ai de peine à rompre mon silence !

FROSINE.

Ouais ! Ceci doit donc être un important secret.

ASCAGNE.

Trop, puisque je le fie à vous-même à regret,
Et que, si je pouvois le cacher davantage,
Vous ne le sçauriez point.

FROSINE.

     Ah ! c'est me faire outrage.
Feindre à s'ouvrir à moi, dont vous avez connu
Dans tous vos intérêts l'esprit si retenu ?
Moi, nourrie avec vous, & qui tiens sous silence
Des choses qui vous sont de si grande importance,
Qui sçais.....

ASCAGNE.

   Oui, vous sçavez la secrette raison

Qui cache aux yeux de tous mon sexe & ma maison;
Vous sçavez que dans celle où passa mon bas âge
Je suis pour y pouvoir retenir l'héritage
Qui relâchoit ailleurs le jeune Ascagne mort,
Dont mon déguisement fait revivre le sort,
Et c'est aussi pourquoi ma bouche se dispense
A vous ouvrir mon cœur avec plus d'assurance,
Mais, avant que passer, Frosine, à ce discours,
Eclaircissez un doute, où je tombe toujours.
Se pourroit-il qu'Albert ne sçut rien du mystere
Qui masque ainsi mon sexe, & l'a rendu mon pere?

FROSINE.

En bonne-foi, ce point sur quoi vous me pressez,
Est une affaire aussi qui m'embarrasse assez:
Le fond de cette intrigue est pour moi lettre close,
Et ma mere ne peut m'éclaircir mieux la chose.
Quand il mourut ce fils, l'objet de tant d'amour,
Au destin de qui même, avant qu'il vint au jour,
Le testament d'un oncle abondant en richesses,
D'un soin particulier avoit fait des largesses;
Et que sa mere fit un secret de sa mort,
De son époux absent redoutant le transport,
S'il voyoit chez un autre aller tout l'héritage
Dont sa maison tiroit un si grand avantage;
Quand, dis-je, pour cacher un tel événement,
La supposition fut de son sentiment;
Et qu'on vous prit chez nous où vous étiez nourrie,
(Votre mere d'accord de cette tromperie,
Qui remplaçoit ce fils à sa garde commis,)
En faveur des presens le secret fut promis.
Albert ne l'a point sçu de nous, & pour sa femme
L'ayant plus de douze ans conservé dans son ame,
Comme le mal fut prompt dont on la vit mourir,
Son trépas imprévu ne put rien découvrir,
Mais cependant je vois qu'il garde intelligence
Avec celle de qui vous tenez la naissance.
J'ai sçu, qu'en secret même, il lui faisoit du bien,
Et peut-être cela ne se fait pas pour rien.

D'autre

COMEDIE. 217

D'autre part, il vous peut porter au mariage,
Et comme il le prétend, c'est un mauvais langage :
Je ne sais s'il sauroit la suppostion
Sans le déguisement; mais la digression
Tout insensiblement pourroit trop loin s'étendre:
Revenons au secret que je brûle d'apprendre.

ASCAGNE.
Sachez donc que l'amour ne sait point s'abuser,
Que mon sexe à ses yeux n'a pu se déguiser,
Et que ses traits subtils, sous l'habit que je porte,
Ont su trouver le cœur d'une fille peu forte ;
J'aime enfin.

FROSINE.
Vous aimez.

ASCAGNE.
Frosine, doucement.
N'entrez pas tout-à-fait dedans l'étonnement ;
Il n'est pas tems encore ; &, ce cœur qui soupire,
A bien, pour vous surprendre autre chose à vous dire.

FROSINE.
Et quoi ?

ASCAGNE.
J'aime Valere.

FROSINE.
Ah, vous avez raison.
L'objet de votre amour ! Lui, dont à la maison
Votre imposture enleve un puissant héritage,
Et, qui de votre sexe ayant le moindre ombrage,
Verroit incontinent ce bien lui retourner !
C'est encore un plus grand sujet de s'étonner.

ASCAGNE.
J'ai de quoi, toutefois, surprendre plus votre ame :
Je suis sa femme.

FROSINE.
O dieux, sa femme !

ASCAGNE.
Oui, sa femme.

Tome I. K

FROSINE.

Ah, certes celui-là l'emporte, & vient à bout
De toute ma raison.

ASCAGNE.

Ce n'est pas encor tout.

FROSINE.

Encore?

ASCAGNE.

Je la suis, dis-je, sans qu'il le pense,
Ni qu'il ait de mon sort la moindre connoissance.

FROSINE.

Ho ! poussez, je le quitte, & ne raisonne plus,
Tant mes sens coup sur coup se trouvent confondus.
A ces énigmes-là je ne puis rien comprendre.

ASCAGNE.

Je vais vous l'expliquer, si vous voulez l'entendre.
Valere, dans les fers de ma sœur arrêté,
Me sembloit un amant digne d'être écouté,
Je ne pouvois souffrir qu'on rebutât sa flamme,
Sans qu'un peu d'intérêt touchât pour lui mon ame ;
Je voulois que Lucile aimât son entretien,
Je blâmois ses rigueurs, & les blâmai si bien,
Que moi-même j'entrai, sans pouvoir m'en défen-
  dre,
Dans tous les sentimens qu'elle ne pouvoit prendre.
C'étoit, en lui parlant, moi qu'il persuadoit,
Je me laissois gagner aux soupirs qu'il perdoit,
Et ses vœux rejettés de l'objet qui l'enflamme,
Etoient comme vainqueurs, reçus dedans mon ame.
Ainsi mon cœur, Frosine, un peu trop foible, hélas !
Se rendit à des soins qu'on ne lui rendoit pas,
Par un coup réfléchi reçut une blessure,
Et paya pour un autre avec beaucoup d'usure.
Enfin, ma chere, enfin l'amour que j'eus pour lui
Se voulut expliquer ; mais sous le nom d'autrui,
Dans ma bouche une nuit, cet amant trop aimabl
Crut rencontrer Lucile à ses vœux favorable,
Et je sus ménager si bien cet entretien,

Que du déguisement il ne reconnut rien.
Sous ce voile trompeur, qui flattoit sa pensée,
Je lui dis que pour lui mon ame étoit blessée ;
Mais que voyant mon pere en d'autres sentimens,
Je devois une feinte à ses commandemens ;
Qu'ainsi de notre amour nous ferions un mystere
Dont la nuit seulement seroit dépositaire,
Et qu'entre nous, de jour, de peur de rien gâter,
Tout entretien secret se devoit éviter,
Qu'il me verroit alors la même indifférence,
Qu'avant que nous eussions aucune intelligence,
Et que de son côté, de même que du mien,
Geste, parole, écrit, ne m'en dit jamais rien.
Enfin, sans m'arrêter à toute l'industrie
Dont j'ai conduit le fil de cette tromperie,
J'ai poussé jusqu'au bout un projet si hardi,
Et me suis assuré l'époux que je vous di.

FROSINE.

Ho, ho ! Les grands talens que votre esprit possede !
Diroit-on qu'elle y touche avec sa mine froide !
Cependant vous avez été bien vîte ici,
Car je veux que la chose ait d'abord réussi,
Ne jugez-vous pas bien, à regarder l'issue,
Qu'elle ne peut long-tems éviter d'être sue ?

ASCAGNE.

Quand l'amour est bien fort, rien ne peut l'arrêter,
Ses projets seulement vont à se contenter,
Et, pourvu qu'il arrive au but qu'il se propose,
Il croit que tout le reste après est peu de chose.
Mais enfin aujourd'hui je me découvre à vous,
Afin que vos conseils.... Mais voici cet époux.

SCENE II.

VALERE, ASCAGNE, FROSINE,

VALERE.

SI vous êtes tous deux en quelque conférence,
Où je vous fasse tort de mêler ma présence,
Je me retirerai.

ASCAGNE.
Non, non, vous pouvez bien,
Puisque vous le faisiez, rompre notre entretien.

VALERE.
Moi ?

ASCAGNE.
Vous-même.

VALERE.
Et comment ?

ASCAGNE.
Je disois que Valere
Auroit, si j'étois fille, un peu trop su me plaire,
Et que, si je faisois tous les vœux de son cœur,
Je ne tarderois guere à faire son bonheur.

VALERE.
Ces protestations ne coûtent pas grand chose,
Alors qu'à leur effet un pareil si s'opose ?
Mais vous seriez bien pris si quelque événement
Alloit mettre à l'épreuve un si doux compliment.

ASCAGNE.
Point du tout : je vous dis que régnant dans votre ame.
Je voudrois de bon cœur couronner votre flamme.

VALERE.
Et si c'étoit quelqu'une, où par votre secours
Vous puissiez être utile au bonheur de mes jours ?

COMEDIE.

ASCAGNE.
Je pourrois assez mal répondre à votre attente.

VALERE.
Cette confession n'est pas trop obligeante.

ASCAGNE.
Hé, quoi ? Vous voudriez, Valere, injustement,
Qu'étant fille, & mon cœur vous aimant tendrement,
Je m'allasse engager avec une promesse
De servir vos ardeurs pour quelqu'autre maîtresse ?
Un si pénible effort pour moi m'est interdit.

VALERE.
Mais cela n'étant pas ?

ASCAGNE.
    Ce que je vous ai dit,
Je l'ai dit comme fille, & vous le devez prendre
Tout de même.

VALERE.
   Ainsi donc il ne faut rien prétendre,
Ascagne a des bontés que vous auriez pour nous,
A moins que le ciel fasse un grand miracle en vous ;
Bref, si vous n'êtes fille, adieu votre tendresse,
Il ne vous reste rien qui pour nous s'intéresse.

ASCAGNE.
J'ai l'esprit délicat plus qu'on ne peut penser,
Et le moindre scrupule a de quoi m'offenser,
Quand il s'agit d'aimer, enfin je suis sincere,
Je ne m'engage point à vous servir, Valere,
Si vous ne m'assurez, au moins absolument,
Que vous avez pour moi le même sentiment ;
Que pareille chaleur d'amitié vous transporte,
Et, que si j'étois fille, une flamme plus forte
N'outrageroit point celle où je vivrois pour vous.

VALERE.
Je n'avois jamais vu ce scrupule jaloux ;
Mais tout nouveau qu'il est ce mouvement m'oblige
Et je vous fais ici tout l'aveu qu'il exige.

ASCAGNE.
Mais sans fard ?
VALERE.
Oui, sans fard.
ASCAGNE.
S'il est vrai, désormais
Vos intérêts seront les miens, je vous promets.
VALERE.
J'ai bientôt à vous dire un important mystere,
Où l'effet de ces mots me sera nécessaire.
ASCAGNE.
Et j'ai quelque secret de même à vous ouvrir,
Où votre cœur pour moi se pourra découvrir.
VALERE.
Hé, de quelle façon cela pourroit-il être ?
ASCAGNE.
C'est que j'ai de l'amour qui ne sauroit paroître,
Et vous pourriez avoir sur l'objet de mes vœux
Un empire à pouvoir rendre mon sort heureux.
VALERE.
Expliquez-vous, Ascagne, & croyez par avance
Que votre heur est certain, s'il est en ma puissance,
ASCAGNE.
Vous promettez ici plus que vous ne croyez.
VALERE.
Non, non, dites l'objet pour qui vous m'employez.
ASCAGNE.
Il n'est pas encor tems ; mais c'est une personne
Qui vous touche de près.
VALERE.
Votre discours m'étonne.
Plût à Dieu que ma sœur....
ASCAGNE.
Ce n'est pas la saison
De m'expliquer, vous dis-je.
VALERE.
Et pourquoi ?
ASCAGNE.
Pour raison

COMEDIE.

Vous fçaurez mon secret, quand je fçaurai le vôtre.
VALERE.
J'ai besoin pour cela de l'aveu de quelque autre.
ASCAGNE.
Ayez-le donc; & lors, nous expliquant nos vœux,
Nous verrons qui tiendra mieux parole des deux.
VALERE.
Adieu, j'en suis content.
ASCAGNE.
     Et moi content, Valere.
      (*Valere sort.*)
FROSINE.
Il croit trouver en vous l'assistance d'un frere.

SCENE III.
LUCILE, ASCAGNE, FROSINE, MARINETTE.

LUCILE *à Marinette les trois premiers vers.*

C'En est fait; c'est ainsi que je puis me venger,
Et, si cette action a de quoi l'affliger,
C'est toute la douceur que mon cœur s'y propose.
Mon frere, vous voyez une métamorphose.
Je veux chérir Valere après tant de fierté,
Et mes vœux maintenant tournent de son côté.
ASCAGNE.
Que dites-vous, ma sœur? Comment? Courir au change?
Cette inégalité me semble trop étrange.
LUCILE.
La vôtre me surprend avec plus de sujet.
De vos soins autrefois Valere étoit l'objet,
Je vous ai vu pour lui m'accuser de caprice,
D'aveugle cruauté, d'orgueil, & d'injustice;
Et, quand je veux l'aimer, mon dessein vous déplaît.

LE DÉPIT AMOUREUX,

Et je vous vois parler contre son intérêt.

ASCAGNE.

Je le quitte, ma sœur, pour embrasser le vôtre :
Je sçai qu'il est rangé dessous les loix d'un autre,
Et ce seroit un trait honteux à vos appas,
Si vous le rappelliez & qu'il ne revint pas.

LUCILE.

Si ce n'est que cela, j'aurai soin de ma gloire,
Et je sçai, pour son cœur, tout ce que j'en dois croire.
Il s'explique à mes yeux intelligiblement ;
Ainsi découvrez-lui, sans peur, mon sentiment ?
Ou si vous refusez de le faire, ma bouche
Lui va faire sçavoir que son ardeur me touche.
Quoi ? Mon frere, à ces mots, vous restez interdit ?

ASCAGNE.

Ah, ma sœur ! Si sur vous je puis avoir crédit,
Si vous êtes sensible aux prieres d'un frere,
Quittez un tel destin, & n'ôtez point Valere
Aux vœux d'un jeune objet dont l'intérêt m'est cher,
Et qui, sur ma parole, a droit de vous toucher.
La pauvre infortunée aime avec violence,
A moi seul de ses feux elle fait confidence,
Et je vois dans son cœur des tendres mouvemens
A dompter la fierté des plus durs sentimens.
Oui, vous auriez pitié de l'état de son ame,
Connoissant de quel coup vous menacez sa flamme,
Et je ressens si bien la douleur qu'elle aura,
Que je suis assuré, ma sœur, qu'elle en mourra,
Si vous lui dérobez l'amant qui peut lui plaire.
Eraste est un parti qui peut vous satisfaire,
Et des feux mutuels....

LUCILE.

Mon frere, c'est assez.
Je ne sçai point pour qui vous vous intéressez ?
Mais, de grace, cessons ce discours, je vous prie,
Et me laissez un peu dans quelque rêverie.

ASCAGNE.

Allez, cruelle sœur, vous me désespérez,
Si vous effectuez vos desseins déclarés.

COMEDIE.

SCENE IV.
LUCILE, MARINETTE.

MARINETTE.

La résolution, Madame, est assez prompte.
LUCILE.
Un cœur ne pese rien alors que l'on l'affronte,
Il court à sa vengeance, & saisit promptement
Tout ce qu'il croit servir à son ressentiment.
Le traître ! Faire voir cette insolence extrême !
MARINETTE.
Vous m'en voyez encor toute hors de moi-même,
Et quoique là-dessus je rumine sans fin,
L'aventure me passe, & j'y perds mon Latin.
Car enfin, aux transports d'une bonne nouvelle,
Jamais cœur ne s'ouvrit d'une façon plus belle ;
De l'écrit obligeant le sien tout transporté
Ne me donnoit pas moins que de la déité,
Et cependant jamais, à cet autre message,
Fille ne fut traitée, avecque tant d'outrage.
Je ne sçai, pour causer de si grands changemens,
Ce qui s'est pu passer entre ces courts momens.
LUCILE.
Rien ne s'est pu passer dont il faille être en peine,
Puisque rien ne le doit défendre de ma haine.
Quoi ? Tu voudrois chercher hors de sa lâcheté,
La secrette raison de cette indignité ?
Cet écrit malheureux, dont mon ame s'accuse,
Peut-il à son transport souffrir la moindre excuse ?
MARINETTE.
En effet ; je comprends que vous avez raison,
Et que cette querelle est pure trahison.
Nous en tenons, Madame, & puis prêtons l'oreille

Aux bons chiens de pendards qui nous chantent merveille,
Qui, pour nous accrocher, feignent tant de langueur,
Laiſſons à leurs beaux mots fondre notre rigueur;
Rendons-nous à leurs vœux, trop foibles que nous ſommes :
Foin de notre ſottiſe, & peſte ſoit des hommes.

LUCILE.

Hé bien, bien, qu'il s'en vante, & rie à nos dépens;
Il n'aura pas ſujet d'en triompher long-tems ;
Et je lui ferai voir qu'en une ame bien faite
Le mépris ſuit de près la faveur qu'on rejette.

MARINETTE.

Au moins en pareil cas, eſt-ce un bonheur bien doux,
Quand on ſçait qu'on n'a point d'avantage ſur nous.
Marinette eut bon nez, quoi qu'on en puiſſe dire,
De ne permettre rien un ſoir qu'on vouloit rire.
Quelqu'autre, ſous l'eſpoir du *matrimonium*,
Auroit ouvert l'oreille à la tentation,
Mais moi, *neſcio vos*.

LUCILE.

Que tu dis de folies,
Et choiſis mal ton tems pour de telles ſaillies !
Enfin je ſuis touchée au cœur ſenſiblement ;
Et ſi jamais celui de ce perfide amant,
Par un coup de bonheur, dont j'aurois tort, je penſe,
De vouloir à preſent concevoir l'eſpérance,
(Car le ciel a trop pris plaiſir de m'affliger,
Pour me donner celui de me pouvoir venger :)
Quand, dis-je, par un ſort à mes déſirs propice
Il reviendroit m'offrir ſa vie en ſacrifice,
Déteſter à mes pieds l'action d'aujourd'hui,
Je te défends ſur-tout de me parler pour lui.
Au contraire je veux que ton zele s'exprime
A me bien mettre aux yeux la grandeur de ſon crime,
Et même ſi mon cœur étoit pour lui tenté
De deſcendre jamais à quelque lâcheté,
Que ton affection me ſoit alors ſévére,

COMEDIE. 227

Et tienne comme il faut la main à ma colere.
MARINETTE.
Vraiment, n'ayez point peur, & laissez faire à nous.
J'ai pour le moins autant de colere que vous,
Et je ferois plutôt fille toute ma vie,
Que mon gros traître auſſi me redonnât envie.....
S'il vient....

SCENE V.
ALBERT, LUCILE, MARINETTE.
ALBERT.

REntrez, Lucile, & me faites venir
Le Précepteur, je veux un peu l'entretenir,
Et m'informer de lui qui me gouverne Aſcagne,
S'il ſçait point quel ennui depuis peu l'accompagne.

SCENE VI.
ALBERT ſeul.

EN quel gouffre de ſoins & de perplexité
Nous jette une action faite ſans équité ?
D'un enfant ſuppoſé par mon trop d'avarice,
Mon dœur depuis long-tems ſouffre bien le ſupplice,
Et quand je vois les maux où je me ſuis plongé,
Je voudrois à ce bien n'avoir jamais ſongé.
Tantôt je crains de voir, par la fourbe éventée,
Ma famille en opprobre & miſere jettée :
Tantôt pour ce fils-là qu'il me faut conſerver,
Je crains cent accidens qui peuvent arriver.
S'il advient que dehors quelque affaire m'appelle,
J'appréhende au retour cette triſte nouvelle,

K 6

Las, vous ne sçavez pas, vous l'a-t-on annoncé !
Votre fils a la fievre, ou jambe, ou bras cassé :
Enfin, à tous momens sur quoi que je m'arrête,
Cent sortes de chagrins me roulent dans la tête.
Ah ! ....

SCENE VII.

ALBERT, METAPHRASTE.

METAPHRASTE.

Mandatum tuum curo diligenter.

ALBERT.

Maître, j'ai voulu....

METAPHRASTE.

Maître est dit *à magis ter.*
C'est comme qui diroit trois fois plus grand.

ALBERT.

Je meure,
Si je sçavois cela. Mais, soit, à la bonne heure.
Maître, donc....

METAPHRASTE.

Poursuivez.

ALBERT.

Je veux poursuivre aussi ;
Mais ne poursuivez point, vous, d'interrompre
 ainsi.
Donc, encore une fois, maître, c'est la troisieme
Mon fils me rend chagrin, vous sçavez que je l'aime,
Et que soigneusement je l'ai toujours nourri.

METAPHRASTE.

Il est vrai ; *Filio non potest præferri*
Nisi filius.

ALBERT.

Maître, en discourant ensemble,

COMEDIE.

Ce jargon n'eſt pas fort néceſſaire, me ſemble;
Je vous crois grand Latin, & grand Docteur juré,
Je m'en rapporte à ceux qui m'en ont aſſuré:
Mais dans un entretien qu'avec vous je deſtine,
N'allez point déployer toute votre doctrine,
Faire le pédagogue, & cent mots me cracher,
Comme ſi vous étiez en chaire pour prêcher.
Mon pere, quoiqu'il eut la tête des meilleures,
Ne m'a jamais rien fait aprendre que mes heures,
Qui depuis cinquante ans dites journellement,
Ne ſont encor pour moi que du haut Allemand.
Laiſſez donc en repos votre ſcience auguſte,
Et que votre langage à mon foible s'ajuſte.

METAPHRASTE.
Soit.

ALBERT.
A mon fils. L'hymen ſemble lui faire peur,
Et ſur quelque parti que je fonde ſon cœur,
Pour un pareil lien il eſt froid & recule.

METAPHRASTE.
Peut-être a-t-il l'humeur du frere de Marc-Tulle,
Dont avec Atticus le même fait *ſermon*,
Et comme auſſi les Grecs diſent *Atanaton*......

ALBERT.
Mon Dieu, Maître éternel, laiſſez-là, je vous prie,
Les Grecs, les Albanois, avec l'Eſclavonie,
Et tous ces autres gens dont vous voulez parler;
Eux & mon fils n'ont rien enſemble à démêler.

METAPHRASTE.
Hé bien donc, votre fils?

ALBERT.
Je ne ſçai ſi dans l'ame,
Il ne ſentiroit point quelque ſecrette flamme;
Quelque choſe le trouble, ou je ſuis fort déçu,
Et je l'apperçus hier ſans en être apperçu,
Dans un recoin du bois où nul ne ſe retire.

METAPHRASTE.
Dans un lieu reculé du bois, voulez-vous dire?

Un endroit écarté ? *Latinè, secessus,*
Virgile l'a dit, *Est in secessu locus....*
ALBERT.
Comment auroit-il pu l'avoir dit, ce Virgile,
Puisque je suis certain que dans ce lieu tranquille,
Ame du monde enfin n'étoit lors que nous deux?
METAPHRASTE.
Virgile est nommé là comme un auteur fameux
D'un terme plus choisi que le mot que vous dites,
Et non comme témoin de ce qu'hier vous vîtes.
ALBERT.
Et moi, je vous dis, moi, que je n'ai pas besoin
De terme plus choisi, d'auteur, ni de témoin,
Et qu'il suffit ici de mon seul témoignage.
METAPHRASTE.
Il faut choisir pourtant les mots mis en usage
Par les meilleurs auteurs. *Tu vivendo bonos,*
Comme on dit, *scribendo, sequare peritos.*
ALBERT.
Homme, ou démon, veux-tu m'entendre sans conteste?
METAPHRASTE.
Quintillien en fait le précepte.
ALBERT.
La peste
Soit du causeur !
METAPHRASTE.
Et dit là-dessus doctement
Un mot que vous serez bien aise, assurément,
D'entendre.
ALBERT.
Je serai le diable qui t'emporte,
Chien d'homme ! Oh, que je suis tenté d'étrange sorte
De faire sur ce mufle une application.
METAPHRASTE.
Mais qui cause, Seigneur, votre inflammation?
Que voulez-vous de moi?
ALBERT.
Je veux que l'on m'écoute,

Vous ai-je dit vingt fois, quand je parle.
METAPHRASTE.
Ah! Sans doute.
Vous serez satisfait; s'il ne tient qu'à cela;
Je me tais.
ALBERT.
Vous ferez sagement.
METAPHRASTE.
Me voilà
Tout prêt de vous ouir.
ALBERT.
Tant mieux.
METAPHRASTE.
Que je trépasse,
Si je dis plus mot.
ALBERT.
Dieu vous en fasse la grace.
METAPHRASTE.
Vous n'accuserez point mon caquet désormais.
ALBERT.
Ainsi soit-il.
METAPHRASTE.
Parlez quand vous voudrez.
ALBERT.
J'y vais.
METAPHRASTE.
Et n'appréhendez plus l'interruption nôtre.
ALBERT.
C'est assez dit.
METAPHRASTE.
Je suis exact plus qu'aucun autre.
ALBERT.
Je le crois.
METAPHRASTE.
J'ai promis que je ne dirai rien.
ALBERT.
Suffit.
METAPHRASTE.
Dès-à-présent je suis muet.

ALBERT.
Fort bien.
METAPHRASTE.
Parlez ; courage, au moins, je vous donne audience.
Vous ne vous plaindrez pas de mon peu de silence :
Je ne desserre pas la bouche seulement.
ALBERT *à part.*
Le traître !
METAPHRASTE.
Mais, de grace, achevez vîtement :
Depuis long-tems j'écoute, il est bien raisonnable
Que je parle à mon tour.
ALBERT.
Donc, bourreau détestable....
METAPHRASTE.
Hé, bon Dieu ! Voulez-vous que j'écoute à jamais ?
Partageons le parler, du moins, où je m'en vais
ALBERT.
Ma patience est bien....
METAPHRASTE.
Quoi ? Voulez-vous poursuivre ?
Ce n'est pas encor fait ? *Per Jovem !* Je suis ivre.
ALBERT.
Je n'ai pas dit....
METAPHRASTE.
Encor ? Bon Dieu, que de discours !
Rien n'est-il suffisant d'en arrêter le cours ?
ALBERT.
J'enrage.
METAPHRASTE.
Derechef ? O l'étrange torture !
Hé, laissez-moi parler un peu, je vous conjure.
Un sot qui ne dit mot, ne se distingue pas
D'un sçavant qui se tait.
ALBERT.
Parbleu, tu te tairas.

SCENE VIII.
METAPHRASTE seul.

D'Où vient fort à propos cette sentence expresse
D'un Philosophe : Parle, afin qu'on te connoisse.
Doncques si de parler le pouvoir m'est ôté,
Pour moi j'aime autant perdre aussi l'humanité,
Et changer mon essence en celle d'une bête.
Me voilà pour huit jours avec un mal de tête.
Oh ! que les grands parleurs par moi sont détestés !
Mais quoi ! Si les sçavans ne sont pas écoutés,
Si l'on veut que toujours ils aient la bouche close,
Il faut donc renverser l'ordre de chaque chose,
Que les poules dans peu dévorent les renards,
Que les jeunes enfans remontrent aux vieillards,
Qu'à poursuivre les loups les agnelets s'ébattent,
Qu'un fou fasse les loix, que les femmes combattent,
Que par les criminels les juges soient jugés,
Et par les écoliers les maîtres fustigés,
Que le malade au sain presente le remede,
Que le lievre craintif. ....

SCENE IX.
ALBERT, METAPHRASTE.

(Albert sonne aux oreilles de Metaphraste avec une cloche de mulet qui le fait fuir.)

METAPHRASTE fuyant.

Miséricorde, à l'aide.

Fin du second Acte.

ACTE III.

SCENE PREMIERE.
MASCARILLE.

LE ciel par fois feconde un deffein téméraire,
Et l'on fort comme on peut d'une méchante affaire.
Pour moi, qu'une imprudence a trop fait difcourir,
Le remede plus prompt où j'ai fçu recourir,
C'eft de pouffer ma pointe, & dire en diligence
A notre vieux patron toute la manigance.
Son fils, qui m'embarraffe, eft un évaporé :
L'autre diable, difant ce que j'ai déclaré,
Gare une irruption fur notre fripperie :
Au moins, avant qu'on puiffe échauffer fa furie,
Quelque chofe de bon nous pourra fuccéder,
Et les vieillards entre eux fe pourront accorder.
C'eft ce qu'on va tenter, & de la part du nôtre,
Sans perdre un feul moment, je m'en vais trouver
  l'autre.

(*Il frappe à la porte d'Albert.*)

SCENE II.
ALBERT, MASCARILLE.

ALBERT.

Qui frappe ?

MASCARILLE.

Ami.

COMÉDIE.

ALBERT.

Oh, oh ! Qui te peut amener, Mascarille ?

MASCARILLE.

Je viens, Monsieur, pour vous donner Le bon jour.

ALBERT.

Ah ! Vraiment tu prends beaucoup de peine. De tout mon cœur, bon jour.

(*Il s'en va.*)

MASCARILLE.

La replique est soudaine, Quel homme brusque !

(*Il heurte.*)

ALBERT.

Enco ?

MASCARILLE.

Vous n'avez pas ouï, Monsieur....

ALBERT.

Ne m'as-tu pas donné le bon jour ?

MASCARILLE.

Oui.

ALBERT.

Hé bien, bon jour, te dis-je.

(*Il s'en va, Mascarille l'arrête.*)

MASCARILLE.

Oui ; mais je viens encore Vous saluer au nom du Seigneur Polidore.

ALBERT.

Ah ! C'est un autre fait. Ton maître t'a chargé De me saluer ?

MASCARILLE.

Oui.

ALBERT.

Je lui suis obligé ; Va, que je lui souhaite une joie infinie.

(*Il s'en va.*)

MASCARILLE.
Cet homme est ennemi de la cérémonie.
(Il heurte.)
Je n'ai pas achevé, Monsieur, son compliment,
Il voudroit vous prier d'un chose instamment.
ALBERT.
Hé bien, quand il voudra, je suis à son service.
MASCARILLE *l'arrêtant.*
Attendez, & souffrez qu'en deux mots je finisse.
Il souhaite un moment, pour vous entretenir
D'une affaire importante, & doit ici venir.
ALBERT.
Hé, quelle est-elle encor l'affaire qui l'oblige
A me vouloir parler ?
MASCARILLE.
Un grand secret, vous dis-je
Qu'il vient de découvrir en ce même moment,
Et qui, sans doute, importe à tous deux grandement.
Voilà mon ambassade.

SCENE III.
ALBERT *seul.*

O Juste ciel, Je tremble !
Car enfin nous avons peu de commerce ensemble.
Quelque tempête va renverser mes desseins,
Et ce secret, sans doute est celui que je crains.
L'espoir de l'intérêt m'a fait quelque infidele,
Et voilà sur ma vie une tache éternelle.
Ma fourbe est découverte. Oh ! que la vérité
Se peut cacher long-tems avec difficulté,
Et qu'il eût mieux valu pour moi, pour mon estime,
Suivre les mouvemens, d'une peur légitime,
Par qui je me suis vu tenté plus de vingt fois
De rendre à Polidore un bien que je lui dois,

De prévenir l'éclat où ce coup-ci m'expose,
Et faire qu'en douceur passât toute la chose.
Mais, hélas! c'en est fait, il n'est plus de saison,
Et ce bien par la fraude entré dans ma maison,
N'en sera point tiré, que dans cette sortie
Il n'entraîne du mien la meilleure partie.

SCENE IV.
POLIDORE, ALBERT.

POLIDORE, *les quatre premiers vers sans voir Albert.*

S'Etre ainsi marié sans qu'on en ait sçu rien!
Puisse cette action se terminer à bien!
Je ne sçai qu'en attendre ; & je crains fort du pere
Et la grande richesse, & la juste colere.
Mais je l'apperçois seul.

ALBERT.
     Ciel, Polidore vient!

POLIDORE.
Je tremble à l'aborder.

ALBERT.
     La crainte me retient.

POLIDORE.
Par où lui débuter?

ALBERT.
     Quel sera mon langage?

POLIDORE.
Son ame est toute émue.

ALBERT.
     Il change de visage.

POLIDORE.
Je vois, Seigneur Albert, au trouble de vos yeux
Que vous sçavez déjà qui m'amene en ces lieux.

LE DÉPIT AMOUREUX,

ALBERT.

Hélas ! oui.

POLIDORE.

La nouvelle a droit de vous surprendre,
Et je n'eusse pas crû ce que je viens d'apprendre.

ALBERT.

J'en dois rougir de honte & de confusion.

POLIDORE.

Je trouve condamnable une telle action,
Et je ne prétends point excuser le coupable.

ALBERT.

Dieu fait miséricorde au pécheur misérable.

POLIDORE.

C'est ce qui doit par vous être considéré.

ALBERT.

Il faut être chrétien.

POLIDORE.

Il est très-assuré.

ALBERT.

Grace, au nom de Dieu, grace, ô Seigneur Polidore !

POLIDORE.

Hé ! c'est moi qui de vous presentement l'implore.

ALBERT.

Afin de l'obtenir je me jette à genoux.

POLIDORE.

Je dois en cet état être plutôt que vous.

ALBERT.

Prenez quelque pitié de ma triste aventure.

POLIDORE.

Je suis le suppliant dans une telle injure.

ALBERT.

Vous me fendez le cœur avec votre bonté.

POLIDORE.

Vous me rendez confus de tant d'humilité.

ALBERT.

Pardon, encore un coup.

POLIDORE.

Hélas ! pardon vous-même.

COMEDIE.

ALBERT.
J'ai de cette action une douleur extrême.
POLIDORE.
Et moi, j'en suis touché de même au dernier point.
ALBERT.
J'ose vous conjurer qu'elle n'éclate point.
POLIDORE.
Hélas ! Seigneur Albert, je ne veux autre chose.
ALBERT.
Conservons mon honneur.
POLIDORE.
     Hé ! oui, je m'y dispose.
ALBERT.
Quant au bien qu'il faudra vous-même en résoudrez.
POLIDORE.
Je ne veux de vos biens que ce que vous voudrez :
De tous ces intérêts je vous ferai le maître ;
Et je suis trop content si vous le pouvez être.
ALBERT.
Ah ! quel homme de Dieu, quel excès de douceur !
POLIDORE.
Quelle douceur vous-même après un tel malheur !
ALBERT.
Que puissiez-vous avoir toutes choses prospéres !
POLIDORE.
Le bon Dieu vous maintienne !
ALBERT.
     Embrassons-nous en freres.
POLIDORE.
J'y consens de grand cœur, & me réjouis fort
Que tout soit terminé par un heureux accord.
ALBERT.
J'en rends graces au ciel.
POLIDORE.
     Il ne vous faut rien feindre,
Votre ressentiment me donnoit lieu de craindre ;
Et Lucile tombée en faute avec mon fils,
Comme on nous voit puissant, & de bien & d'amis,

ALBERT.
Hé ! Que parlez-vous-là de faute & de Lucile ?
POLIDORE.
Soit, ne commençons point un discours inutile.
Je veux bien que mon fils y trempe grandement,
Même, si cela fait à votre allégement,
J'avouerai qu'à lui seul en est toute la faute,
Que votre fille avoit une vertu trop haute
Pour avoir jamais fait ce pas contre l'honneur
Sans l'incitation d'un méchant suborneur,
Que le traître a séduit sa pudeur innocente,
Et de votre conduite ainsi détruit l'attente.
Puisque la chose est faite, & que, selon mes vœux
Un esprit de douceur nous met d'accord tous deux
Ne ramentevons rien, & réparons l'offense
Par la solemnité d'une heureuse alliance.
ALBERT à part.
O Dieu ! quelle méprise, & qu'est-ce qu'il m'apprend !
Je rentre ici d'un trouble en un autre aussi grand.
Dans ces divers transports je ne sçai que répondre,
Et, si je dis un mot, j'ai peur de me confondre.
POLIDORE.
A quoi pensez-vous-là, Seigneur Albert ?
ALBERT.
A rien.
Remettons, je vous prie, à tantôt l'entretien.
Un mal subit me prend qui veut que je vous laisse.

SCENE V.
POLIDORE seul.

JE lis dedans son ame, & vois ce qui le presse.
A quoi que sa raison l'eût déjà disposé,
Son déplaisir n'est pas encor tout appaisé.
L'image de l'affront lui revient, & sa fuite

Tâche

COMEDIE.

Tâche à me déguiser le trouble qui l'agite.
Je prends part à sa honte, & son deuil m'attendrit.
Il faut qu'un peu de tems remette son esprit.
La douleur trop contrainte aisément se redouble.
Voici mon jeune fou d'où nous vient tout ce trouble.

SCENE VI.
POLIDORE, VALERE.
POLIDORE.

Enfin, le beau mignon, vos bons déportemens
Troubleront les vieux jours d'un pere à tous momens,
Tous les jours vous ferez de nouvelles merveilles,
Et nous n'aurons jamais autre chose aux oreilles.
VALERE.
Que fais-je tous les jours qui soit si criminel ?
En quoi mériter tant le courroux paternel ?
POLIDORE.
Je suis un étrange homme, & d'un humeur terrible
D'accuser un enfant si sage & si paisible.
Las, il vit comme un saint, & dedans la maison
Du matin jusqu'au soir il est en oraison.
Dire qu'il pervertit l'ordre de la nature,
Et fait du jour la nuit ; ô la grande imposture !
Qu'il n'a consideré pere, ni parenté,
En vingt occasions, horrible fausseté !
Que de fraîche mémoire un furtif hyménée
A la fille d'Albert a joint sa destinée
Sans craindre de la suite un désordre puissant,
On le prend pour un autre, & le pauvre innocent
Ne sçait pas seulement ce que je lui veux dire.
Ah ! chien, que j'ai reçu du ciel pour mon martyre.
Te croiras-tu toujours ? Et ne pourrai-je pas
Te voir être une fois sage avant mon trépas ?

LE DÉPIT AMOUREUX,

VALERE seul & rêvant.

D'où peut venir ce coup ? Mon ame embarrassée
Ne voit que Mascarille où jetter sa pensée ;
Il ne sera pas homme à m'en faire un aveu.
Il faut user d'adresse, & me contraindre un peu
Dans ce juste courroux.

SCENE VII.

VALERE, MASCARILLE.

VALERE.

Mascarille, mon pere,
Que je viens de trouver, sçait toute notre affaire.

MASCARILLE.

Il la sçait ?

VALERE.

Oui.

MASCARILLE.

D'où, diantre, a-t-il pu la sçavoir ?

VALERE.

Je ne sçai point sur qui ma conjecture asseoir ;
Mais enfin d'un succès cette affaire est suivie
Dont j'ai tous les sujets d'avoir l'ame ravie.
Il ne m'en a pas dit un mot qui fût fâcheux,
Il excuse ma faute, il approuve mes feux,
Et je voudrois sçavoir qui peut être capable
D'avoir pu rendre ainsi son esprit si traitable.
Je ne puis t'exprimer l'aise que j'en reçoi.

MASCARILLE.

Et que me diriez-vous, Monsieur, si c'étoit moi
Qui vous eût procuré cette heureuse fortune ?

VALERE.

Bon, bon, tu voudrois bien ici m'en donner d'une.

COMEDIE.

MASCARILLE.
C'est moi, vous dis-je, moi, dont le patron le fait,
Et qui vous ai produit ce favorable effet.

VALERE.
Mais, là, sans te railler ?

MASCARILLE.
Que le diable m'emporte
Si je fais raillerie, & s'il n'est de la sorte.

VALERE *mettant l'épée à la main.*
Et qu'il m'entraîne, moi, si tout presentement
Tu n'en vas recevoir le juste payement.

MASCARILLE.
Ah, Monsieur, qu'est-ceci ? Je défends la surprise.

VALERE.
C'est la fidéllité que tu m'avois promise ?
Sans ma feinte, jamais tu n'eusses avoué
Le trait que j'ai bien cru que tu m'avois joué.
Traître, de qui la langue à causer trop habile
D'un pere contre moi vient d'échauffer la bile,
Qui me perds tout-à-fait ; il faut sans discourir
Que tu meures.

MASCARILLE.
Tout beau, mon ame, pour mourir,
N'est pas en bon état. Daignez, je vous conjure,
Attendre le succès qu'aura cette aventure.
J'ai de fortes raisons qui m'ont fait révéler
Un hymen que vous-même aviez peine à celer ;
C'étoit un coup d'état, & vous verrez l'issue,
Condamner la fureur que vous avez conçue.
De quoi vous fâchez-vous, pourvu que vos souhaits
Se trouvent par mes soins pleinement satisfaits,
Et voyent mettre à fin la contrainte où vous êtes ?

VALERE.
Et si tous ces discours ne sont que des sornettes ?

MASCARILLE.
Toujours serez-vous lors à tems pour me tuer.
Mais enfin mes projets pourront s'effectuer.
Dieu sera pour les siens, &, content dans la suite,

LE DÉPIT AMOUREUX,

Vous me remercierez de ma rare conduite.

VALERE.
Nous verrons. Mais Lucile...

MASCARILLE.
Alte ; son pere sort.

SCENE VIII.

ALBERT, VALERE, MASCARILLE.

ALBERT *les cinq premiers vers sans voir Valere.*

Plus je reviens du trouble où j'ai donné d'abord,
Plus je me sens piqué de ce discours étrange,
Sur qui ma peur prenoit un si dangereux change :
Car Lucile soutient que c'est une chanson,
Et m'a parlé d'un air à m'ôter tout soupçon.
Ah, Monsieur, est-ce vous de qui l'audace insigne
Met en jeu mon honneur, & fait ce conte indigne ?

MASCARILLE.
Seigneur Albert, prenez un ton un peu plus doux,
Et contre votre gendre ayez moins de courroux.

ALBERT.
Comment gendre, coquin ? Tu porte bien la mine
De pousser les ressorts d'une telle machine,
Et d'en avoir été le premier inventeur.

MASCARILLE.
Je ne vois rien ici à vous mettre en fureur.

ALBERT.
Trouves-tu beau, dis-moi, de diffamer ma fille,
Et faire un tel scandale à toute une famille ?

MASCARILLE.
Le voilà prêt de faire en tout vos volontés.

ALBERT.
Que voudrois-je, sinon qu'il dit des vérités ?
Si quelque intention le pressoit pour Lucile,
La recherche en pouvoit être honnête & civile,

COMÉDIE.

Il falloit l'attaquer du côté du devoir,
Il falloit de son pere implorer le pouvoir,
Et non pas recourir à cette lâche feinte,
Qui porte à la pudeur une sensible atteinte.

MASCARILLE.
Quoi ! Lucile n'est pas sous des liens secrets
A mon maître ?

ALBERT.
Non, traître, & n'y sera jamais.

MASCARILLE.
Tout doux : & s'il est vrai que ce soit chose faite,
Voulez-vous l'aprouver cette chaîne secrette ?

ALBERT.
Et, s'il est constant, toi, que cela ne soit pas,
Veux-tu te voir casser les jambes & les bras ?

VALERE.
Monsieur, il est aisé de vous faire paroître
Qu'il dit vrai.

ALBERT.
Bon, voilà l'autre encor, digne maître
D'un semblable valet. O les menteurs hardis !

MASCARILLE.
D'homme d'honneur, il est ainsi que je le dis.

VALERE.
Quel seroit notre but de vous en faire accroire ?

ALBERT *à part*.
Ils s'entendent tous deux comme larrons en foire.

MASCARILLE.
Mais venons à la preuve, & sans nous quereller,
Faites sortir Lucile & la laissez parler.

ALBERT.
Et si le démenti par elle vous en reste ?

MASCARILLE.
Elle n'en fera rien, Monsieur, je vous proteste.
Promettez à leurs vœux votre consentement,
Et je veux m'exposer au plus dur châtiment,
Si de sa propre bouche elle ne vous confesse
Et la foi qui l'engage & l'ardeur qui la presse.

ALBERT.
Il faut voir cette affaire.
(Il va frapper à sa porte.)
MASCARILLE à Valere.
Allez, tout ira bien.
ALBERT.
Holà, Lucile, un mot.
VALERE à Mascarille.
Je crains...
MASCARILLE.
Ne craignez rien.

SCENE IX.

LUCILE, ALBERT, VALERE, MASCARILLE.

MASCARILLE.

Seigneur Albert, au moins silence. Enfin, Madame,
Toute chose conspire au bonheur de votre ame,
Et Monsieur votre pere, averti de vos feux,
Vous laisse votre époux, & confirme vos vœux;
Pourvu que bannissant toutes craintes frivoles,
Deux mots de votre aveu confirment nos paroles.
LUCILE.
Que me vient donc conter ce coquin assuré ?
MASCARILLE.
Bon, me voilà déjà d'un beau titre honoré.
LUCILE.
Sçachons un peu, Monsieur, quelle belle saillie
Fait ce conte galant qu'aujourd'hui l'on publie ?
VALERE.
Pardon, charmant objet, un valet a parlé,
Et j'ai vu, malgré moi, notre hymen révélé.

COMÉDIE.

LUCILE.

Notre hymen?

VALERE.

On sçait tout, adorable Lucile,
Et vouloir déguiser est un soin inutile.

LUCILE.

Quoi! l'ardeur de mes feux vous a fait mon époux?

VALERE.

C'est un bien qui me doit faire mille jaloux:
Mais j'impute bien moins ce bonheur de ma flâme
A l'ardeur de vos feux, qu'aux bontés de votre ame.
Je sçais que vous avez sujet de vous fâcher,
Que c'étoit un secret que vous vouliez cacher,
Et j'ai de mes transports forcé la violence
A ne point violer votre expresse défense;
Mais.....

MASCARILLE.

Hé bien, oui, c'est moi, le grand mal que voilà,

LUCILE.

Est-il une imposture égale à celle-là?
Vous l'osez soutenir en ma présence même,
Et pensez m'obtenir par ce beau stratagême?
O le plaisant amant! dont la galante ardeur
Veut blesser mon honneur au défaut de mon cœur,
Et que mon pere ému de l'éclat d'un sot conte,
Paye avec mon hymen qui me couvre de honte.
Quand tout contribueroit à votre passion,
Mon pere, les destins, mon inclination,
On me verroit combattre en ma juste colere,
Mon inclination, les destins & mon pere,
Perdre même le jour avant que de m'unir
A qui par ce moyen, auroit cru m'obtenir.
Allez; & si mon sexe, avecque bienséance
Se pouvoit emporter à quelque violence,
Je vous apprendrois bien à me traiter ainsi.

VALERE *à Mascarille.*

C'en est fait, son courroux ne peut être adouci.

L 4

MASCARILLE.

Laissez-moi lui parler. Hé ! Madame, de grace,
A quoi bon maintenant toute cette grimace ?
Quelle est votre pensée, & quel bourru transport
Contre vos propres vœux vous fait roidir si fort ?
Si Monsieur votre pere étoit homme farouche,
Passe : mais il permet que la raison le touche,
Et lui-même m'a dit qu'une confession
Vous va tout obtenir de son affection.
Vous sentez, je crois bien, quelque petite honte
A faire un libre aveu de l'amour qui vous dompte;
Mais, s'il vous a fait prendre un peu de liberté,
Par un bon mariage on voit tout rajusté;
Et, quoi que l'on reproche au feu qui vous consom-
  me,
Le mal n'est pas si grand que de tuer un homme.
On sçait que la chair est fragile quelquefois,
Et qu'une fille enfin n'est ni caillou ni bois.
Vous n'avez pas été sans doute la premiere,
Et vous ne serez pas, je crois, la derniere.

LUCILE.

Quoi ! Vous pouvez ouir ces discours effrontés,
Et vous ne dites mot à ces indignités ?

ALBERT.

Que veux-tu que je die ? Une telle aventure
Me met tout hors de moi.

MASCARILLE.

    Madame, je vous jure
Que déjà vous dévriez avoir tout confessé.

LUCILE.

Et quoi donc confessé ?

MASCARILLE.

    Quoi ? ce qui s'est passé
Entre mon maître & vous; la belle raillerie !

LUCILE.

Et que s'est-il passé, monstre d'effronterie,
Entre ton maître & moi ?

COMEDIE.
MASCARILLE.
Vous devez, que je crois,
En sçavoir un peu plus de nouvelles que moi,
Et pour vous cette nuit fut trop douce, pour croire
Que vous puissiez si vîte en perdre la mémoire.
LUCILE.
C'est trop souffrir, mon pere, un imprudent valet.
(Elle lui donne un soufflet.)

SCENE X.

ALBERT, VALERE, MASCARILLE.

MASCARILLE.
Je crois qu'elle me vient de donner un soufflet.
ALBERT.
Va, coquin, scélérat, sa main vient sur ta joue,
De faire une action dont son pere la loue.
MASCARILLE.
Et, nonobstant cela, qu'un diable en cet instant,
M'emporte, si j'ai dit rien que de très-constant.
ALBERT.
Et, nonobstant cela, qu'on me coupe une oreille,
Si tu portes fort loin une audace pareille.
MASCARILLE.
Voulez-vous deux témoins qui me justifieront ?
ALBERT.
Veux-tu deux de mes gens qui te bâtonneront ?
MASCARILLE.
Leur rapport doit au mien donner toute créance.
ALBERT.
Leurs bras peuvent du mien réparer l'impuissance.
MASCARILLE.
Je vous dis que Lucile agit par honte ainsi.

ALBERT.
Je te dis que j'aurai raison de tout ceci.
MASCARILLE.
Connoissez-vous Ormin ce gros Notaire habile ?
ALBERT.
Connois-tu bien Grimpant le bourreau de la ville
MASCARILLE.
Et Simon le tailleur jadis si recherché ?
ALBERT.
Et la potence mise au milieu du marché ?
MASCARILLE.
Vous verrez confirmer par eux cet hymenée.
ALBERT.
Tu verras achever par eux ta destinée.
MASCARILLE.
Ce sont eux qu'ils ont pris pour témoins de leur foi.
ALBERT.
Ce sont eux qui dans peu me vengeront de toi.
MASCARILLE.
Et ces yeux les ont vû s'entredonner parole.
ALBERT.
Et ces yeux te verront faire la capriole.
MASCARILLE.
Et pour signe, Lucile avoit un voile noir.
ALBERT.
Et, pour signe, ton front nous le fait assez voir.
MASCARILLE.
O, l'obstiné vieillard !
ALBERT.
                    O, le fourbe damnable !
Va, rend grace à mes ans qui me font incapable
De punir sur le champ l'affront que tu me fais ;
Tu n'en perds que l'attente, & je te le promets.

SCENE XI.

VALERE, MASCARILLE,

VALERE.

HÉ bien, ce beau succès que tu devois produire,
MASCARILLE.
J'entends à demi mot ce que vous voulez dire :
Tout s'arme contre moi, pour moi de tous côtés
Je vois coups de bâtons, & gibets apprêtés.
Aussi, pour être en paix dans ce désordre extrême,
Je me vais d'un rocher précipiter moi-même,
Si, dans le désespoir dont mon cœur est outré,
Je puis en rencontrer d'assez haut à mon gré.
Adieu, Monsieur.
VALERE.
Non, non, ta fuite est superflue,
Si tu meurs, je prétends que ce soit à ma vue.
MASCARILLE.
Je ne sçaurois mourir quand je suis regardé,
Et mon trépas ainsi se verroit retardé.
VALERE.
Sui-moi, traître, sui-moi ; mon amour en furie
Te fera voir si c'est matiere à raillerie.
MASCARILLE *seul.*
Malheureux Mascarille ! A quels maux aujourd'hui
Te vois-tu condamné pour le péché d'autrui !

Fin du troisieme Acte.

ACTE IV.

SCENE PREMIERE.

ASCAGNE, FROSINE.

FROSINE.

L'Aventure est fâcheuse.

ASCAGNE.

                     Ah, ma chere Frosine !
Le sort absolument a conclu ma ruine :
Cette affaire venue au point où la voilà,
N'est pas absolument pour en demeurer-là,
Il faut qu'elle passe outre ; & Lucile & Valere,
Surpris des nouveautés d'un semblable mystere,
Voudront chercher un jour dans ces obscurités
Par qui tous mes projets se verront avortés.
Car enfin, soit qu'Albert ait part au stratagême,
Ou qu'avec tout le monde on l'ait trompé lui-même,
S'il arrive une fois que mon sort éclairci
Mette ailleurs tout le bien dont le sien a grossi,
Jugez s'il aura lieu de souffrir ma préfence :
Son intérêt détruit me laisse à ma naissance,
C'est fait de sa tendresse ; & quelque sentiment
Où pour ma fourbe alors pût être mon amant,
Voudra-t-il avouer pour épouse une fille
Qu'il verra sans appui de bien & de famille !

FROSINE.

Je trouve que c'est-là raisonner comme il faut,
Mais ces réflexions devoient venir plutôt.
Qui vous a jusqu'ici caché cette lumiere ?
Il ne falloit pas être une grande sorciere

COMEDIE.

Pour voir, dès le moment de vos desseins pour lui,
Tout ce que votre esprit ne voit que d'aujourd'hui ;
L'action le disoit ; & dès que je l'ai sçue,
Je n'en ai prévu guere une meilleure issue.

ASCAGNE.

Que dois-je faire enfin ? mon trouble est sans pareil :
Mettez-vous en ma place, & me donnez conseil.

FROSINE.

Ce doit être à vous-même, en prenant votre place,
A me donner conseil dessus cette disgrace :
Car je suis maintenant vous, & vous êtes moi :
Conseillez-moi, Frosine, au point où je me voi.
Quel remede trouver ? dites, je vous en prie.

ASCAGNE.

Hélas ! ne traitez point ceci de raillerie ;
C'est prendre peu de part à mes cuisans ennuis
Que de rire, & de voir les termes où j'en suis.

FROSINE.

Ascagne, tout de bon, votre ennui m'est sensible,
Et pour vous en tirer je ferois mon possible.
Mais que puis-je après tout ? je vois fort peu de jour
A tourner cette affaire au gré de votre amour.

ASCAGNE.

Si rien ne peut m'aider, il faut donc que je meure.

FROSINE.

Ah ! pour cela, toujours il est assez bonne heure.
La mort est un remede à trouver quand on veut,
Et l'on s'en doit servir le plus tard que l'on peut.

ASCAGNE.

Non, non, Frosine, non, si vos conseils propices
Ne conduisent mon sort parmi ces précipices,
Je m'abandonne toute aux traits du désespoir.

FROSINE.

Sçavez-vous ma pensée ? il faut que j'aille voir
La... Mais Eraste vient, qui pourroit nous distraire.
Nous pourrons en marchant parler de cette affaire,
Allons, retirons-nous.

SCENE II.
ERASTE, GROS-RENÉ.
ERASTE.

Encore rebuté ?
GROS-RENÉ.
Jamais ambaſſadeur ne fut moins écouté.
A peine ai-je voulu lui porter la nouvelle
Du moment d'entretien que vous ſouhaitiez d'elle,
Qu'elle m'a répondu, tenant ſon quant à moi !
Va, va, je fais état de lui comme de toi ;
Dis-lui qu'il ſe promene ; & ſur ce beau langage,
Pour ſuivre ſon chemin m'a tourné le viſage ;
Et Marinette auſſi, d'un dédaigneux muſeau,
Lâchant un, laiſſe-nous, beau valet de carreau,
M'a planté là comme elle ; & mon ſort & le vôtre
N'ont rien à ſe pouvoir reprocher l'un à l'autre.
ERASTE.
L'ingrate ! recevoir avec tant de fierté
Le prompt retour d'un cœur juſtement emporté !
Quoi ! le premier tranſport d'un amour qu'on abuſe
Sous tant de vraiſemblance, eſt indigne d'excuſe,
Et ma plus vive ardeur en ce moment fatal
Devoit être inſenſible au bonheur d'un rival ?
Tout autre n'eut pas fait même choſe à ma place,
Et ſe fut moins laiſſé ſurprendre à tant d'audace ?
De mes juſtes ſoupçons ſuis-je ſorti trop tard ?
Je n'ai point attendu de ſermens de ſa part,
Et lorſque tout le monde encor ne ſait qu'en croire,
Ce cœur impatient lui rend toute ſa gloire,
Il cherche à s'excuſer, & le ſien voit ſi peu
Dans ce profond reſpect la grandeur de mon feu ?

COMEDIE.

Loin d'assurer une ame, & lui fournir des armes,
Contre ce qu'un rival lui veut donner d'alarmes,
L'ingrate m'abandonne à mon jaloux transport,
Et rejette de moi, message, écrit, abord ?
Ah ! sans doute, un amour a peu de violence
Qu'est capable d'éteindre une si foible offense,
Et ce dépit si prompt à s'armer de rigueur,
Découvre assez pour moi tout le fond de son cœur,
Et de quel prix doit être à present à mon ame
Tout ce dont son caprice a pu flatter ma flamme.
Non, je ne prétends plus demeurer engagé
Pour un cœur où je vois le peu de part que j'ai,
Et puisque l'on témoigne une froideur extrême,
A conserver les gens, je veux faire de même.

GROS-RENÉ.

Et moi de même aussi. Soyons tous deux fâchés,
Et mettons notre amour au rang des vieux péchés.
Il faut apprendre à vivre à ce sexe volage,
Et lui faire sentir que l'on a du courage.
Qui souffre ses mépris, les veut bien recevoir.
Si nous avions l'esprit de nous faire valoir,
Les femmes n'auroient pas la parole si haute ;
Oh ! quelles nous sont bien fiéres par notre faute,
Je veux être pendu, si nous ne les verrions
Sauter à notre cou plus que nous ne voudrions,
Sans tous ces vils devoirs, dont la plupart des hommes.
Les gâtent tous les jours dans le siecle où nous sommes.

ERASTE.

Pour moi, sur toute chose, un mépris me surprend;
Et pour punir le sien par un autre aussi grand,
Je veux mettre en mon cœur une nouvelle flamme.

GROS-RENÉ.

Et moi, je ne veux plus m'embarrasser de femme ?
A toutes je renonce, & crois en bonne foi,
Que vous feriez fort bien de faire comme moi.
Car, voyez-vous ? la femme est, comme on dit, mon maître,

Un certain animal difficile à connoître,
Et de qui la nature est fort encline au mal,
Et comme un animal est toujours animal,
Et ne sera jamais qu'animal quand sa vie
Dureroit cent mille ans ; aussi, sans repartie,
La femme est toujours femme, & jamais ne sera
Que femme, tant qu'entier le monde durera.
D'où vient qu'un certain Grec dit que sa tête passe
Pour un sable mouvant : car goûtez bien, de grace,
Ce raisonnement-ci, lequel est des plus forts.
Ainsi que la tête est comme le chef du corps,
Et que le corps sans chef est pire qu'une bête,
Si le chef n'est pas bien d'accord avec la tête,
Que tout ne soit par bien réglé par le compas,
Nous voyons arriver de certains embarras ;
La partie brutale alors veut prendre empire
Dessus la sensitive, & l'on voit que l'un tire
A dia, l'autre à hurhaut ; l'un demande du mou,
L'autre du dur ; enfin tout va sans sçavoir où ;
Pour montrer qu'ici bas, ainsi qu'on l'interprete,
La tête d'une femme est comme une girouette
Au haut d'une maison, qui tourne au premier vent ;
C'est pourquoi le cousin Aristote souvent
La compare à la mer ; d'où vient qu'on dit qu'au monde
On ne peut rien trouver de si stable que l'onde.
Or, par comparaison ; car la comparaison
Nous fait distinctement comprendre une raison,
Et nous aimons bien mieux nous autres gens d'étude
Une comparaison qu'une similitude.
Par comparaison donc, mon maître, s'il vous plaît,
Comme on voit que la mer, quand l'orage s'accroît
Vient à se courroucer ; le vent souffle & ravage,
Les flots contre les flots font un remu-ménage
Horrible, & le vaisseau, malgré le nautonnier,
Va tantôt à la cave, & tantôt au grenier ;
Ainsi quand une femme a sa tête fantasque,
On voit une tempête en forme de bourasque,

COMEDIE. 257

Qui veut compétiter par de certains... propos,
Et lors un... certain vent, qui par... de certains flots,
De... certaine façon, ainsi qu'un banc de sable...
Quand... les femmes enfin ne valent pas le diable.

ERASTE.
C'est fort bien raisonner.

GROS-RENÉ.
Assez bien, Dieu merci :
Mais je les vois, Monsieur, qui passent par ici.
Tenez-vous ferme au moins.

ERASTE.
Ne te mets pas en peine.

GROS-RENÉ.
J'ai bien peur que ses yeux resserrent votre chaîne.

SCENE III.

LUCILE, ERASTE, MARINETTE, GROS-RENE.

MARINETTE.
JE l'apperçois encor ; mais ne vous rendez point.

LUCILE.
Ne me soupçonne pas d'être foible à ce point.

MARINETTE.
Il vient à nous.

ERASTE.
Non, non, ne croyez pas, Madame,
Que je revienne encor vous parler de ma flamme.
C'en est fait ; je me veux guérir, & connois bien
Ce que de votre cœur a possédé le mien.
Un courroux si constant pour l'ombre d'une offense
M'a trop bien éclairci de votre indifférence,
Et je dois vous montrer que les traits du mépris

Sont sensibles sur-tout aux généreux esprits.
Je l'avouerai, mes yeux observoient dans les vôtres,
Des charmes qu'ils n'ont point trouvés dans tous les
　　　　autres,
Et le ravissement où j'étois de mes fers,
Les auroit préférés à des sceptres offerts :
Oui, mon amour pour vous sans doute étoit extrême,
Je vivois tout en vous ; & je l'avouerai même ;
Peut-être qu'après tout j'aurai, quoiqu'outragé,
Assez de peine encor à m'en voir dégagé :
Possible que, malgré la cure qu'elle essaie,
Mon ame saignera long-tems de cette plaie,
Et qu'affranchi d'un joug qui faisoit tout mon bien,
Il faudra me résoudre à n'aimer jamais rien.
Mais enfin, il n'importe, & puisque votre haine
Chasse un cœur tant de fois que l'amour vous ramene,
C'est la derniere ici des importunités
Que vous aurez jamais de mes vœux rebutés.

LUCILE.
Vous pouvez faire aux miens la grace toute entiere,
Monsieur, & m'épargner encor cette derniere.

ERASTE.
Hé bien, Madame, hé bien, ils seront satisfaits.
Je romps avecque vous, & j'y romps pour jamais :
Puisque vous le voulez, que je perde la vie
Lorsque de vous parler je reprendrai l'envie.

LUCILE.
Tant mieux ; c'est m'obliger.

ERASTE.
　　　　　　　　Non, non, n'ayez pas peur
Que je fausse parole ; eussai-je un foible cœur
Jusques à n'en pouvoir effacer votre image,
Croyez que vous n'aurez jamais cet avantage
De me voir revenir.

LUCILE.
　　　　Ce seroit bien en vain.

COMEDIE.

ERASTE.
Moi-même de cent coups je percerois mon sein,
Si j'avois jamais fait cette bassesse insigne
De vous revoir, après ce traitement indigne.

LUCILE.
Soit ; n'en parlons donc plus.

ERASTE.
     Oui, oui, n'en parlons plus,
Et pour trancher ici tous propos superflus,
Et vous donner, ingrate, une preuve certaine
Que je veux sans retour sortir de votre chaîne,
Je ne veux rien garder, qui puisse retracer
Ce que de mon esprit il me faut effacer.
Voici votre portrait, il presente à ma vue
Cent charmes merveilleux dont vous êtes pourvue,
Mais ils cachent sous eux cent défauts aussi grands,
Et c'est un imposteur enfin que je vous rends.

GROS-RENÉ.
Bon.

LUCILE.
Et moi, pour vous suivre au dessein de tout rendre
Voilà le diamant que vous m'avez fait prendre.

MARINETTE.
Fort bien.

ERASTE
Il est à vous encor ce brasselet.

LUCILE.
Et cette agathe à vous qu'on fit mettre en cachet.

ERASTE *lit.*
Vous m'aimez d'un amour extrême,
Eraste, & de mon cœur voulez être éclairci,
Si je n'aime Eraste de même,
Au moins aimai-je fort qu'Eraste m'aime ainsi.
Vous m'assuriez par-là d'agréer mon service ;
C'est une fausseté digne de ce suplice.
    (*Il déchire la lettre.*)

LUCILE *lit.*
J'ignore le destin de mon amour ardente,

Et jusqu'à quand je souffrirai :
Mais je sçais, ô beauté charmante,
Que toujours je vous aimerai.

ERASTE.
Voilà qui m'assuroit à jamais de vos feux ;
Et la main, & la lettre ont menti toutes deux.
(Elle déchire la lettre.)

GROS-RENÉ.
Poussez.

ERASTE.
  Elle est de vous ? Suffit, même fortune.

MARINETTE *à Lucile.*
Ferme.

LUCILE.
  J'aurois regret d'en épargner aucune.

GROS-RENÉ *à Eraste.*
N'ayez pas le dernier.

MARINETTE *à Lucile.*
    Tenez bon jusqu'au bout.

LUCILE.
Enfin voilà le reste.

ERASTE.
    Et grace, au ciel, c'est tout.
Je sois exterminé, si je ne tiens parole.

LUCILE.
Me confonde le ciel, si la mienne est frivole.

ERASTE.
Adieu donc.

LUCILE.
  Adieu donc.

MARINETTE *à Lucile.*
    Voilà qui va des mieux.

GROS-RENÉ *à Eraste.*
Vous triomphez.

MARINETTE *à Lucile.*
    Allons, ôtez-vous de ses yeux.

GROS-RENÉ *à Eraste.*
Retirez-vous après cet effort de courage.

COMÉDIE.

MARINETTE à *Lucile*.
Qu'attendez-vous encor ?

GROS-RENÉ.
Que faut-il davantage ?

ERASTE.
Ah ! Lucile, Lucile, un cœur comme le mien
Se fera regretter, & je le sçais fort bien.

LUCILE.
Eraste, Eraste, un cœur fait comme est fait le vôtre,
Se peut facilement réparer par un autre.

ERASTE.
Non, non, cherchez par-tout, vous n'en aurez jamais
De si passionné pour vous, je vous promets.
Je ne dis pas cela pour vous rendre attendrie ;
J'aurois tort d'en former encore quelqu'envie.
Mes plus ardens respects n'ont pu vous obliger,
Vous avez voulu rompre ; il n'y faut plus songer :
Mais personne après-moi, quoiqu'on vous fasse entendre
N'aura jamais pour vous de passion si tendre.

LUCILE.
Quand on aime les gens, on les traite autrement
On fait de leur personne un meilleur jugement.

ERASTE.
Quand on aime les gens, on peut de jalousie,
Sur beaucoup d'aparence, avoir l'ame saisie :
Mais alors qu'on les aime, on ne peut en effet
Se résoudre à les perdre ; & vous, vous l'avez fait.

LUCILE.
La pure jalousie est plus respectueuse.

ERASTE.
On voit d'un œil plus doux une offense amoureuse.

LUCILE.
Non votre cœur, Eraste, étoit mal enflammé.

ERASTE.
Non, Lucile, jamais vous ne m'avez aimé.

LUCILE.
Hé ; je crois que cela foiblement vous soucie :

LE DÉPIT AMOUREUX,

Peut-être en seroit-il beaucoup mieux pour ma vie,
Si je... Mais laiſſons-là ces diſcours ſuperflus :
Je ne dis point quels ſont mes penſers là-deſſus.

ERASTE.
Pourquoi ?

LUCILE.
      Par la raiſon que nous rompons enſemble,
Et que cela n'eſt plus de ſaiſon, ce me ſemble.

ERASTE.
Nous rompons ?

LUCILE.
      Oui vraiment ; quoi, n'en eſt-ce pas fait ?

ERASTE.
Et vous voyez cela d'un eſprit ſatisfait ?

LUCILE.
Comme vous.

ERASTE.
    Comme moi.

LUCILE.
          Sans doute. C'eſt foibleſſe
De faire voir aux gens que leur perte nous bleſſe.

ERASTE.
Mais, cruelle, c'eſt vous qui l'avez bien voulu.

LUCILE.
Moi ? Point du tout ; c'eſt vous qui l'avez réſolu.

ERASTE.
Moi ? Je vous ai crû-là faire un plaiſir extrême.

LUCILE.
Point, vous avez voulu vous contenter vous-même.

ERASTE.
Mais ſi mon cœur encor revouloit ſa priſon ;
Si tout fâché qu'il eſt, il demandoit pardon ?

LUCILE.
Non, non, n'en faites rien ; ma foibleſſe eſt trop grande,
J'aurois peur d'accorder trop tôt votre demande.

ERASTE.
Ah ! vous ne pouvez pas trop tôt me l'accorder,

COMEDIE. 263

Ni moi sur cette peur trop tôt le demander ;
Consentez-y, Madame, une flamme si belle
Doit, pour votre intérêt, demeurer immortelle.
Je le demande enfin, me l'accorderez-vous
Ce pardon obligeant ?
LUCILE.
Remenez-moi chez nous.

SCENE IV.
MARINETTE, GROS-RENÉ.
MARINETTE.

La lâche personne !
GROS-RENÉ.
Ah, le foible courage !
MARINETTE.
J'en rougis de dépit.
GROS-RENÉ.
J'en suis gonflé de rage.
Ne t'imagine pas que je me rende ainsi.
MARINETTE.
Et ne pense pas toi, trouver ta dupe aussi.
GROS-RENÉ.
Vien, vien frotter ton nés auprès de ma colere.
MARINETTE.
Tu nous prends pour une autre ; & tu n'as pas affaire
A ma sotte maîtresse. Ardez le beau museau,
Pour nous donner envie encore de sa peau !
Moi, j'aurois de l'amour pour ta chienne de face ?
Moi, je te chercherois ? ma foi, l'on t'en fricasse
Des filles comme nous.
GROS-RENÉ.
Oui, tu le prends par-là ?
Tien, tien, sans y chercher tant de façon voilà
Ton beau galant de neige, avec ta nompareille,

LE DÉPIT AMOUREUX,

Il n'aura plus l'honneur d'être sur mon oreille.
MARINETTE.
Et toi, pour te montrer que tu m'es à mépris,
Voilà ton demi-cent d'épingles de Paris
Que tu me donnas hier avec tant de fanfare.
GROS-RENÉ.
Tien encor ton couteau, la piece est riche & rare ;
Il te couta six blancs, lorsque tu m'en fis don.
MARINETTE.
Tien tes ciseaux avec ta chaîne de léton.
GROS-RENE.
J'oubliois d'avant hier ton morceau de fromage.
Tien je voudrois pouvoir rejetter le potage
Que tu me fis manger, pour n'avoir rien à toi.
MARINETTE.
Je n'ai point maintenant de tes lettres sur moi ;
Mais j'en ferai du feu jusques à la derniere.
GROS-RENÉ.
Et des tiennes tu sais ce que j'en saurai faire.
MARINETTE.
Prend garde à ne venir jamais me reprier
GROS-RENÉ.
Pour couper tout chemin à nous rapatrier,
Il faut rompre la paille. Une paille rompue
Rend entre gens d'honneur, une affaire conclue.
Ne fait point les doux yeux ; je veux être fâché.
MARINETTE.
Ne me lorgne point toi, j'ai l'esprit trop touché.
GROS-RENÉ
Romps ; voilà le moyen de ne s'en plus dédire ;
Romps. Tu ris, bonne bête !
MARINETTE.
                Oui, car tu me fais rire.
GROS-RENÉ.
La peste soit ton ris ; voilà tout mon courroux
Déja dulcifié. Qu'en dis-tu ? romprons-nous,
Ou ne romprons-nous pas ?

                MARINETTE,

COMEDIE.
MARINETTE.
Voi.
GROS-RENÉ.
Voi toi.
MARINETTE.
Voi toi-même.
GROS-RENÉ.
Est-ce que tu consens que jamais je ne t'aime ?
MARINETTE.
Moi ? Ce que tu voudras.
GROS-RENÉ.
Ce que tu voudras, toi. Di.
MARINETTE.
Je ne dirai rien.
GROS-RENÉ.
Ni moi non plus.
MARINETTE.
Ni moi.
GROS-RENÉ.
Ma foi, nous ferons-mieux de quitter la grimace
Touche, je te pardonne.
MARINETTE.
Et moi, je te fais grace.
GROS-RENÉ.
Mon Dieu ! Qu'à tes appas je suis acoquiné !
MARINETTE.
Que Marinette est sotte après son Gros-René.

Fin du quatrieme Acte.

ACTE V.

SCENE PREMIERE.

MASCARILLE.

DEs que l'obscurité régnera dans la ville,
Je me veux introduire au logis de Lucile ;
Va vîte de ce pas préparer pour tantôt,
Et la lanterne sourde, & les armes qu'il faut.
Quand il m'a dit ces mots, il m'a semblé d'entendre,
Va vîtement chercher un licou pour te pendre.
Venez-ça, mon patron ; car dans l'étonnement
Où m'a jetté d'abord un tel commandement,
Je n'ai pas eu le tems de vous pouvoir répondre,
Mais je vous veux ici parler & vous confondre :
Défendez-vous donc bien , & raisonnons sans bruit.
Vous voulez, dites-vous, aller voir cette nuit
Lucile ? Oui, Mascarille. Et que pensez-vous faire ?
Une action d'amant qui veut se satisfaire.
Une action d'un homme à fort petit cerveau,
Que d'aller sans besoin risquer ainsi sa peau.
Mais tu sçais quel motif à ce dessein m'appelle,
Lucile est irritée. Hé bien , tant pis pour elle.
Mais l'amour veut que j'aille appaiser son esprit.
Mais l'amour est un sot qui ne sçait ce qu'il dit :
Nous garantira-t-il, cet amour, je vous prie,
D'un rival , ou d'un pere ou d'un frere en furie ?
Penses-tu qu'aucun d'eux songe à nous faire mal ?
Oui, vraiment, je le pense, & sur-tout ce rival.
Mascarille, en tous cas, l'espoir où je me fonde,
Nous irons bien armés , & si quelqu'un nous gronde,
Nous nous chamaillerons. Oui ? Voilà justement

Ce que votre valet ne prétend nullement :
Moi chamailler ? Bon Dieu ! Suis-je un Roland, mon maître,
Ou quelque Ferragus ? C'est fort mal me connoître.
Quand je viens à songer, moi, qui me suis si cher,
Qu'il ne faut que deux doigts d'un misérable fer
Dans le corps, pour vous mettre un humain dans la biere.
Je suis scandalisé d'un étrange maniere.
Mais tu seras armé de pied en cap. Tant pis,
J'en serai moins leger à gagner le taillis,
Et de plus, il n'est point d'armure si bien jointe,
Où ne puisse glisser une vilaine pointe.
Oh ! Tu seras ainsi tenu pour un poltron.
Soit : pourvu que toujours je branle le menton.
A table comptez-moi, si vous voulez, pour quatre ;
Mais comptez-moi pour rien s'il s'agit de se battre :
Enfin, si l'autre monde a des charmes pour vous,
Pour moi, je trouve l'air de celui-ci fort doux.
Je n'ai pas grande faim de mort ni de blessure,
Et vous ferez le sot tout seul, je vous assure.

SCENE II.

VALERE, MASCARILLE.

VALERE.

JE n'ai jamais trouvé de jour plus ennuyeux,
Le Soleil semble s'être oublié dans les cieux,
Et, jusqu'au lit qui doit recevoir sa lumiere,
Je vois rester encore une telle carriere,
Que je crois que jamais il ne l'achevera,
Et que de sa lenteur mon ame enragera.

MASCARILLE.

Et cet empressement pour s'en aller dans l'ombre,
Pêcher vîte à tâtons quelque sinistre encombre....

LE DÉPIT AMOUREUX,

Vous voyez que Lucile entiere en ses rebuts...

VALERE.
Ne me fais point ici de contes superflus.
Quand j'y devrois trouver cent embuches mortelles,
Je sens de son courroux des gênes trop cruelles ;
Et je veux l'adoucir ou terminer mon sort.
C'est un point résolu.

MASCARILLE.
J'approuve ce transport :
Mais le mal est, Monsieur, qu'il faudra s'introduire
En cachette.

VALERE.
Fort bien.

MASCARILLE.
Et j'ai peur de vous nuire.

VALERE.
Et comment !

MASCARILLE.
Une toux me tourmente à mourir,
Dont le bruit importun vous fera découvrir,
(*Il tousse.*)
De moment en moment vous voyez le supplice.

VALERE.
Ce mal te passera, prends du jus de réglice.

MASCARILLE.
Je ne crois pas, Monsieur, qu'il se veuille passer.
Je serois ravi, moi, de ne vous point laisser ;
Mais j'aurois un regret mortel, si j'étois cause
Qu'il fût à mon cher maître arrivé quelque chose.

SCENE III.
VALERE, LA RAPIERE, MASCARILLE.
LA RAPIERE.

Monsieur, de bonne part je viens d'être informé
Qu'Eraste est contre vous fortement animé,
Et qu'Albert parle aussi de faire pour sa fille
Rouer jambes & bras à votre Mascarille.
MASCARILLE.
Moi ? Je ne suis pour rien dans tout cet embarras.
Qu'ai-je fait pour me voir rouer jambes & bras ?
Suis-je donc gardien, pour employer ce style,
De la virginité des filles de la ville ?
Sur la tentation ai-je quelque crédit,
Et puis-je, mais chétif, si le cœur leur en dit ?
VALERE.
Oh ! qu'ils ne seront pas si méchans qu'ils le disent !
Et, quelque belle ardeur que ses feux lui produisent,
Eraste n'aura pas si bon marché de nous.
LA RAPIERE.
S'il vous faisoit besoin, mon bras est tout à vous,
Vous sçavez de tout tems que je suis un bon frere.
VALERE.
Je vous suis obligé, Monsieur de la Rapiere.
LA RAPIERE.
J'ai deux amis aussi que je vous puis donner,
Qui contre tous venans sont gens à dégaîner,
Et sur qui vous pourrez prendre toute assurance.
MASCARILLE.
Acceptez-les, Monsieur.
VALERE.
C'est trop de complaisance.
LA RAPIERE.
Le petit Gille encore eut pu nous assister

LE DÉPIT AMOUREUX,

Sans le triste accident qui nous vient de l'ôter.
Monsieur, le grand dommage & l'homme de service !
Vous avez sçu le tour que lui fit la justice ;
Il mourut en César & lui cassant les os,
Le bourreau ne lui put faire lâcher deux mots.

VALERE.

Monsieur de la Rapiere, un homme de la sorte
Doit être regretté ; mais, quand à votre escorte,
je vous rends grace.

LA RAPIERE.
     Soit ; mais soyez averti
Qu'il vous cherche, & vous peut faire un mauvais
 parti.

VALERE.

Et moi, pour vous montrer combien je l'appréhende,
Je lui veux, s'il me cherche, offrir ce qu'il demande ;
Et par toute la ville aller presentement,
Sans être accompagné que de lui seulement.

SCENE IV.

VALERE, MASCARILLE.

MASCARILLE.

Quoi ! Monsieur, vous voulez tenter Dieu ? Quelle
 audace !
Las ! vous voyez tous deux comme l'on nous menace.
Combien de tous côtés....

VALERE.
    Que regardes-tu là

MASCARILLE.
C'est qu'il sent le bâton du côté que voilà.
Enfin, si maintenant ma prudence en est crue,
Ne nous obstinons point à rester dans la rue ?
Allons nous renfermer,

COMÉDIE.

VALERE.

Nous renfermer ! Faquin,
Tu m'oses propofer un acte de coquin ?
Sus ; fans plus de difcours, réfous-toi de me fuivre.

MASCARILLE.

Hé ? Monfieur mon cher maître, il eft fi doux de vivre !
On ne meurt qu'une fois, & c'eft pour fi long-tems...

VALERE.

Je m'en vais t'affommer de coups, fi je t'entends.
Afcagne vient ici, laiffons-le, il faut attendre
Quel parti de lui-même il réfoudra de prendre.
Cependant avec moi viens prendre à la maifon
Pour nous frotter....

MASCARILLE.

Je n'ai nulle demangeaifon.
Que maudit foit l'amour, & les filles maudites,
Qui veulent en tâter, puis font les chatemites !

SCENE V.

ASCAGNE, FROSINE.

ASCAGNE.

Eſt-il bien vrai, Frofine, & ne rêvai-je point ?
De grace, comptez-moi bien tout de point en point.

FROSINE.

Vous en fçaurez affez le détail, laiffez faire.
Ces fortes d'incidens ne font pour l'ordinaire
Que redis trop de fois de moment en moment.
Suffit que vous fçachiez qu'après ce teftament
Qui vouloit un garçon pour tenir fa promeffe,
De la femme d'Albert la derniere groffeffe
N'accoucha que de vous, & que lui deffous main,
Ayant depuis long-tems concerté fon deffein,

Fit son fils de celui d'Ignès la bouquetiere,
Qui vous donna pour sienne à nourrir à ma mere,
La mort ayant ravi ce petit innocent
Quelques dix mois après, Albert étant absent,
La crainte d'un époux & l'amour maternelle
Firent l'événement d'une ruse nouvelle.
Sa femme en secret lors se rendit son vrai sang,
Vous devintes celui qui tenoit votre rang,
Et la mort de ce fils mis dans votre famille,
Se couvrit pour Albert de celle de sa fille.
Voilà de votre sort un myftere éclairci
Que votre feinte mere a caché jufqu'ici,
Elle en dit des raisons, & peut en avoir d'autres
Par qui ses intérêts n'étoient pas tous les vôtres.
Enfin, cette visite où j'espérois si peu,
Plus qu'on ne pourroit croire, a servi votre feu.
Cette Ignès vous relâche, & par votre autre affaire
L'éclat de son secret devenu néceffaire,
Nous en avons nous deux votre pere informé,
Un billet de sa femme a le tout confirmé ;
Et pouffant plus avant encore notre pointe,
Quelque peu de fortune à notre adreffe jointe,
Aux intérêts d'Albert, de Polidore après
Nous avons ajusté si bien les intérêts,
Si doucement à lui déployé ces myfteres
Pour n'effaroucher pas d'abord trop les affaires ?
Enfin, pour dire tout, mené si prudemment
Son esprit pas à pas à l'accommodement,
Qu'autant que votre pere il montre de tendreffe
A confirmer les nœuds qui font votre allégreffe.

ASCAGNE.

Ah ! Frofine, la joie où vous m'acheminez....
Hé ! Que ne dois-je point à vos foins fortunés !

FROSINE.

Au refte, le bon homme est en humeur de rire,
Et pour fon fils encor nous défend de rien dire.

SCENE VI.

POLIDORE, ASCAGNE, FROSINE.

POLIDORE.

Approchez-vous, ma fille, un tel nom m'est per-
mis,
Et j'ai sçu le secret que cachoient ces habits.
Vous avez fait un trait, qui, dans sa hardiesse
Fait briller tant d'esprit & tant de gentillesse,
Que je vous en excuse, & tiens mon fils heureux
Quand il sçaura l'objet de ses soins amoureux.
Vous vallez tout un monde ; & c'est moi qui l'assure.
Mais le voici ; prenons plaisir de l'aventure.
Allez faire venir tous vos gens promptement.

ASCAGNE.
Vous obéir sera mon premier compliment.

SCENE VII.

POLIDORE, VALERE, MASCARILLE.

MASCARILLE à Valere.

Les disgraces souvent sont du ciel révélées.
J'ai songé cette nuit de perles défilées,
Et d'œufs cassés ; Monsieur, un tel songe m'abat.

VALERE.
Chien de poltron !

POLIDORE.
Valere, il s'apprête un combat
Où toute ta valeur te sera nécessaire.
Tu vas avoir en tête un puissant adversaire.

MASCARILLE.

Et personne, Monsieur, qui se veuille bouger
Pour retenir des gens qui se vont égorger ;
Pour moi, je le veux bien ; mais au moins, s'il arrive
Qu'un funeste accident de votre fils vous prive,
Ne m'en accusez point.

POLIDORE.

Non, non, en cet endroit,
Je le pousse moi-même à faire ce qu'il doit.

MASCARILLE.

Pere dénaturé !

VALERE.

Ce sentiment, mon pere,
Est d'un homme de cœur, & je vous en révére.
J'ai dû vous offenser, & je suis criminel
D'avoir fait tout ceci sans l'aveu paternel ;
Mais, à quelque dépit que ma faute vous porte,
La nature toujours se montre la plus forte,
Et votre honneur fait bien, quand il ne veut pas
  voir
Que le transport d'Eraste ait de quoi m'émouvoir.

POLIDORE.

On me faisoit tantôt redouter sa menace ;
Mais les choses ont depuis bien changé de face ;
Et, sans le pouvoir fuir, d'un ennemi plus fort
Tu vas être attaqué.

MASCARILLE.

Point de moyen d'accord ?

VALERE.

Moi, le fuir ? Dieu m'en garde. Et qui donc pour-
  roit-ce être ?

POLIDORE.

Ascagne.

VALERE.

Ascagne ?

POLIDORE.

Oui, tu le vas voir paroître,

VALERE.
Lui, qui de me servir m'avoit donné sa foi ?
POLIDORE.
Oui, c'est lui qui prétend avoir affaire à toi ;
Et qui veut dans le champ où l'honneur vous appelle,
Qu'un combat seul à seul vuide votre querelle.
MASCARILLE.
C'est un brave homme, il sçait que les cœurs généreux
Ne mettent point les gens en compromis pour eux.
POLIDORE.
Enfin, d'une imposture ils te rendent coupable,
Dont le ressentiment m'a paru raisonnable ;
Si bien qu'Albert & moi sommes tombés d'accord
Que tu satisferois Ascagne sur ce tort :
Mais aux yeux d'un chacun, & sans nulles remises,
Dans les formalités en pareils cas requises.
VALERE.
Et Lucile, mon pere, a d'un cœur endurci....
POLIDORE.
Lucile épouse Eraste, & te condamne aussi :
Et, pour convaincre mieux tes discours d'injustice,
Veut qu'à tes propres yeux cet hymen s'accomplisse.
VALERE.
Ah ! C'est une impudence à me mettre en fureur :
Elle a donc perdu sens, foi, conscience, honneur ?

SCENE VIII.

ALBERT, POLIDORE, LUCILE, ERASTE, VALERE, MASCARILLE.

ALBERT.

HÉ bien, les combattans ? On amene le nôtre.
Avez-vous difposé le courage du vôtre ?

VALERE.

Oui, oui, me voilà prêt, puifqu'on m'y veut forcer,
Et, fi j'ai pu trouver fujet de balancer,
Un refte de refpect en pouvoit être caufe,
Et non pas la valeur du bras que l'on m'oppofe ;
Mais c'eft trop me pouffer, ce refpect eft à bout,
A toute extrêmité mon efprit fe réfout,
Et l'on fait voir un trait de perfidie étrange
Dont il faut hautement que mon amour fe venge.
(à Lucile.)
Non pas que cet amour prétende encore à vous,
Tout fon feu fe réfout en ardeur de courroux ;
Et, quand j'aurai rendu votre honte publique,
Votre coupable hymen n'aura rien qui me pique.
Allez, ce procédé, Lucile, eft odieux,
A peine en puis-je croire au rapport de mes yeux,
C'eft de toute pudeur fe montrer ennemie,
Et vous devriez mourir d'une telle infamie.

LUCILE.

Un femblable difcours me pourroit affliger,
Si je n'avois en main qui m'en fçaura venger.
Voici venir Afcagne, il aura l'avantage
De vous faire changer bien vîte de langage,
Et fans beaucoup d'effort.

SCENE DERNIERE.

ALBERT, POLIDORE, ASCAGNE, LUCILE, ERASTE, VALERE, FROSINE, MARINETTE, GROS-RENÉ, MASCARILLE.

VALERE.

IL ne le fera pas,
Quand il joindroit aux siens encor vingt autres bras.
Je le plains de défendre une sœur criminelle ;
Mais puisque son erreur me veut faire querelle,
Nous le satisferons, & vous, mon brave, aussi.

ERASTE.

Je prenois intérêt tantôt à tout ceci ;
Mais enfin, comme Ascagne a pris sur lui l'affaire,
Je ne veux plus en prendre, & je le laisse faire.

VALERE.

C'est bien fait ; la prudence est toujours de saison.
Mais....

ERASTE.

Il sçaura pour tous vous mettre à la raison.

VALERE.

Lui ?

POLIDORE.

Ne t'y trompe pas ; tu ne sais pas encore
Quel étrange garçon est Ascagne.

ALBERT.

Il l'ignore ;
Mais il pourra dans peu le lui faire sçavoir.

VALERE.

Sus donc que maintenant il me le fasse voir.

MARINETTE.

Aux yeux de tous ?

GROS-RENÉ.
Cela ne seroit pas honnête.
VALERE.
Se moque-t-on de moi ? Je casserai la tête
A quelqu'un des rieurs. Enfin, voyons l'effet.
ASCAGNE.
Non, non, je ne suis pas si méchant qu'on me fait,
Et dans cette aventure, où chacun m'intéresse,
Vous allez voir plutôt éclater ma foiblesse,
Connoître que le ciel, qui dispose de nous,
Ne me fit pas un cœur pour tenir contre vous,
Et qu'il vous réservoit pour victoire facile,
De finir le destin du frere de Lucile.
Oui, bien loin de vanter le pouvoir de mon bras,
Ascagne va par vous recevoir le trépas :
Mais il veut bien mourir, si sa mort nécessaire
Peut avoir maintenant de quoi vous satisfaire,
En vous donnant pour femme, en presence de tous,
Celle qui justement ne peut être qu'à vous.
VALERE.
Non, quand toute la terre, après sa perfidie,
Et les traits effrontés....
ASCAGNE.
Ah! souffrez que je die,
Valere, que le cœur qui vous est engagé,
D'aucun crime envers vous ne peut être chargé ;
Sa flamme est toujours pure, & sa constance extrême,
Et j'en prends à témoin votre pere lui-même.
POLIDORE.
Oui, mon fils, c'est assez rire de ta fureur,
Et je vois qu'il est tems de te tirer d'erreur.
Celle à qui par serment ton ame est attachée,
Sous l'habit que tu vois à tes yeux est cachée ;
Un intérêt de bien, dès ses plus jeunes ans,
Fit ce déguisement, qui trompe tant de gens,
Et depuis peu, l'amour en a sçu faire un autre,
Qui t'abusa, joignant leur famille à la nôtre.
Ne va point regarder à tout le monde aux yeux,

COMÉDIE. 279

Je te fais maintenant un discours sérieux.
Oui, c'est elle, en un mot, dont l'adresse subtile
La nuit reçut ta foi sous le nom de Lucile,
Et qui, par ce ressort qu'on ne comprenoit pas,
A semé parmi vous un si grand embarras.
Mais puisqu'Ascagne ici fait place à Dorothée,
Il faut voir de vos feux toute imposture ôtée,
Et qu'un nœud plus sacré donne force au premier.

ALBERT.

Et c'est-là justement ce combat singulier
Qui devoit envers nous réparer votre offense,
Et pour qui les édits n'ont point fait de défense.

POLIDORE.

Un tel événement rend tes esprits confus;
Mais en vain tu voudrois balancer là-dessus.

VALERE.

Non, non, je ne veux pas songer à m'en défendre,
Et si cette aventure a lieu de me surprendre,
La surprise me flatte, & je me sens saisir
De merveille à la fois, d'amour & de plaisir:
Se peut-il que ces yeux....

ALBERT.

Cet habit, cher Valere,
Souffre mal les discours que vous lui pourriez faire.
Allons lui faire en prendre un autre, & cependant
Vous sçaurez le détail de tout cet incident.

VALERE.

Vous, Lucile, pardon, si mon ame abusée....

LUCILE.

L'oubli de cette injure est une chose aisée.

ALBERT.

Allons, ce compliment se fera bien chez nous,
Et nous aurons loisir de nous en faire tous.

ERASTE.

Mais vous ne songez pas, en tenant ce langage,
Qu'il reste encore ici des sujets de carnage.
Voilà bien à tous deux notre amour couronné;
Mais de son Mascarille, & de mon Gros-René,

Par qui doit Marinette être ici possédée,
Il faut que par le sang l'affaire soit vuidée.
MASCARILLE.
Nenni, nenni, mon sang dans mon corps sied trop bien.
Qu'il l'épouse en repos, cela ne me fait rien.
De l'humeur que je sais la chere Marinette,
L'hymen ne ferme pas la porte à la fleurette.
MARINETTE.
Et tu crois que de toi je ferois mon galant ?
Un mari, passe encor, tel qu'il est on le prend,
On n'y va pas chercher tant de cérémonie ;
Mais il faut qu'un galant soit fait à faire envie.
GROS-RENÉ.
Ecoute, quand l'hymen aura joint nos deux peaux,
Je prétends qu'on soit sourde à tous les damoiseaux.
MASCARILLE.
Tu crois te marier pour toi tout seul, compere ?
GROS-RENÉ.
Bien entendu, je veux une femme sévere,
Ou je ferai beau bruit.
MASCARILLE.
     Hé ! mon Dieu, tu feras
Comme les autres font, & tu t'adouciras.
Ces gens, avant l'hymen, si fâcheux & critiques,
Dégénerent souvent en maris pacifiques.
MARINETTE.
Va, va, petit mari, ne crains rien de ma foi,
Les douceurs ne feront que blanchir contre moi ;
Et je te dirai tout.
MASCARILLE.
     O la fine pratique !
Un mari confident !
MARINETTE.
     Taisez-vous, as de pique.
ALBERT.
Pour la troisieme fois, allons-nous-en chez nous
Poursuivre en liberté des entretiens si doux.

FIN.

LES
PRÉCIEUSES
RIDICULES,
COMÉDIE.

PRÉFACE.

C'Est une chose étrange qu'on imprime les gens malgré eux. Je ne vois rien de si injuste, & je pardonnerois toute autre violence plutôt que celle-là.

Ce n'est pas que je veuille faire ici l'Auteur modeste, & mépriser par honneur ma Comédie. J'offenserois mal-à-propos tout Paris, si je l'accusois d'avoir pu aplaudir à une sottise : comme le Public est le Juge de ces sortes d'ouvrages, il y auroit de l'impertinence à moi de le démentir ; & quand j'aurois eu la plus mauvaise opinion du monde de mes Précieuses ridicules avant leur representation, je dois croire maintenant qu'elles valent quelque chose, puisque tant de gens ensemble en ont dit du bien. Mais comme une grande partie des graces qu'on y a trouvées, dépendent de l'action, & du ton de voix, il m'importoit qu'on ne les dépouillât pas de ces ornemens, & je trouvois que le succès qu'elles avoient eu dans la representation étoit assez beau pour en demeurer-là. J'avois résolu, dis-je, de ne les faire voir qu'à la chandelle, pour ne point donner lieu à quelqu'un de dire le proverbe ; & je ne voulois pas qu'elles sautassent du Théatre de Bourbon, dans la galerie du Palais. Cependant je n'ai pu l'éviter, & je suis tombé dans la disgrace de voir une copie dérobée de ma piece entre les mains des Libraires, accompagnée d'un Privilege obtenu par surprise. J'ai eu beau crier, ô tems ! ô mœurs ! on m'a fait voir une nécessité pour moi d'être imprimé, ou d'avoir un procès ; & le dernier mal est encore pire que le premier

PRÉFACE.

Il faut donc se laisser aller à la destinée, & consentir à une chose qu'on ne laisseroit pas de faire sans moi.

Mon Dieu, l'étrange embarras, qu'un Livre à mettre au jour, & qu'un Auteur est neuf la premiere fois qu'on l'imprime ! Encore si l'on m'avoit donné du tems, j'aurois pu mieux songer à moi, & j'aurois pris toutes les précautions que Messieurs les Auteurs, à présent mes confreres, ont coutume de prendre en semblables occasions. Outre quelque grand Seigneur, que j'aurois été prendre malgré lui, pour protecteur de mon ouvrage, & dont j'aurois tenté la libéralité par une Epitre dédicatoire bien fleurie ; j'aurois tâché de faire une belle & docte Préface, & je ne manque point de Livres qui m'auroient fourni tout ce qu'on peut dire de sçavant sur la Tragédie & la Comédie ; l'étymologie de toutes deux, leur origine, leur définition, & le reste. J'aurois parlé aussi à mes amis, qui, pour la recommandation de ma Piece, ne m'auroient pas refusé, ou des vers François ou des vers Latins. J'en ai même qui m'auroient loué en Grec, & l'on n'ignore pas qu'une louange en Grec est d'une merveilleuse efficace à la tête d'un Livre. Mais on me met au jour sans me donner le loisir de me reconnoître, & je ne puis même obtenir la liberté de dire deux mots, pour justifier mes intentions sur le sujet de cette Comédie. J'aurois voulu faire voir qu'elle se tient par-tout dans les bornes de la satyre honnête & permise ; & que les plus excellentes choses sont sujettes à être copiées par de mauvais singes, qui méritent d'être bernés ; que ces vicieuses imitations de ce qu'il y a de plus parfait, ont été de tout tems la matiere de la Comédie, & que par la même raison, les véritables sçavans, & les vrais braves ne se sont point encore avisés de s'offenser du Docteur de la Comédie, & du Capitan, non plus que les Juges, les Princes & les Rois, de voir Trivelin, ou quelqu'autre sur le Théatre, faire ridiculement le Juge, le Prince, ou le Roi, aussi les véritables *précieuses auroient tort de se piquer lorsqu'on joue les ridicules, qui les imitent mal. Mais enfin, comme j'ai dit, on ne me laisse pas le tems de respirer, & Monsieur de Luyne veut m'aller faire relier de ce pas: à la bonne heure puisque Dieu l'a voulu.*

ACTEURS.

LA GRANGE. ⎱ Amans rebutés.
DU CROISY. ⎰
GORGIBUS, bon Bourgeois.
MADELON, Fille de Gorgibus, Précieuſe ridicule.
CATHOS, Niece de Gorgibus, Précieuſe ridicule.
MAROTTE, Servante des Précieuſes ridicules.
ALMANZOR, Laquais des Précieuſes ridicules.
LE MARQUIS DE MASCARILLE, Valet de la Grange.
LE VICOMTE DE JODELET, Valet de du Croiſy.
LUCILE, voiſine de Gorgibus.
CELIMENE, voiſine de Gorgibus.
DEUX PORTEURS DE CHAISE.
VIOLONS.

La Scene eſt à Paris, dans la Maiſon de Gorgibus.

LES PRECIEUSES RIDICULES

LES
PRÉCIEUSES
RIDICULES,
COMÉDIE.

SCENE PREMIERE.
LA GRANGE, DU CROISY.

DU CROISY.

EIGNEUR la Grange.
LA GRANGE.
Quoi ?
DU CROISY.
Regardez-moi un peu sans rire.
LA GRANGE.
Hé bien ?
DU CROISY.
Que dites-vous de notre visite ? En êtes-vous fort satisfait ?
LA GRANGE.
A votre avis, avons-nous sujet de l'être tous deux ?

DU CROISY.
Pas tout-à-fait, à dire vrai.
LA GRANGE.
Pour moi, je vous avoue, que j'en suis tout scan
dalifé. A-t-on jamais vu, dites-moi, deux pecqu
provinciales faire plus les renchéries que celles-là
& deux hommes traités avec plus de mépris q
nous ? A peine ont-elles pu se réfoudre à nous fai
donner des sieges. Je n'ai jamais vu tant parler
l'oreille qu'elles ont fait entr'elles, tant bâiller
tant se frotter les yeux, & demander tant de fois
quelle heure est-il ? Ont-elles répondu que, oui
& non, à tout ce que nous avons pu leur dire ? E
ne m'avouerez-vous pas enfin que, quand nous au
rions été les dernieres personnes du monde, on n
pouvoit nous faire pis qu'elles ont fait ?
DU CROISY.
Il me femble que vous prenez la chofe fort à cœur.
LA GRANGE.
Sans doute je l'y prends, & de telle façon, que je m
veux venger de cette impertinence. Je connois c
qui nous a fait méprifer. L'air précieux n'a pas feule
ment infecté Paris, il s'est aussi répandu dans le
Provinces, & nos donzelles ridicules en ont hum
leur bonne part. En un mot, c'est un ambigu de pré
cieuse & de coquette que leur personne. Je vois c
qu'il faut être pour en être bien reçu ; &, si vou
m'en croyez, nous leur jouerons tous deux une piec
qui leur fera voir leur fottife, & pourra leur appren
dre à connoître un peu mieux leur monde.
DU CROISY.
Et comment encore ?
LA GRANGE.
J'ai un certain valet, nommé Mascarille, qui paffe,
au sentiment de beaucoup de gens, pour une maniere de bel esprit ; car il n'y a rien à meilleur marché que le bel esprit maintenant. C'est un extravagant qui s'est mis dans la tête de vouloir faire l'hom

me de condition. Il se pique ordinairement de galanterie & de vers, & dédaigne les autres valets, jusqu'à les appeller brutaux.

DU CROISY.
Hé bien, qu'en prétendez-vous faire?

LA GRANGE.
Ce que j'en prétends faire? Il faut.... Mais sortons d'ici auparavant.

SCENE II.
GORGIBUS, DU CROISY, LA GRANGE.

GORGIBUS.
Hé bien, vous avez vu ma niece & ma fille? Les affaires iront-elles bien? Quel est le résultat de cette visite?

LA GRANGE.
C'est une chose que vous pourrez mieux apprendre d'elles que de nous. Tout ce que nous pouvons vous dire, c'est que nous vous rendons grace de la faveur que vous nous avez faite, & demeurons vos très-humbles serviteurs.

DU CROISY.
Vos très-humbles serviteurs.

GORGIBUS seul.
Ouais; il semble qu'ils sortent mal satisfaits d'ici? D'où pourroit venir leur mécontentement? Il faut sçavoir un peu ce que c'est. Holà.

SCENE III.

GORGIBUS, MAROTTE.

MAROTTE.

Que desirez-vous, Monsieur ?
GORGIBUS.
Où sont vos maîtresses ?
MAROTTE.
Dans leur cabinet.
GORGIBUS.
Que font-elles ?
MAROTTE.
De la pommade pour les levres.
GORGIBUS.
C'est trop pommadé : dites-leur qu'elles descendent.

SCENE IV.

GORGIBUS *seul*.

Ces pendardes-là avec leur pommade, ont, je pense, envie de me ruiner. Je ne vois par-tout que blanc d'œufs, lait virginal, & mille autres brimborions que je ne connois point. Elles ont usé, depuis que nous sommes ici, le lard d'une douzaine de cochons, pour le moins, & quatre valets vivroient tous les jours des pieds de mouton qu'elles emploient.

SCENE V.

MADELON, CATHOS, GORGIBUS.

GORGIBUS.

IL est bien nécessaire, vraiment, de faire tant de dépense pour vous graisser le museau. Dites-moi un peu ce que vous avez fait à ces Messieurs, que je les vois sortir avec tant de froideur ? Vous avois-je pas commandé de les recevoir comme des personnes que je vous voulois donner pour maris ?

MADELON.

Et quelle estime, mon pere, voulez-vous que nous fassions du procédé irrégulier de ces gens-là.

CATHOS.

Le moyen, mon oncle, qu'une fille un peu raisonnable se pût accommoder de leur personne ?

GORGIBUS.

Et qu'y trouvez-vous à redire ?

MADELON.

La belle galanterie que la leur ! Quoi, débuter d'abord par le mariage ?

GORGIBUS.

Et par où veux-tu donc qu'ils débutent, par le concubinage ? N'est-ce pas un procédé dont vous avez sujet de vous louer toutes deux, aussi-bien que moi ? Est-il rien de plus obligeant que cela ? Et ce lien sacré où ils aspirent, n'est-il pas un témoignage de l'honnêteté de leurs intentions ?

MADELON.

Ah ! Mon pere, ce que vous dites-là, est du dernier bourgeois. Cela me fait honte de vous ouïr parler de la sorte, & vous devriez un peu vous faire apprendre le bel air des choses.

GORGIBUS.

Je n'ai que faire ni d'air, ni de chanson. Je te dis que le mariage est une chose sacrée, & que c'est faire en honnêtes-gens que de débuter par-là.

MADELON.

Mon Dieu, que si tout le monde vous ressembloit, un roman seroit bientôt fini! La belle chose que ce seroit, si d'abord Cirus épousoit Mandane, & qu'Aronce de plein pied fût marié à Clélie!

GORGIBUS.

Que me vient conter celle-ci?

MADELON.

Mon pere, voilà ma cousine qui vous dira aussi-bien que moi, que le mariage ne doit jamais arriver qu'après les autres aventures. Il faut qu'un amant, pour être agréable, sçache débiter les beaux sentimens, pousser le doux, le tendre, le passionné, & que sa recherche soit dans les formes. Premiérement, il doit voir au Temple, ou à la promenade, ou dans quelque cérémonie publique, la personne dont il devient amoureux; ou bien être conduit fatalement chez elle par un parent ou un ami, & sortir delà tout rêveur & mélancolique. Il cache un tems sa passion à l'objet aimé, & cependant lui rend plusieurs visites, où l'on ne manque jamais de mettre sur le tapis une question galante qui exerce les esprits de l'assemblée. Le jour de la déclaration arrive, qui se doit faire ordinairement dans une allée de quelque jardin, tandis que la compagnie s'est un peu éloignée, & cette déclaration est suivie d'un prompt courroux qui paroît à notre rougeur, & qui pour un tems, bannit l'amant de notre presence. Ensuite il trouve le moyen de nous appaiser, & de nous accoutumer insensiblement au discours de sa passion, & de tirer de nous cet aveu qui fait tant de peine. Après cela viennent les aventures; les rivaux qui se jettent à la traverse d'une inclination établie, les persécutions des peres, les jalousies conçues sur de fausses apparences, les plaintes, les désespoirs, les enlevemens, & ce qui s'ensuit. Voilà comme les choses se traitent dans les belles manieres, & ce sont des regles, dont en bonne galanterie on ne sçauroit se dispenser; mais en venir de but en blanc à l'union conjugale, ne faire l'amour qu'en faisant le contrat de mariage, & prendre justement le roman par la queue! Encore un coup, mon pere, il ne se peut rien de plus marchand que ce procédé; & j'ai mal au cœur de la seule vision que cela me fait.

GORGIBUS.

Quel diable de jargon entends-je ici? Voici bien du haut style.

CATHOS.

En effet, mon oncle, ma cousine donne dans le vrai de la chose. Le moyen de bien recevoir des gens qui sont tout-à-fait incongrus en galanterie? Je m'en vais gager qu'ils n'ont jamais vu la carte de Tendre, & que billets doux, petits soins, billets galans & jolis vers, sont des terres inconnues pour eux. Ne voyez-vous pas que toute leur personne marque cela, & qu'ils n'ont point cet air qui donne d'abord bonne opinion des gens? Venir en visite amoureuse avec une jambe toute unie, un chapeau désarmé de plumes, une tête irréguliere en cheveux, & un habit qui souffre une indigence de rubans; mon Dieu, quels amans sont-ce-la! Quelle frugalité d'ajustement, & quelle sécheresse de conversation! On n'y dure point, on n'y tient pas. J'ai remarqué encore que leurs rabats ne sont point de la bonne faiseuse, & qu'il s'en faut plus d'un grand demi-pied, que leurs haut-de-chausses ne soient assez larges.

GORGIBUS.

Je pense qu'elles sont folles toutes deux, & je ne puis rien comprendre à ce baragouin. Cathos, & vous, Madelon...

MADELON.

Hé, de grace, mon pere, défaites-vous de ces noms étranges, & nous appellez autrement.

GORGIBUS.

Comment, ces noms étranges ? Ne sont-ce pas vos noms de baptême.

MADELON.

Mon Dieu, que vous êtes vulgaire ! Pour moi, un de mes étonnemens, c'est que vous ayez pu faire une fille si spirituelle que moi. A-t-on jamais parlé dans le beau style de Cathos ni de Madelon, & ne m'avouerez-vous pas que ce seroit assez d'un de ces noms pour décrier le plus beau roman du monde ?

CATHOS.

Il est vrai, mon oncle, qu'une oreille un peu délicate pâtit furieusement à entendre prononcer ces mots-là ; & le nom de Polixene, que ma cousine a choisi, & celui d'Aminte, que je me suis donné, ont une grace dont il faut que vous demeuriez d'accord.

GORGIBUS.

Ecoutez, il n'y a qu'un mot qui serve. Je n'entends point que vous ayez d'autres noms que ceux qui vous ont été donnés par vos parrains & vos marraines, & pour ces Messieurs dont il est question, je connois leurs familles & leurs biens, & je veux résolument que vous vous disposiez à les recevoir pour maris. Je me lasse de vous avoir sur les bras, & la garde de deux filles est une charge peu trop pesante pour un homme de mon âge.

CATHOS.

Pour moi, mon oncle, tout ce que je puis vous dire, c'est que je trouve le mariage une chose tout-à-fait choquante. Comment est-ce qu'on peut souffrir la pensée de coucher contre un homme vraiment nud ?

MADELON.

Souffrez que nous prenions un peu haleine parmi le beau monde de Paris, où nous ne faisons que d'arriver. Laissez-nous faire à loisir le tissu de notre roman, & n'en pressez point tant la conclusion.

GORGIBUS.

(à part.) (haut.)
Il n'en faut point douter ; elles sont achevées. Encore un coup, je n'entends rien à toutes ces balivernes, je veux être maître absolu ; & pour trancher toutes sortes de discours, ou vous serez mariées toutes deux avant qu'il soit peu, ou, ma foi, vous serez religieuses ; j'en fais un bon serment.

SCENE VI.

CATHOS, MADELON.

CATHOS.

Mon Dieu, ma chere, que ton pere a la forme enfoncée dans la matiere ! Que son intelligence est épaisse, & qu'il fait sombre dans son ame !

MADELON.
Que veux-tu, ma chere ? j'en suis en confusion pour lui. J'ai peine à me persuader que je puisse être véritablement sa fille, & je crois que quelque aventure un jour me viendra développer une naissance plus illustre.

CATHOS.
Je le croirois bien, oui : il y a toutes les apparences du monde ; & pour moi, quand je me regarde aussi...

SCENE VII.

CATHOS, MADELON, MAROTTE.

MAROTTE.

Voilà un laquais qui demande si vous êtes au logis, & dit que son maître vous veut venir voir.

MADELON.

Apprenez, sotte, à vous énoncer moins vulgairement. Dites, voilà un nécessaire qui demande si vous êtes en commodité d'être visible.

MAROTTE.

Dame, je n'entends point le Latin, & je n'ai pas appris, comme vous, la filophie dans le Cyre.

MADELON.

L'impertinente ! Le moyen de souffrir cela ! Et qui est le maître de ce laquais ?

MAROTTE.

Il me l'a nommé le Marquis de Mascarille.

MADELON.

Ah, ma chere ! Un Marquis ! Un Marquis ! Oui, allez dire qu'on peut nous voir. C'est sans doute un bel esprit qui a oui parler de nous.

CATHOS.

Assurément, ma chere.

MADELON.

Il faut le recevoir dans notre salle basse, plutôt qu'en notre chambre. Ajustons un peu nos cheveux au moins, & soutenons notre réputation. Vîte, venez nous tendre ici dedans le conseiller des graces.

MAROTTE.

Par ma foi, je ne sçai point quelle bête c'est-là, il faut parler chrétien, si vous voulez que je vous entende.

CATHOS.

Apportez-nous le miroir, ignorante que vous êtes, & gardez-vous bien d'en salir la glace, par la communication de votre image.

(*elles sortent.*)

SCENE VIII.

MASCARILLE, DEUX PORTEURS.

MASCARILLE.

HOlà, porteurs, holà. Là, là, là, là, là, là, là. Je pense que ces marauds-là, ont dessein de me briser à force de heurter contre les murailles & les pavés.

1. PORTEUR.

Dame, c'est que la porte est étroite. Vous avez voulu aussi que nous soyons entrés jusqu'ici.

MASCARILLE.

Je le crois bien. Voudriez-vous, faquins, que j'exposasse l'embonpoint de mes plumes aux inclémences de la saison pluvieuse, & que j'allasse imprimer mes souliers en boue? Allez, ôtez votre chaise d'ici.

2. PORTEUR.

Payez-nous donc, s'il vous plaît, Monsieur.

MASCARILLE.

Hé?

2. PORTEUR.

Je dis, Monsieur, que vous nous donniez de l'argent, s'il vous plaît.

MASCARILLE *lui donnant un soufflet.*

Comment, coquin, demander de l'argent à une personne de ma qualité.

2. PORTEUR.

Est-ce ainsi qu'on paie les pauvres gens, & votre qualité nous donne-t-elle à dîner?

MASCARILLE.

Ah, ah, je vous apprendrai à vous connoître. Ces canailles-là s'ofent jouer à moi.

1. PORTEUR *prenant un des bâtons de fa chaife.*

Ç'a, payez-nous vîtement.

MASCARILLE.

Quoi?

1. PORTEUR.

Je dis que je veux avoir de l'argent tout-à-l'heure.

MASCARILLE.

Il est raisonnable celui-là.

1. PORTEUR.

Vîte donc.

MASCARILLE.

Oui-dà, tu parles comme il faut, toi ; mais l'autre est un coquin qui ne sçait ce qu'il dit. Tien, es-tu content ?

1. PORTEUR.

Non, je ne suis pas content, vous avez donné un soufflet à mon camarade, &...... *levant son bâton.*

MASCARILLE.

Doucement, tien, voilà pour le soufflet. On obtient tout de moi quand on s'y prend de la bonne façon. Allez, venez me reprendre tantôt pour aller au Louvre au petit coucher.

SCENE IX.

MAROTTE, MASCARILLE.

MAROTTE.

Monsieur, voilà mes maîtresses qui vont venir tout-à-l'heure.

MASCARILLE.

Qu'elles ne se pressent point ; je suis ici posté commodément pour attendre.

MAROTTE.

Les voici.

SCENE X.

MADELON, CATHOS, MASCARILLE, ALMANZOR.

MASCARILLE *après avoir salué.*

Mesdames, vous serez surprises, sans doute, de l'audace de ma visite ; mais votre réputation vous attire cette méchante affaire, & le mérite a pour moi des charmes si puissans, que je cours par tout après lui.

MADELON.

Si vous poursuivez le mérite, ce n'est pas sur nos terres que vous devez chasser.

CATHOS.

Pour voir chez nous le mérite, il a fallu que vous l'y ayez amené.

MASCARILLE.

Ah ! je m'inscris en faux contre vos paroles. La renommée accuse juste en publiant ce que vous valez ; & vous allez faire pic, repic & capot tout ce qu'il y a de galant dans Paris.

MADELON.

Votre complaisance pousse un peu trop avant la libéralité de ses louanges, & nous n'avons garde, ma cousine & moi, de donner de notre sérieux dans le doux de votre flatterie.

CATHOS.

Ma chere, il faudroit faire donner des sieges.

MADELON.

Holà, Almanzor.

ALMANZOR.

Madame ?

MADELON.

Vite, voiturez-nous ici les commodités de la conversation.

MASCARILLE.

Mais, au moins, y a-t-il sûreté ici pour moi?
(*Almanzor sort.*)

CATHOS.

Que craignez-vous.

MASCARILLE.

Quelque vol de mon cœur, quelque assassinat de ma franchise. Je vois ici deux yeux qui ont la mine d'être de fort mauvais garçons, de faire insulte aux libertés, & de traiter une ame de Turc à Maure. Comment diable! D'abord qu'on les aproche, ils se mettent sur leur garde meurtriere? Ah! Par ma foi, je m'en défie, & je m'en vais gagner au pied, où je veux caution bourgeoise qu'ils ne me feront point de mal.

MADELON.

Ma chere, c'est le caractere enjoué.

CATHOS.

Je vois bien que c'est un Amilcar.

MADELON.

Ne craignez rien, nos yeux n'ont point de mauvais desseins; & votre cœur peut dormir en assurance sur leur prud'hommie.

CATHOS.

Mais de grace, Monsieur, ne soyez pas inexorable à ce fauteuil qui vous tend les bras il y a un quart-d'heure, contentez un peu l'envie qu'il a de vous embrasser.

MASCARILLE *après s'être peigné, & avoir ajustés ses canons.*

Hé bien, Mesdames, que dites-vous de Paris?

MADELON.

Hélas! qu'en pourrions-nous dire? Il faudroit être l'antipode de la raison, pour ne pas confesser que Paris est le grand bureau des merveilles, le centre du bon goût, du bel esprit, & de la galanterie.

MASCARILLE.

Pour moi, je tiens que hors de Paris, il n'y a point de salut pour les honnêtes gens.

COMEDIE.

CATHOS.

C'est une vérité incontestable.

MASCARILLE.

Il y fait un peu crotté; mais nous avons la chaise.

MADELON.

Il est vrai que la chaise est un retranchement merveilleux contre les insultes de la boue & du mauvais tems.

MASCARILLE.

Vous recevez beaucoup de visites ? Quel bel esprit est des vôtres ?

MADELON.

Hélas ! hélas ! Nous ne sommes pas encore connues ; mais nous sommes en passe de l'être, & nous avons une amie particuliere qui nous a promis d'amener ici tous ces Messieurs du recueil des Pieces choisies.

CATHOS.

Et certains autres qu'on nous a nommés aussi pour être les arbitres souverains des belles choses.

MASCARILLE.

C'est moi qui ferai votre affaire mieux que personne, ils me rendent tous visite, & je puis dire que je ne me leve jamais sans une demi-douzaine de beaux esprits.

MADELON.

Hé, mon Dieu, nous vous serons obligées de la derniere obligation, si vous nous faites cette amitié: car enfin, il faut avoir la connoissance de tous ces Messieurs-là, si l'on veut être du beau monde. Ce sont eux qui donnent le branle à la réputation dans Paris; & vous sçavez qu'il y en a tel, dont il ne faut que la seule fréquentation, pour vous donner bruit de connoissance, quand il n'y auroit rien autre chose que cela. Mais pour moi, ce que je considére particuliérement, c'est que par le moyen de ces visites spirituelles, on est instruit de cent choses qu'il faut sçavoir de nécessité, & sont de l'essence du bel esprit. On aprend par-là chaque jour les petites nouvelles galantes, les jolis commerces de profe ou de vers. On fçait à point nommé, un tel a compofé la plus jolie Piece du monde fur un tel fujet ; une telle a fait des paroles fur un tel air ; celui-ci a fait un madrigal fur la jouiffance ; celui-là a compofé des Stances fur une infidélité ; Monfieur un tel écrivit hier au foir un fixain à Mademoifelle une telle, dont elle lui a envoyé la réponfe ce matin fur les huit heures ; un tel Auteur a fait un tel deffein ; celui-là eft à la troifieme Partie de fon Roman ; cet autre met fes Ouvrages fous la preffe. C'eft-là ce qui vous a fait valoir dans les compagnies, & fi l'on ignore ces chofes, je ne donnerois pas un clou de tout l'efprit qu'on peut avoir.

CATHOS.

En effet, je trouve que c'eft renchérir fur le ridicule, qu'une perfonne fe pique d'efprit & ne fçache pas jufqu'au moindre petit quatrain qui fe fait chaque jour ; & pour moi j'aurois toutes les hontes du monde, s'il falloit qu'on vînt à me demander fi j'aurois vu quelque chofe de nouveau, que je n'aurois pas vu.

MASCARILLE.

Il eft vrai qu'il eft honteux de n'avoir pas des premiers tout ce qui fe fait ; mais ne vous mettez pas en peine, je veux établir chez vous une Académie de beaux Efprits, & je vous promets qu'il ne fe fera pas un bout de vers dans Paris, que vous ne fçachiez par cœur avant tous les autres. Pour moi, tel que vous me voyez, je m'en efcrime un peu quand je veux, & vous verrez courir de ma façon dans les belles ruelles de Paris, deux cens chanfons, autant de fonnets, quatre cens Epigrammes, & plus de mille Madrigaux, fans compter les Enigmes & les Portraits.

MADELON.

Je vous avoue que je fuis furieufement pour les Portraits ; & je ne vois rien de fi galant que cela.

COMEDIE,

MASCARILLE.

Les Portraits font difficiles, & demandent un esprit profond. Vous en verrez de ma maniere, qui ne vous déplairont pas.

CATHOS.

Pour moi, j'aime terriblement les Enigmes.

MASCARILLE.

Cela exerce l'esprit, & j'en ai fait quatre encore ce matin que je vous donnerai à deviner.

MADELON.

Les Madrigaux sont agréables, quand ils sont bien tournés.

MASCARILLE.

C'est mon talent particulier, & je travaille à mettre en Madrigaux toute l'histoire Romaine.

MADELON.

Ah! Certes, cela sera du dernier beau; j'en retiens un exemplaire au moins, si vous les faites imprimer.

MASCARILLE.

Je vous en promets à chacune un, & des mieux reliés. Cela est au-dessous de ma condition; mais je le fais seulement pour donner à gagner aux Libraires qui me persécutent.

MADELON.

Je m'imagine que le plaisir est grand de se voir imprimé.

MASCARILLE.

Sans doute; mais à propos, il faut que je vous die un impromptu que je fis hier chez une Duchesse de mes amies que je fus visiter; car je suis diablement fort sur les Impromptus.

CATHOS.

L'impromptu est justement la pierre de touche de l'esprit.

MASCARILLE.

Ecoutez donc.

MADELON.
Nous y sommes de toutes nos oreilles.
MASCARILLE.
Oh, oh ! Je n'y prenois pas garde,
Tandis que sans songer à mal, je vous regarde
Votre œil en tapinois me dérobe mon cœur,
Au voleur, au voleur, au voleur, au voleur.
CATHOS.
Ah, mon Dieu ! Voilà qui est poussé dans le dernier galant.
MASCARILLE.
Tout ce que je fais a l'air cavalier, cela ne sent point le pédent.
MADELON.
Il en est éloigné de plus de deux milles lieues.
MASCARILLE.
Avez-vous remarqué ce commencement, *oh, oh !* voilà qui est extraordinaire, *oh, oh !* Comme un homme qui s'avise tout d'un coup, *oh, oh !* La surprise, *oh, oh !*
MADELON.
Oui, je trouve ce *oh, oh,* admirable.
MASGARILLE.
Il semble que cela ne soit rien.
CATHOS.
Ah ! mon Dieu, que dites-vous ? Ce sont-là de ces sortes de choses qui ne se peuvent payer.
MADELON.
Sans doute, & j'aimerois mieux avoir fait ce *oh, oh,* qu'un poëme épique.
MASCARILLE.
Tudieu, vous avez le goût bon.
MADELON.
Hé ! Je ne l'ai pas tout-à-fait mauvais.

COMEDIE.

MASCARILLE.

Mais n'admirez-vous pas auſſi, *je n'y prenois pas garde, je n'y prenois pas garde, je ne m'apperçois pas de cela* : façon de parler naturelle, *je m'y prenois pas garde. Tandis que, ſans ſonger à mal. Tandis qu'innocemment, ſans malice, comme un pauvre mouton. Je vous regarde ;* c'eſt-à-dire je m'amuſe à vous conſidérer, je vous obſerve, je vous contemple. *Votre œil en tapinois.* . . . . Que vous ſemble de ce mot, *tapinois* ? n'eſt-il pas bien choiſi ?

CATHOS.

Tout-à-fait bien.

MASCARILLE.

Tapinois, en cachette, il ſemble que ce ſoit un chat qui vienne de prendre une ſouris. *Tapinois*.

MADELON.

Il ne ſe peut rien de mieux.

MASCARILLE.

Me dérobe mon cœur, me l'emporte, me le ravit. *Au voleur, au voleur, au voleur, au voleur.* Ne diriez-vous pas que c'eſt un homme qui crie & court après un voleur pour le faire arrêter. *Au voleur, au voleur, au voleur, au voleur.*

MADELON.

Il faut avouer que cela a un tour ſpirituel & galant.

MASCARILLE.

Je veux vous dire l'air que j'ai fait deſſus.

CATHOS.

Nous avez appris la muſique ?

MASCARILLE.

Moi ? point du tout.

CATHOS.

Et comment ſe peut-il ?

MASCARILLE.

Les gens de qualité ſçavent tout, ſans avoir rien appris.

MADELON.

Aſſurément ma chere.

MASCARILLE.

Ecoutez, si vous trouverez l'air à votre goût : hem, hem, la, la, la, la, la. La brutalité de la saison a furieusement outragé la délicatesse de ma voix ; mais il n'importe, c'est à la cavaliere. (*Il chante.*)

Oh, oh ! Je n'y prenois pas, &c.

CATHOS.

Ah ! que voilà un air qui est passionné ; est-ce qu'on n'en meurt point ?

MADELON.

Il y a de la chromatique là-dedans.

MASCARILLE.

Ne trouvez-vous pas la pensée bien exprimée dans le chant ? *Au voleur, au voleur.* Et puis comme si l'on crioit bien fort, *au, au, au, au, au voleur.* Et tout d'un coup comme un personne essoufflée, *au voleur.*

MADELON.

C'est-là sçavoir le fin des choses, le grand fin, le fin du fin. Tout est merveilleux, je vous assure ; je suis enthousiasmée de l'air & des paroles.

CATHOS.

Je n'ai encore rien vu de cette force-là.

MASCARILLE.

Tout ce que je fais me vient naturellement, c'est sans étude.

MADELON.

La nature vous a traité en vraie mere passionnée, & vous en êtes l'enfant gâté.

MASCARILLE.

A quoi donc passez-vous le tems, Mesdames ?

CATHOS.

A rien du tout.

MADELON.

Nous avons été jusqu'ici dans un jeûne effroyable de divertissemens.

MASCARILLE.

Je m'offre à vous mener l'un de ces jours à la Comédie, si vous voulez ; aussi-bien on en doit jouer une nouvelle, que je ferai bien aife que nous voyions enfemble.

MADELON.
Cela n'eft pas de refus.

MASCARILLE.
Mais je vous demande d'applaudir comme il faut, quand nous ferons-là : car je me fuis engagé de faire valoir la piece, & l'Auteur m'en eft venu prier encore ce matin. C'eft la coutume ici, qu'à nous autres gens de condition, les auteurs viennent lire leurs pieces nouvelles, pour nous engager à les trouver belles, & leur donner de la réputation ; & je vous laiffe à penfer, fi quand nous difons quelque chofe, le parterre ofe nous contredire. Pour moi, j'y fuis fort exact ; & quand j'ai promis à quelque Poëte, je crie toujours, voilà qui eft beau, devant que les chandelles foient allumées.

MADELON.
Ne m'en parlez point, c'eft un admirable lieu que Paris ; il s'y paffe cent chofes tous les jours, qu'on ignore dans les Provinces, quelque fpirituelle qu'on puiffe être.

CATHOS.
C'eft affez ; puifque nous fommes inftruites, nous ferons notre devoir de nous écrier comme il faut, fur tout ce qu'on dira.

MASCARILLE.
Je ne fçai fi je me trompe ; mais vous avez toute la mine d'avoir fait quelque Comédie.

MADELON.
Hé ! Il pourroit être quelque chofe de ce que vous dites.

MASCARILLE.
Ah ! ma foi, il faudra que nous la voyions. Entre nous, j'en ai compofé une que je veux faire reprefenter.

CATHOS.
Hé, à quels Comédiens la donnerez-vous ?

MASCARILLE.

Belle demande ! aux Comédiens de l'hôtel de Bourgogne ; il n'y a qu'eux qui soient capables de faire valoir les choses ; les autres sont des ignorans qui recitent comme l'on parle ; ils ne savent pas faire ronfler les vers, & s'arrêter au bel endroit ; & le moyen de connoître où est le beau vers, si le Comédien ne s'y arrête, & ne vous avertit par-là qu'il faut faire le bruhaha ?

CATHOS.

En effet, il y a maniere de faire sentir aux auditeurs les beautés d'un ouvrage, & les choses ne valent que ce qu'on les fait valoir.

MASCARILLE.

Que vous semble de ma petite oie ? la trouvez-vous congruante à l'habit ?

CATHOS.

Tout-à-fait.

MASCARILLE.

Le ruban en est bien choisi ?

MADELON.

Furieusement bien. C'est perdrigeon tout pur.

MASCARILLE.

Que dites-vous de mes canons ?

MADELON.

Ils ont tout à fait bon air.

MASCARILLE.

Je puis me vanter au moins, qu'ils ont un grand quartier plus que tous ceux qu'on fait.

MADELON.

Il faut avouer que je n'ai jamais vu porter si haut l'élégance de l'ajustement.

MASCARILLE.

Attachez un peu sur ces gants la réflexion de votre odorat.

MADELON.

Ils sentent terriblement bon.

COMEDIE.

CATHOS.
Je n'ai jamais respiré une odeur mieux conditionnée.

MASCARILLE.
Et celle-là? (*Il donne à sentir les cheveux poudrés de sa perruque.*)

MADELON.
Elle est tout-à-fait de qualité; le sublime en est touché délicieusement.

MASCARILLE.
Vous ne me dites rien de mes plumes, comment les trouvez-vous?

CATHOS.
Effroyablement belles.

MASCARILLE.
Sçavez-vous que le brin me coute un louis d'or? Pour moi j'ai cette manie, de vouloir donner généralement sur tout ce qu'il y a de plus beau.

MADELON.
Je vous assure que nous sympathisons vous & moi. J'ai une délicatesse furieuse pour tout ce que je porte, & jusqu'à mes chaussettes, je ne puis rien souffrir qui ne soit de la bonne faiseuse.

MASCARILLE *s'écriant brusquement.*
Ahi, ahi, ahi, doucement; Dieu me damne, Mesdames, c'est fort mal en user; j'ai à me plaindre de votre procédé; cela n'est pas honnête.

CATHOS.
Qu'est-ce donc! Qu'avez-vous?

MASCARILLE.
Quoi toutes deux contre mon cœur, en mêmetems? M'attaquer à droit & à gauche? Ah, c'est contre le droit des gens, la partie n'est pas égale, & je m'en vais crier au meurtre.

CATHOS.
Il faut avouer qu'il dit des choses d'une maniere particuliere.

MADELON.
Il a un tour admirable dans l'esprit,

CATHOS.

Vous avez plus de peur que de mal, & votre cœur crie avant qu'on l'écorche.

MASCARILLE.

Comment diable! Il est écorché depuis la tête jusqu'aux pieds.

SCENE XI.

CATHOS, MADELON, MASCARILLE, MAROTTE.

MAROTTE.

Madame, on demande à vous voir.

MADELON.

Qui ?

MAROTTE.

Le Vicomte de Jodelet.

MASCARILLE.

Le Vicomte de Jodelet ?

MAROTTE.

Oui, Monsieur.

CATHOS.

Le connoissez-vous ?

MASCARILLE.

C'est mon meilleur ami.

MADELON.

Faites entrer vîtement.

MASCARILLE.

Il y a quelques-tems que nous ne nous sommes vus, & je suis ravi de cette aventure.

CATHOS.

Le voici.

SECENE XII.

CATHOS, MADELON, JODELET, MASCARILLE, MAROTTE, ALMANZOR.

MASCARILLE
AH, Vicomte!

JODELET, *s'embraſſant l'un l'autre.*
Ah, Marquis!

MASCARILLE.
Que je ſuis aiſe de te rencontrer!

JODELET.
Que j'ai de joie de te voir ici!

MASCARILLE.
Baiſe-moi donc encore un peu, je te prie.

MADELON *à Cathos.*
Ma toute bonne, nous commençons d'être connues, voilà le beau monde qui prend le chemin de nous venir voir.

MASCARILLE.
Meſdames, agréez que je vous preſente ce gentil-homme-ci; ſur ma parole, il eſt digne d'être connu de vous.

JODELET.
Il eſt juſte de venir vous rendre ce qu'on vous doit, & vos attraits exigent leurs droits ſeigneuriaux ſur toutes ſortes de perſonnes.

MADELON.
C'eſt pouſſer vos civilités juſqu'aux derniers confins de la flatterie.

CATHOS.
Cette journée doit être marquée dans notre alma-nach comme une journée bienheureuſe.

MADELON *à Almanzor.*
Allons, petit garçon, il faut toujours vous répéter les choſes? Voyez-pas qu'il faut le ſurcroît d'un fauteuil?

MASCARILLE.

Ne vous étonnez pas de voir le Vicomte de la sorte, il ne fait que sortir d'une maladie qui lui a rendu le visage pâle comme vous le voyez.

JODELET.

Ce sont fruits des veilles de la Cour, & des fatigues de la guerre.

MASCARILLE.

Sçavez-vous, Mesdames, que vous voyez dans le Vicomte un des vaillans hommes du siecle ? C'est un brave à trois poils.

JODELET.

Vous ne m'en devez rien, Marquis, & nous sçavons ce que vous sçavez faire aussi.

MASCARILLE.

Il est vrai que nous nous sommes vus tous deux dans l'occasion.

JODELET.

Et dans des lieux où il faisoit fort chaud.

MASCARILLE *regardant Cathos & Madelon.*

Oui, mais non pas si chaud qu'ici. Hi, hi, hi.

JODELET.

Notre connoissance s'est faite à l'armée, & la premiere fois que nous nous vîmes, il commandoit un régiment de cavalerie sur les galeres de Malthe.

MASCARILLE.

Il est vrai ; mais vous étiez pourtant dans l'emploi avant que j'y fusse, & je me souviens que je n'étois que petit Officier encore, que vous commandiez deux mille chevaux.

JODELET.

La guerre est une belle chose ; mais, ma foi, la cour récompense bien mal aujourd'hui les gens de service comme nous.

MASCARILLE.

C'est ce qui fait que je veux pendre l'épée au croc.

CATHOS.

Pour moi, j'ai un furieux tendre pour les hommes d'épée.

MADELON.

COMÉDIE.

MADELON.

Je les aime aussi ; mais je veux que l'esprit assaisonne la bravoure.

MASCARILLE.

Te souvient-il, Vicomte, de cette demi lune que nous emportâmes sur les ennemis au siege d'Arras ?

JODELET.

Que veux-tu dire avec ta demi-lune ? C'étoit bien une lune toute entiere.

MASCARILLE.

Je pense que tu as raison.

JODELET.

Il m'en doit bien souvenir, ma foi : j'y fus blessé à la jambe d'un coup de grenade, dont je porte encore les marques. Tâtez un peu, de grace, vous sentirez quel coup c'étoit-là.

CATHOS *après avoir touché l'endroit*.

Il est vrai que la cicatrice est grande.

MASCARILLE.

Donnez-moi un peu votre main, & tâtez celui-ci : là ; justement au derriere de la tête. Y êtes-vous ?

MADELON.

Oui, je sens quelque chose.

MASCARILLE.

C'est un coup de mousquet que je reçus la derniere campagne que j'ai faite.

JODELET *découvrant sa poitrine*.

Voici un coup qui me perça de part en part à l'attaque de Graveline.

MASCARILLE *mettant la main sur le bouton de son haut de chausse*.

Je vais vous montrer une furieuse plaie.

MADELON.

Il n'est pas nécessaire, nous le croyons sans y regarder.

MASCARILLE.

Ce sont des marques honorables qui font voir ce qu'on est.

Tome I.   O

CATHOS.
Nous ne doutons point de ce que vous êtes.
MASCARILLE.
Vicomte, as-tu-là ton carrosse ?
JODELET.
Pourquoi ?
MACARILLE.
Nous menerions promener ces Dames hors des portes, & leur donnerions un cadeau.
MADELON.
Nous ne sçaurions sortir aujourd'hui.
MASCARILLE.
Ayons donc des violons pour danser.
JODELET.
Ma foi, c'est bien avisé.
MADELON.
Pour cela nous y consentons ; mais il faut donc quelque surcroît de compagnie.
MASCARILLE.
Holà, Champagne, Picard, Bourguignon, Casquaret, Basque, la Verdure, Lorrain, Provençal, la Violette. Au diable soient tous les laquais. Je ne pense pas qu'il y ait gentilhomme en France plus mal servi que moi. Ces canailles me laissent toujours seul.
MADELON.
Almanzor, dites aux gens de Monsieur le Marquis, qu'ils aillent querir des violons, & nous faites venir ces Messieurs & ces Dames, d'ici près, pour peupler la solitude de notre bal.

(*Almanzor sort.*)
MASCARILLE.
Vicomte, que dis-tu de ces yeux ?
JODELET.
Mais toi-même, Marquis, que t'en semble ?
MASCARILLE.
Moi, je dis que nos libertés auront peine à sortir d'ici les braies nettes. Au moins, pour moi, je re-

COMÉDIE.

çois d'étranges secousses, & mon cœur ne tient qu'un filet.

MADELON.
Que tout ce qu'il dit est naturel ! Il tourne les choses le plus agréablement du monde.

CATHOS.
Il est vrai qu'il fait une furieuse dépense en esprit.

MASCARILLE.
Pour vous montrer que je suis véritable, je veux faire un impromptu là-dessus. (*Il médite.*)

CATHOS.
Hé ! je vous en conjure de toute la dévotion de mon cœur, que nous oyions quelque chose qu'on ait fait pour nous.

JODELET.
J'aurois envie d'en faire autant : mais je me trouve un peu incommodé de la veine poétique, pour la quantité des saignées que j'y ai faites ces jours passés.

MASCARILLE.
Que diable est-ce-là ? Je fais toujours bien le premier vers ; mais j'ai peine à faire les autres. Ma foi, ceci est un peu trop pressé, je vous ferai un impromptu à loisir, que vous trouverez le plus beau du monde.

JODELET.
Il a de l'esprit comme un démon.

MADELON.
Et du galant, & du bien tourné.

MASCARILLE.
Vicomte, di-moi un peu, y a-t-il long-tems que tu n'as vu la Comtesse ?

JODELET.
Il y a plus de trois semaines que je ne lui ai rendu visite.

MASCARILLE.
Sais-tu bien que le Duc m'est venu voir ce matin,

& m'a voulu mener à la campagne courir un cerf avec lui ?

MADELON.

Voici nos amies qui viennent.

SCENE XIII.

LUCILE, CELIMENE, CATHOS, MADELON, MASCARILLE, JODELET, MAROTTE, ALMANZOR, VIOLONS.

MADELON.

Mon Dieu, mes cheres, nous vous demandons pardon. Ces Messieurs ont eu fantaisie de nous donner les ames des pieds, & nous vous avons envoyé querir pour remplir les vuides de notre assemblée.

LUCILE.

Vous nous avez obligées, sans doute.

MASCARILLE.

Ce n'est ici qu'un bal à la hâte ; mais l'un de ces jours nous vous en donnerons un dans les formes. Les violons sont-ils venus ?

ALMANZOR.

Oui, Monsieur, ils sont ici.

CATHOS.

Allons donc, mes cheres, prenez place.

MASCARILLE *dansant lui seul comme par prélude.*

La, la, la, la, la, la, la, la.

MADELON.

Il a la taille tout-à-fait élégante.

CATHOS.

Et a la mine de danser proprement.

MASCARILLE *ayant pris Madelon pour danser.*

Ma franchise va danser la courante aussi-bien que

mes pieds. En cadence, violons, en cadence. O quels ignorans ! Il n'y a pas moyen de danser avec eux. Le diable vous emporte, ne sçauriez-vous jouer en mesure ? La, la, la, la, la, la, la, la, Ferme. O violons de village !

JODELET *dansant ensuite.*
Hola, ne pressez pas si fort la cadence, je ne fais que sortir de maladie.

SCENE XIV.

DU CROISY, LA GRANGE, CATHOS, MADELON, LUCILE, CELIMENE, JODELET, MASCARILLE, MAROTTE, VIOLONS.

LA GRANGE *un bâton à la main.*

AH, ah, coquins, que faites-vous ici ? Il y a trois heures que nous vous cherchons.

MASCARILLE *se sentant battre.*
Ahi, ahi, ahi, vous ne m'aviez pas dit que les coups en seroient aussi.

JODELET.
Ahi, ahi, ahi.

LA GRANGE.
C'est bien à vous, infame que vous êtes, à vouloir faire l'homme d'importance.

DU CROISY.
Voilà qui vous apprendra à vous connoître.

SCENE XV.

CATHOS, MADELON, LUCILE, CELIMENE, MASCARILLE, JODELET, MAROTTE, VIOLONS.

MADELON.

Que veut donc dire ceci ?

JODELET.

C'est une gageure.

CATHOS.

Quoi ! Vous laisser battre de la sorte ?

MASCARILLE.

Mon Dieu, je n'ai pas voulu faire semblant de rien ; car je suis violent & je me serois emporté.

MADELON.

Endurer un affront comme celui-là, en notre presence ?

MASCARILLE.

Ce n'est rien, ne laissons pas d'achever. Nous nous connoissons il y a long-tems, & entre amis on ne va pas se piquer pour si peu de chose.

SCENE XVI.

DU CROISY, LA GRANGE, MADELON, CATHOS, CELIMENE, LUCILE, MASCARILLE, JODELET, MAROTTE, VIOLONS.

LA GRANGE.

Ma foi, marauds, vous ne vous rirez pas de nous, je vous promets. Entrez, vous autres.

(Trois ou quatre spadassins entrent.)

COMEDIE.

MADELON.
Quelle est donc cette audace, de venir nous troubler de la sorte dans notre maison ?

DU CROISY.
Comment, Mesdames, nous endurerons que nos laquais soient mieux reçus que nous ? Qu'ils viennent vous faire l'amour à nos dépens, & vous donner le bal ?

MADELON.
Vos laquais ?

LA GRANGE.
Oui, nos laquais, & cela n'est ni beau ni honnête de nous les débaucher, comme vous faites.

MADELON.
Ô ciel ! quelle insolence.

LA GRANGE.
Mais ils n'auront pas l'avantage de se servir de nos habits pour vous donner dans la vue ; & si vous les voulez aimer, ce sera ma foi pour leurs beaux yeux. Vîte, qu'on les dépouille sur le champ.

JODELET.
Adieu notre braverie.

MASCARILLE.
Voilà le Marquisat & la Vicomté à bas.

DU CROISY.
Ah, ah, coquins, vous avez l'audace d'aller sur nos brisées ! Vous irez chercher autre part de quoi vous rendre agréable aux yeux de vos belles, je vous en assure.

LA GRANGE.
C'est trop que de nous supplanter, & de nous supplanter avec nos propres habits.

MASCARILLE.
Ô fortune ! quelle est ton inconstance !

DU CROISY.
Vîte, qu'on leur ôte jusqu'à la moindre chose.

LA GRANGE.
Qu'on emporte toutes ces hardes, dépêchez. Main-

tenant, Mefdames, en l'état qu'ils font, vous pouvez continuer vos amours avec eux tant qu'il vous plaira, nous vous laifferons toute forte de liberté pour cela, & nous vous proteftons, Monfieur & moi, que nous n'en ferons aucunement jaloux.

SCENE XVII.

MADELON, CATHOS, JODELET, MASCARILLE, VIOLONS.

CATHOS.
AH, quelle confufion !

MADELON.
Je creve de dépit.

UN DES VIOLONS à *Mafcarille*.
Qu'eft-ce donc que ceci ? Qui nous paiera nous autres ?

MASCARILLE.
Demandez à Monfieur le Vicomte.

UN DES VIOLONS à *Jodelet*.
Qui eft-ce qui nous donnera de l'argent ?

JODELET.
Demandez à Monfieur le Marquis.

SCENE XVIII.

GORGIBUS, MADELON, CATHOS, JODELET, MASCARILLE, VIOLONS.

GORGIBUS.
AH ! coquines que vous êtes, vous vous mettez dans de beaux draps blancs, à ce que je vois, & je viens d'apprendre de belles affaires vraiment,

COMEDIE.

de ces Messieurs & de ces Dames qui sortent.

MADELON.

Ah ! mon pere, c'est une piece sanglante qu'ils nous ont faite.

GORGIBUS.

Oui, c'est une piece sanglante, mais qui est un effet de votre impertinence, infâmes. Ils se sont ressentis du traitement que vous leur avez fait, & cependant, malheureux que je suis, il faut que je boive l'affront.

MADELON.

Ah ! je jure que nous en serons vengées, ou que je mourrai en la peine. Et vous, marauds, osez-vous vous tenir ici après votre insolence ?

MASCARILLE.

Traiter comme cela un Marquis ! Voilà ce que c'est que du monde ; la moindre disgrace nous fait mépriser de ceux qui nous chérissoient. Allons, camarade, allons chercher fortune autre part ; je vois bien qu'on n'aime ici que la vaine apparence, & qu'on n'y considere point la vertu toute nue.

SCENE DERNIERE.

GORGIBUS, MADELON, CATHOS, VIOLONS.

UN DES VIOLONS.

Monsieur, nous entendons que vous nous contentiez à leur défaut, pour ce que nous avons joué ici.

GORGIBUS *les battant*.

Oui, oui, je vais vous contenter, & voici la monnoie dont je vous veux payer. Et vous, pendardes, je ne sçais qui me tient que je ne vous en fasse

autant ; nous allons servir de fable & de risée à to
le monde, & voilà ce que vous vous êtes attiré par
vos extravagances. Allez vous cacher, vilaines,
allez vous cacher pour jamais. (*seul.*) Et vous,
qui êtes cause de leur folie, sottes billevesées, per-
nicieux amusemens des esprits, oisis, romans, vers,
chansons, sonnets & sonnettes, puissiez-vous être
à tout les diables.

Fin du Tome premier.

www.ingramcontent.com/pod-product-compliance
Lightning Source LLC
Chambersburg PA
CBHW060639170426
43199CB00012B/1609